國際關係理論
與全球實踐

蔡東杰、楊三億 主編

蔡東杰 廖舜右 方天賜 連弘宜 張凱銘
楊三億 崔進揆 王啟明 譚偉恩 劉泰廷 合著

五南圖書出版公司 印行

各位讀者好：

　　今天我們所處的環境是一個國家、社會與個人高度複雜連結的全球體系，我們每天不斷受到來自其他國家各式議題影響，台灣同時也對其他國家發揮日漸增大的影響力。身處台灣的每一分子有必要了解全球局勢，以此扎根未來台灣與世界各國競爭的厚實基礎。

　　本書以上／下篇兩大部分作為本書寫作核心理念所在，上篇以當前各國際關係理論為主軸、邀請國內嫻熟相關理論的學者進行撰寫，下篇以全球各區域的政治實踐進行觀察，交互印證理論與實務兩大面向。本書上篇的第一篇文章以帝國與霸權為開端，就當前霸權型態的歷史範式演進進行推演，蔡東杰教授於〈帝國與霸權：世界政治中的權力與秩序〉一文中指出，古典型霸權、歐洲型霸權、現代型霸權是霸權的幾個重要範式，霸權競爭不僅是單純的政府間競爭、霸權競爭也會與宗教、意識型態、經濟體系、國際社會的正當性相關，至於霸權競爭過程所可能帶來的權力陷阱則是多數國家難以避免的夢魘。透過本文，作者可以掌握到過往霸權更迭的歷史，也可以發現人類為求避免重蹈錯誤的歷史經驗而做出的各式努力。

　　本書上篇的第二篇文章由廖舜右教授以〈新自由制度主義的演進與流變〉為題進行撰寫，本文從新自由制度主義的緣起、演進與變形進行分析，該文指出新自由主義不斷與新現實主義相互競爭而成長茁壯，演進過程中不斷豐富了「制度」、「行為者」、「理性思考」、「合作」等基本理念，這也使得新自由主義不斷強大與昌盛，此種流變過程非常值得有心鑽研國際關係理論的同好參考。

　　本書上篇的第三篇文章由方天賜教授以〈現實主義理論〉為題進行撰

寫，現實主義是當前國際關係理論最主要的主流理論之一，而且有著極為悠久的歷史淵源與世界史觀，現實主義的各次理論更是當前學術界用以觀察政治發展重要的研究工具。儘管冷戰結束後國際組織、非政府組織或區域整合力道不斷增強，但現實主義依舊是解釋國際政治發展不可或缺的重要途徑，讀者細細品味本文，相信可以從中發掘現實主義豐富的發展脈絡及其強大的分析能力。

　　本書上篇的第四篇文章由連弘宜教授以〈普京時期地緣戰略演變與地緣政治理論〉為題進行撰寫，地緣政治是理解大國權力格局非常實用的途徑，無論從海權、陸權、或綜合考量世界地圖上各行為者的相對位置，地緣政治圖像都能提供給讀者一個清晰的世界權力樣貌。本文又以俄國作為地緣政治主軸，勾勒以莫斯科為核心的地緣政治圖像，讀者可從俄國地緣政治觀切入當前歐亞局勢發展。

　　本書上篇的第五篇文章由張凱銘教授以〈國際關係平衡理論研究在後冷戰時期的發展趨同與轉型〉為題進行撰寫。平衡理論屬現實主義的中型理論，研究者以平衡觀點描繪、分析、預測國際政治行為者的互動模式，國家面對強權時的平衡途徑以內部平衡與外部平衡為主，本文特別著重威脅平衡的討論，並以柔性平衡角度精緻化平衡理論的核心理念，非常值得一讀。

　　本書上篇的第六篇文章由楊三億教授以〈理性選擇論〉為題進行撰寫，採用理性與理性選擇觀點分析國家間互動。如果我們希望能找出一個統籌解釋國家對外政策制定的基本構成，本文認為理性將可能是這個解釋的最佳元素。由於國家政策制定程序不外乎擇定目標、建立選項、選擇選項、政策反饋等幾個步驟，掌握理性也就能掌握許多政治現象背後的運作邏輯。不過本文仍指出理性選擇須與他種途徑交互運用觀察，留意情感、偏好、認知等非屬理性範疇及其對理性決策的影響，以此獲得對國際政治更全面的觀察。

　　本書上篇的第七篇文章由崔進揆教授以〈建構主義〉為題進行撰寫，建構主義躍居於國際關係主流理論時間雖然較晚，但其獲得學術界的關注程度卻相當高，這主要是建構主義能跳脫以往稍嫌固定的詮釋方式，進入語言、

文字、論述的表象空間，此種詮釋模式爲國際關係研究注入了很大的能量，重新省思能動者、國際無政府狀態、認同、合作與競爭、或過往那些被認爲是基本教條的原理原則。建構主義雖然很難有一個大一統的學說統攝相關的學術理論，不過當全球各國越來越重視理念、價值等非理性元素時，建構主義受關注程度也就益形重要。

　　本書上篇的第八篇文章由王啓明教授以〈國際社會化理論與歐盟整合〉爲題進行撰寫，國際社會化理論著重社會性規範概念影響行爲者的互動，勸服、內化等信念的轉變會使得政治菁英的溝通態度隨之轉變。理念與態度轉變的情況可能發生在國內或國際場域，也就是垂直或水平的社會化過程，當前全球各次區域的整合很大程度反映了國際社會化的進程，相信讀者可以從本文獲得諸多啓發。

　　本書上篇的第九篇文章由譚偉恩教授以〈非傳統安全：以人本論取代國家中心論〉爲題進行撰寫，顧名思義，非傳統安全即是對傳統安全的反思，本文特別著重人類安全面向進行理解。人類安全主張人的本質應該被突出、人類的平等安全才是國際政治追求的主要目標，人才是構成國家的基本要件。衛生安全、糧食安全、氣候安全、環境安全等都在這個概念下展開，想要在國際關係研究場域另闢蹊徑的讀者可從本文獲得許多靈感。

　　本書上篇的第十篇文章由劉泰廷教授以〈批判理論〉爲題進行撰寫，批判理論乃是對實證主義的反思，針對國際關係中的權力結構及其衍伸概念進行批判，無政府狀態、父權與主從的宰制關係、體系宰制、主權國家與恐怖主義、大規模傳染病散播等都是批判論關懷的主題。我們可以說在那些傳統主流理論未能觀照到的細微處，批判論爲我們提供了新的能量、新的視野。

　　本書的下篇各文以全球視野下的區域和議題實踐作爲切入角度，並由前述理論學派的作者挑選各自熟悉的區域或實務議題進行分析，以此分享給讀者一個理論與客觀世界的對話過程。本書下篇的次區域涵蓋面很廣，包含以全球體系爲關注的〈新未來：當前世界之失序與重構〉、以亞洲太平洋區域爲主的〈亞太區域整合趨勢探析：重塑中的國際政治經濟格局〉、以印太地區爲主的〈美國「印度－太平洋戰略」的規劃動因與主要內容探析〉、以

南亞區域爲主的〈現實主義與南亞區域權力結構〉、以中亞區域爲主的〈理性主義與中亞五國安全策略選擇研究〉、以俄國爲主的〈俄羅斯東向政策下的地緣戰略實踐：聚焦於東南亞與南亞區域〉、以中東區域爲主的〈中東區域安全與現況發展〉、以歐洲區域爲主的〈國際社會化理論之個案研究：以歐盟東擴爲例〉、以非傳統安全議題爲主的〈新興議題：人畜共通的傳染性疾病〉、以及以大洋洲區域爲主的〈澳洲、紐西蘭和南太平洋島國的現況發展〉。讀者可以發現本書下篇從全球體系出發，次及亞太、南亞、印太、中亞、俄國、中東、歐洲、大洋洲、非傳統安全等橫跨世界各主要區域和議題，本書作者不僅熟稔各理論內涵、且均爲研究上述區域一時之選的學界先進，相信讀者可以從中獲得許多啓發與靈感，也可以作爲有興趣的讀者們研究國際關係的重要入門書籍。

中興大學國際政治所特聘教授　蔡東杰
中興大學國際政治所教授　楊三億

目　錄

下篇：區域／議題實踐

上篇

國際關係理論

第一章　帝國與霸權：世界政治中的權力與秩序

蔡東杰

壹、國際現實主義之思索與辯證

一、國際關係中的權力現象與問題

　　儘管Hedley Bull指出，國際關係理論至少與修昔底德（Thucydides）在《伯羅奔尼撒戰爭史》中記錄的理論一樣古老，[1] Paul Viotti和Mark Kauppi甚至將修昔底德稱爲「國際關係學科之父」，[2] 事實上，多數現實主義者（realist）仍傾向以十六世紀至十九世紀的歷史（尤其是歐洲部分）發展作爲觀察基礎，將國際關係研究聚焦於「權力」（power）論述，認定國家行爲者普遍透過追求並累積權力，換取在國際環境中的存活機會，[3] 其辯證主軸集中於「權力」的定義、運用、策略或效果，尤其是將權力之思考與運用融入國家行爲者之決策過程與具體作爲，包含制定戰略、發動戰爭以及設計國家發展目標等。

　　暫且不論如何加以計算評量，國家之運用權力顯然並非只是某種「主觀」認定下的結果，它們對於「客觀」國際現實狀態之檢視與判斷也同樣重要，此一外部變數亦經常被描述爲「無政府狀態」，亦即在缺乏「單一最高權威」的現實環境當中，國家行爲者必須自力更生，以便尋找在幾無法律救濟之威脅下的存續機會；由於「無政府狀態」暗示著國家行爲者的權益，除

---

[1]　Hedley Bull, "The Theory of International Politics, 1919-1969," in James Der Derian ed., *International Theory: Critical Investigations* (New York: Palgrave, 1995), p. 195.

[2]　Paul R. Viotti and Mark V. Kauppi, *International Relations Theory: Realism, Pluralism, Globalism* (New York: Macmillan, 1993), p. 137.

[3]　William E. Scheuerman, *Hans Morgenthau: Realism and Beyond* (Cambridge: Polity Press, 2009).

了「自救」外沒有其他司法保障，在高度危機意識感導致手段選擇缺乏道德篩選的情況下，從而不斷浮現並形成現實主義者所稱之「安全困境」（security dilemma）挑戰。[4]

　　除了國家行為者個別擁有之權力外，具結構性特徵的國際體系（international system）乃影響國際關係的最重要環境變數。[5]例如在世界大戰結束後，1950年代至1980年代形成的世界就被認為具有「兩極體系」（bi-polar system）特徵；[6]前述結構特色不僅制約了多數國家的外交決策與對外行為，高度重視此一結構變數的看法通常也被稱為新現實主義（Neorealism）或結構現實主義（Structural Realism）。無論如何，在冷戰隨著蘇聯於1991年崩解而告終結後，表面上由於美國的相對力量看來如此強大，以至於部分學者認為此種優勢至少可持續幾十年，甚至「單極體系」（uni-polar system）之來臨與鞏固也是可預期的。[7]當然，與此相對的保守看法並非不存在，[8]美國所謂「單極霸權」事實上也存在明顯力有未逮的例證（尤其在2003年伊拉克戰爭陷入泥沼後），一方面不啻削弱了由霸權主導國際體系的制約性，也讓原本受結構約制的國家之自主性有了伸展空間；由此，為更有效進行觀察並解釋部分大國外交政策偏離體系要求的現象，現實主義乃被迫引入更多國內政治、文化觀念與地緣位置等新變數，其中，由於觀察焦點更多地從體系層次轉向國內利益思考層次，此種新理論方向也被稱為新古典現實主義（Neoclassical Realism）。[9]

[4]　John Herz, "The Security Dilemma in International Relations: Background and Present Problems," *International Relations*, Vol. 17, No. 4 (December 2003), pp. 411-416; Shiping Tang, "The Security Dilemma: A Conceptual Analysis," *Security Studies*, Vol. 18, No. 3 (October 2009), pp. 587-623.

[5]　Kenneth N. Waltz, *Theory of International Politics* (New York: McGrew-Hill, 1979); James L. Ray, *Global Politics* (Boston: Houghton Mifflin, 1992), pp. 515-517.

[6]　Joshua S. Goldstein, *International Relations* (New York: Haper Collins Publishers, 1999), p. 76.

[7]　William Wohlforth, "The Stability of a Unipolar World," in Michael Brown et al. eds., *America's Strategic Choices* (Cambridge, MA: MIT Press, 2000), pp. 305, 309.

[8]　See Fareed Zakaria, *The Post-American World* (New York: W.W. Norton & Co., 2009); Zbigniew Brzezinski, *Second Chance: Three Presidents and the Crisis of American Superpower* (New York: Basic Books, 2008).

[9]　See Steven E. Lobell, Norrin M. Ripsman, and Jeffrey W. Taliaferro eds., *Neo-Classical Realism,*

倘若回頭檢視傳統現實主義的主張，尤其是Hans J. Morgenthau的假設，[10]或許不難發現，此一理論針對行為者在自然環境中的競爭結果相對較為悲觀；非但政治受限於人性深處客觀規律，致使行為者與環境之間充滿牽制與羈絆，領導人根據自訂權力目標與利益內涵而行動，亦未必全然符合「理性」，除此之外，「生存」被設定為所有國家行為者最基本目的與核心利益，不僅經常被擴大詮釋，且因抽象和普遍道德原則往往不適用於國家，從而讓手段選擇充滿「道德風險」。更重要的是，為了生存而追求自我保存固然是邏輯下的結果，很顯然，即便擁有相對較多權力要素的國家，也未必能滿足自保目標，由此讓建立同盟（alliance）成為某種替代選項。問題是：相較追求生存，同盟既是一個政策選項，也應有其催化性起點。對Morgenthau等古典現實主義者而言，同盟乃權力平衡（balance of power）下的自然條件反射，[11]也就是國家行為者面對國際均勢可能被打破以致影響其生存時的政策選項，但因此說法很難進行操作性觀察，例如Stephen Walt等新現實主義者便在冷戰後期轉而更重視從威脅平衡（balance of threat）概念角度切入，至於冷戰結束後，面對聯盟特徵呈現出的新變化，尤其因蘇聯瓦解導致威脅頓失的影響，例如Randall Schweller便從利益平衡（balance of interest）角度出發，[12]說明國家在均勢穩定且未必面對威脅的情況下，仍可能以考慮自身利害關係為前提，與強權結盟以獲取和確保利益。

二、權力平衡下的同盟及其操作假設

值得注意的是，比起條件反射性的傳統權力平衡假設（集眾弱攻強，目

the State and Foreign Policy (Cambridge: Cambridge University Press, 2009); Jeffery W. Taliaferro, "Security Seeking under Anarchy: Defensive Realism Revisited," International Security, Vol. 25, No. 3 (2000/2001), pp. 131-132.

[10] Hans J. Morgenthau, revised by Kenneth Thompson and W. David Clinton, Politics among Nations: The Struggle for Power and Peace (New York: McGraw-Hill, Inc., 2005).

[11] Ibid., pp. 192-203.

[12] Randall Schweller, "Bandwagoning for Profit: Bring the Revisionist State Back In," International Security, Vol. 19, No. 1 (Summer 1994), pp. 72-107; "Unanswered Threat: A Neo-classical Realist theory of Unbalancing," International Security, Vol. 29, No. 2 (Fall 2004), pp. 159-201.

的在恢復權力均勢），前述無論以「威脅」或「利益」為動機之平衡舉措，雖然都為國家選擇同盟政策提供了更具操作性的觀察假設，不過，若回到現實主義的無政府狀態前提，至少就邏輯而言，威脅平衡還是更具「一以貫之」特徵，至於利益平衡則不啻有部分自由制度主義的影子。

　　Stephen Walt在《聯盟的起源》（*The Origins of Alliances*）書中試圖解答「國家為何結盟」這一問題，從而引導出所謂「威脅平衡」概念。[13]相較傳統上將同盟視為制衡特定國家或聯盟之「不對稱」手段之一，儘管美國在冷戰後期或後冷戰時代中擁有強大實力，顯然並未出現權力平衡之邏輯預測結果，亦即並未出現目的在制約美國之「反同盟」（anti-alliance），對此，根據Walt的看法，或許「威脅」是比「權力不對稱」更關鍵的變數，他並提出四項威脅構成要件：[14]首先是綜合實力（aggregate power，包括人口、工業與軍事能力、技術水準等），此一實力不僅將成為決定制衡或追隨強者的動因，一般來說，一國綜合實力越強，對他國構成之潛在威脅亦越嚴重；其次是地緣鄰近性（geographic proximity），亦即與本國鄰近的國家，比距離相對遙遠的國家更可能構成安全上的威脅；第三是進攻實力（offensive power），也就是將國家綜合實力與地理條件等要素轉化為軍事攻擊的潛在能力（例如有效動員大規模軍事能量），當其他要素相同時，進攻能力強大者更可能形成威脅並促使他國產生制衡動機；最後是侵略意圖（aggressive intentions），一國顯示出的侵略意圖越強，越可能促成同盟成立，對前述意圖之認知乃同盟成立最關鍵因素。

　　Walt指出，事實是國家未必會單純針對體系內權力消長而改變其政策，必須視其他國家的政策意圖與行為而定；如果崛起中的區域強國具有挑戰現狀之意圖，則相關國家將針對此一威脅採取平衡或圍堵政策，以防範體系秩序與穩定遭到挑戰；換言之，國家的平衡行為（balancing behaviors）並非僅僅針對國家之間權力消長而來，而應該理解為面對威脅時的認知反應，

---

[13]　Stephen M. Walt, *The Origins of Alliances* (Ithaca: Cornell University Press, 1990).
[14]　*Ibid*., pp. 22-25.

從而也回歸了現實主義重視權力鬥爭（struggle for power）的傳統觀點，並修正新現實主義者將體系結構制約凌駕於國家外交政策的想法。[15]至於因感知安全「威脅」所進行的同盟，可分爲扈從（bandwagoning）與制衡（balancing）兩類，前者指交好威脅來源國以便轉移威脅，或在該國未來獲勝時分享利益，後者則接近傳統權力平衡假定，指爲了避免受強國侵犯控制而展開結盟。於此同時，Walt也探討了大國與中小型國家應對威脅時的行爲差異，相較後者主要關注自身生存安全，大國則可能採取積極平衡或限制對手收益的政策，又或者採取某種容忍性調適交往政策（policies of accommodation or engagement），以使得其趨於支持現狀；即使假想敵地位與權力尚不及。[16]

三、帝國概念之當代思考

必須一提的是，以無政府狀態爲背景的均勢結構未必是種普世恆常現象，頂多只能說是「羅馬帝國崩解之後存在於歐洲的長期狀態」；據此，「帝國」暗示之相對有秩序狀態，雖與權力平衡形成對比，但因推動帝國主義（Imperialism）政策乃近代歐洲國家對外戰略重心，且主要強權都紛紛自稱「帝國」（empire，例如法蘭西帝國、奧匈帝國、德意志帝國或大英帝國）的緣故，從而使相關研究無論在詞彙設定或思維內涵方面都深受西方學界支配，[17]至於「帝國」與「帝國主義」兩個概念的混淆不清更產生諸多理

[15] Stephen M. Walt, *The Origins of Alliances*, pp. 59-60; Michael Mastanduno, "Preserving the Unipolar Moment: Realist Theories and U.S. Grand Strategy after the Cold War," *International Security*, Vol. 21, No. 4 (Spring 1997), pp. 49-88.

[16] Maria Papadakis and Harvey Starr, "Opportunity, Willingness, and Small States: The Relationship between Environment and Foreign Policy," in Charles Hermann, Charles W. Kegley Jr., and James Rosenau eds., *New Directions in the Study of Foreign Policy* (Boston: Allen & Unwin, 1987), pp. 409-422.

[17] See John A. Hobson, *Imperialism: A Study* (New York: General Books, 2009); Hannah Arendt, *Imperialism* (New York: Mariner Books, 1976); Wolfgang J. Mommsen, *Theories of Imperialism* (Chicago: University of Chicago Press, 1982); Bonnie G. Smith, *Imperialism: A History in Documents* (New York: Oxford University Press, 2000); Stephen Howe, *Empire: A very Short Introduction* (Oxford: Oxford University Press, 2002); Brett Bowden, *The Empire of Civilization: The Evolution of an Imperial Idea* (Chicago: University of Chicago Press, 2009).

論誤導。

　　一般來說，多數針對「帝國」之定義均聚焦在其壟斷性統治、廣大地理面積幅員與複雜之組成分子等特徵上，並突顯其擁有權力比例之絕對優勢，但多半因為前述概念混淆以致無法清楚區隔「帝國」與「強權」之差異。[18]至於《牛津詞典》則將「帝國」定義為「由一個統治族群團體透過政治與軍事手段，將其權力加諸於擁有不同文化與族群脈絡的人民身上。」[19]Jane Burbank和Frederick Cooper在區隔帝國與其他政治實體時，除了規模之外，也強調其「差異政治」之治理特徵，[20]亦即「預設用不同方式來治理政體內的不同民族」，從而使其主權表現呈現「分散、分層與重疊」之特色，突顯出與當前主流之民族國家的差異。Maurice Duverger的看法與此類似，他指出帝國經常是個「多民族實體」，且由於考慮到經濟與政治代價高昂的緣故，雖然經常自視為文明核心，但並不傾向推動類似「文化標準化」的政策，甚至被迫選擇較接近聯邦概念的政治制度。[21]

　　Michael Doyle進一步指出，「帝國乃一種正式或非正式的關係，在此種關係當中，一個國家可藉由武力、政治合作、經濟、社會或文化依賴等途徑，達成控制另一個政治社會實際主權之目標」，至於「所謂帝國主義乃建立或維持一個帝國的過程或政策」；[22]此一說法的正確部分在於，所謂帝國主義其實是種未來性政策或戰略之「進行式」與「未完成式」，目的或在於最終完成帝國建構，錯誤之處則在於將「為了建立帝國所使用的手段」，等同於「帝國政策」本身。推究學界所以產生前述混淆的原因，主要是過度「短視」所致，亦即將焦點與個案研究集中於中世紀末以來的歐洲歷史發展，反而忽略或誤解了更早之前或歐洲之外類似帝國發展例證的結果。

　　當然，西方學界亦不乏較中肯論述，例如Michael Hardt與Antonio Negri

[18] Anthony Pagden, *People and Empire* (London: Weidenfeld & Nicolson Book, 2000), preface.
[19] *The Oxford English Reference Dictionary* (Oxford: Oxford University Press, 2001), p. 461.
[20] Jane Burbank and Frederick Cooper, *Empires in World History: Power and the Politics of Difference* (Princeton: Princeton University Press, 2010).
[21] Maurice Duverger, *Le concept d'empire* (Paris: PUF, 1980).
[22] Michael Doyle, *Empires* (Ithaca: Cornell University Press, 1986), p. 45.

便直接指出，「就帝國而言，我們所認識者與帝國主義全然不同」，其差異關鍵不在治理實體本身，而在它反映出來的「一個由法律構成之既存世界秩序」；相較僅代表歐洲民族國家主權疆界向外延伸的帝國主義，「關於帝國，首先取決於一個單純的事實，亦即世界秩序是存在的」，根據此一邏輯，帝國指稱一個環繞著「被文明化之世界」（a civilized world）的有效統治方式，乃是「實際規範目前全球交換的政治主體，也是統治這個世界之至高無上的力量」，重點在展現某種靜止式歷史秩序，從另一角度看來，帝國不僅目的在管理一個特定地域中的人群，同時創造出它所存在的世界本身；一言以蔽之，「帝國的概念核心乃是和平，亦即超越歷史之外，永久與普遍的和平。」[23]Herfried Munkler的看法與此類似，他認爲有必要「將帝國與一般的主權國家區分開來」，首先，相較主權國家彼此承認對等地位且擁有涇渭分明的邊界線，帝國非但存在不全然封閉且難以精確劃定之邊界，更重要的是，它既不承認存在與其平起平坐的實體，對體系內影響力也有從中央到邊陲逐漸遞減之趨勢。[24]

進言之，empire源自拉丁文中用以描述羅馬的imperium一詞，意指「無遠弗屆之有效統治」，至於所謂「帝國」乃近代將來自西方之概念漢譯後，結合中國既有皇帝制度所產生的新名詞。值得注意的是，不管此種概念如何能解釋過去曾經存在於各地之類似現象，至少在「秩序」層面，它都顯示出與既有權力平衡背後不同之環境假設；無論孟子以「定於一」來回答「天下惡乎定」的疑問（後來由秦統一六國加以證明），或Dante Alighieri在十四世紀以羅馬爲典範撰寫《論世界帝國》（De Monarchia），他們對權力結構及其秩序影響之邏輯是一致的，換句話說，帝國乃解決權力紛爭並能提供穩定秩序之合理想像。

---

[23] Michael Hardt and Antonio Negri, *Empire* (Cambridge, Mass.: Harvard University Press, 2000).

[24] Herfried Munkler著，閻振江、孟翰譯，《帝國：統治世界的邏輯》（北京：中央編譯出版社，2008年），頁4-5。

貳、霸權型態的歷史範式演進

正如Inis Claude, Jr.將「管制權力」視為國際關係中最關鍵要務，[25]從人際關係到國家間關係的發展史中，由於人類汲汲追求「終極生存」所帶來的權力或利益「極大化」概念，也讓強權（great power）、支配國家（dominant power）或霸權（hegemony）的存在成為普遍且自然的現象。Martin Wight也指出：「所有支配性國家無疑地均不斷擴展自己的勢力，……並渴望透過統一整個國際社會來逐步建構一個全球性帝國，……至於對抗此大國的聯盟則通常會聲稱為了自由與獨立而戰」；[26]據此，國家的發展「目標就算不是追求所謂的權力極大化，至少也企圖不斷擴大自己的權力」，從而讓對於暴力與毀滅的預期永遠存在於人們對於國際關係的想像中，[27]權力平衡的運作則成為某種無限循環。

進言之，國家大規模累積權力固然源自「自我保存」動機，但部分行為者最終擁有不對稱比例的結果，不僅讓秩序成為某種自然外溢，且因多數支配性國家為了維持有利於己之不對稱狀態，經常在國際事務中積極扮演介入或調停角色，甚至主動建立或推動規範來製造秩序性現狀（status quo），[28]從而提供了所謂「霸權穩定」（hegemonic stability）之想像基礎，根據此一概念，由於支配性國家傾向對既存或潛在不滿現狀之破壞秩序者，給予某種程度的制裁或設法控制其行為，[29]在滿足自利需求之餘，雖未必同時符

---

[25] Inis L. Claude, Jr., *Power and International Relations* (New York: Random House, 1962).

[26] Martin Wight, eds. by Hedley Bull and Carsten Holbraad, *Power Politics* (London: Royal Institute of International Affairs, 1978), pp. 36, 37.

[27] Arnold Wolfers, *Discord and Collaboration: Essays on International Politics* (New York: The Johns Hopkins University Press, 1962), pp. 81-82.

[28] 大國地位經常明示性地表現在外交禮儀及其實踐規範中；Martin Wight, *Power Politics* (New York: Holmes & Meier, 1978), p. 38.

[29] 部分霸權穩定論者似乎較重視霸權行為者對國際「經濟」而非「政治」秩序的維持。Charles P. Kindleberger, "Dominance and Leadership in the International Economy," *International Studies Quarterly*, Vol. 25, No. 2 (June 1981), pp. 242-259; Robert O. Keohane, "The Theory of Hegemonic Stability and Changes in International Economic Regime, 1967-1977," in Ole Holsti, Randolph Siverson, and Alexander George eds., *Change in the International System* (Boulder: Westview Press, 1980), pp. 131-162.

合「公義」，至少為權力結構提供了一定之穩定基礎。值得注意的是，如同帝國與帝國主義一般，學界對於霸權與帝國之定義也存在著混淆與模糊的論述；暫且不論它們創造之秩序內涵有何異同之處，不可否認，擁有某種幾近絕對之不對稱權力比例乃其共同特徵，其次，在人類漫長的歷史當中，排除對於此起彼落強權興衰之原因爭議，[30]單單根據這些支配性國家（霸權）呈現出來的權力外貌與運作特徵，此處可以先歸類出幾種不同的範式（idea-type）演進過程，[31]並姑且將其稱為「古典型」、「歐洲型」與「現代型」霸權。

一、古典型霸權（Classic-style Hegemony）

　　早期的「古典型霸權」基本上單純以「武力」作為權力基礎，其出現固然可能與某種莫名的擴張慾望或衝動有關，這類心理因素往往只存在少數領導階層心中（例如馬其頓的亞歷山大或蒙古的成吉思汗）；大體來說，它們的擴張原因更大部分涉及狹義國家安全問題，亦即希望透過持續征伐或介入來徹底殲滅或驅逐可能的邊境威脅，[32]結果往往在憑藉軍事優勢建立起所謂「帝國框架」（普遍性管理結構）後，征服、吸納或壓制了區域內幾乎所有可見力量（例如環地中海世界的羅馬），使其自然成為區域體系規範的締造與捍衛者（例如以中國為中心之東亞朝貢體系等），從而鞏固了其不對稱地位。正如其權力基礎一般，此類霸權國家通常也以武力展示（例如在邊疆屯田駐兵）或鎮壓，建立自身國際地位的正當性來源。

　　從某個角度來說，由於人類在此歷史階段裡，普遍還停留在農業甚至

---

[30] Robert Gilpin, *War and Change in World Politics* (New York: Cambridge University Press, 1981); Kenneth A. Oye, "Constrained Confidence and the Evolution of the Reagon Foreign Policy," in Oye and Donald Rothchlid eds., *The Reagon Era in American Foreign Policy* (Boston: Little Brown & Co., 1987), pp. 3-40.

[31] 蔡東杰，〈美國霸權變遷與兩岸關係發展〉，《政治學報》，第36期（2003年12月），頁61-89；〈當前東亞霸權結構之變遷發展分析〉，《全球政治評論》，第9期（2005年1月），頁101-22。

[32] 例如來自色雷斯、伊利里亞（Illyria）與希沙利（Sesali）的威脅構成馬其頓擴張的原因，為迎戰高盧人與迦太基人，於是開啟了羅馬的擴張時期，而匈奴與突厥等北方游牧民族入侵也一再引發中國往西北邊疆征伐。

仍以游牧為主的經濟型態當中，因此文化程度也相對顯得參差不齊；例如，作為典型的古典型霸權之一，「蒙古人既未有科技上的重大發明，未創立宗教，未帶給世界新的作物或新的農牧方法，只寫下屈指可數的書籍或戲劇；蒙古工匠也不懂織布，不懂鑄造金屬，不懂製陶，甚至不懂得烘焙麵包，……只是不斷地將技能從一個文明國家輸往另一個文明國家」；[33] 換言之，自身是否具備高度經濟發展或文明程度，在此階段中似乎並非關鍵要素。

二、歐洲型霸權（European-style Hegemony）

相對地，所謂「歐洲型霸權」顯然與萌芽於中古末期的宗教革命與資本主義有著密切關聯，至於它與前一種霸權範式的時間分野，約略是在西元十五世紀至十六世紀之交，亦即一般所稱「地理大發現」時代前後，或者更精確地鎖定1498年這個「海權時代元年」。[34] 相較宗教革命為後來歐洲擴張的部分層面（例如在全球各地的傳教運動）披上人道主義外衣，同時成為後來所謂理想主義外交政策的根源，資本主義則赤裸裸訴諸人類無窮盡的物質慾望，從而奠下現實主義外交政策基礎或後來所謂「全球化」潮流源頭之一。[35] 更甚者，與源遠流長的古典型霸權相比，歐洲型霸權在某些層面上似乎超越狹義的國家安全目標，加上了獲利欲求與集體優越意識，非但許多民間企業家也積極投入擴張過程，甚至國家（或者政府）扮演者經常不過是個捍衛既得商業利益的消極性公共財角色而已；更重要的是，歐洲型霸權不僅更重視推廣並落實具體規範（特別是以條約為中心的國際法），規範制定過

---

[33] Jack Weatherford, *Genghis Khan and the Making of the Modern World* (New York: Crown Publishers, 2004), Preface.

[34] 代表西班牙的Columbus艦隊在1498年的第三次航行中首度登陸南美洲大陸，而葡萄牙航海家da Gama也於同年越過好望角，從而宣告了「海權時代」正式來臨；由於此階段的霸權國家幾乎都來自歐洲，這也是此處何以暫時稱其為「歐洲型霸權」的主要緣故。

[35] 若干學者認為宗教因素在早期帝國建立過程中不僅是擴張因素，也是正當化來源；Majid Teh-ranian, *Global Communication and World Politics: Domination, Development and Discourse* (New York: Lynne Rienner Publishers, 1999), pp. 17-18.

程亦更主觀且缺乏包容妥協性。[36] 無論如何，隨著葡萄牙、西班牙與荷蘭等帶頭進行全球擴張，十八世紀末爆發的工業革命則使歐洲國家在顯露擴張「慾望」外，獲得更實際的「力量」支撐，結果讓「歐洲經濟突破了它在漫長十六世紀所創造的疆界，開始將巨大的新地帶併入由它主導之有效分工體系當中」，[37] 一方面讓全球性世界體系有機會真正建立起來，並使過去單純以武力作為權力基礎的霸權，必須因應環境變化地加入新的經濟能量要素。

以第一個可被稱為「全球性」霸權國家的大英帝國為例，其殖民擴張雖可遠溯十七世紀與十八世紀，但因國內政經結構未完成調整，直到十九世紀初才確實奠定了其在歐洲與全球國際體系中的地位。[38] 值得一提的是，自十九世紀初至二十世紀中葉的國際體系，其實分成兩個世界來運作：首先，在作為全球體系核心的歐陸當中，存在的乃是種趨近權力平衡的平行互動結構，其中英國只是個具較高優勢且在某些層面（例如維護國際法與建立海洋規範）擁有相當影響力的「強權」國家而已；[39] 至於在歐洲體系相對於世界其他區域的互動關係上，由於明顯存在著階層性特徵，這也讓幾個重要的殖民國家在其勢力範圍（通常是個散布全球的鬆散殖民帝國）內，都不啻可說是個霸權國家，亦即它們都擁有著極不對稱的權力地位，甚至還可透過制定規範（例如不平等條約）來保障既得利益，當然，英國是其中力量最強且影響面最大的一個「霸權」。

從另一角度看來，伴隨著某種程度的民主形式在十九世紀中期後緩緩出現於歐洲各地，一方面國會雖獲得對政府決策的更大約束或塑造能力，使得社會中等階層的聲音得以表達，但此時期的民主跟「全民性」還有一段遙遠

36　Victor Kiernan, *The Lords of Human Kind: European Attitudes to other Culture in the Imperial Age* (New York: Cambridge University Press, 1995).
37　Immanuel Wallerstein, *The Modern World-System, Vol. 3* (New York: Academic Press, 1989), p. 129.
38　這裡是指英國在十八世紀末至十九世紀初所完成之經濟（工業革命）與政治（憲章運動）的雙重革命歷程；William A. Speck, *A Concise History of Britain, 1707-1975* (Cambridge: Cambridge University Press, 1993), Chapter 3.
39　例如Kennedy便強調，由於太過宣揚軍隊的非生產性，因此「在維多利亞女王中期，儘管英國經濟成就輝煌，卻可能是自斯圖亞特王朝以來對戰爭最缺乏動員的時期」，Paul Kennedy, *The Rise and Fall of Great Powers*, p. 188.

的距離，由於國會經常被舊貴族階層與新資產階級把持，極少數統治的結果讓政府往往只是既得利益的守門者而已，[40]致使現實主義越來越成爲帝國主義國家外交政策主要行爲根源，非但殘酷的經濟剝削逐漸激起反殖民革命情緒，[41]甚至歐洲國家在引進所謂「社會達爾文主義」（Social Darwinism）想法後，更將彼此間的商業競爭激化到與國家生存同等的地位，由於幾乎沒有留下邏輯轉圜餘地，結果既使「軍備競賽」取代「軍備廢弛」成爲霸權衰落的新興不穩定因素，二十世紀上半葉接連爆發兩次世界大戰或亦並非意外。

三、現代型霸權（Modern-style Hegemony）

正如眾所周知，由於一定的文化聯繫性、到達某種程度的工業發展、相較其他區域更密切的地理鄰接性、獨立後逐漸形成的社會特徵，以及未受到兩次大戰波及等原因，美國逐漸在二十世紀初崛起成爲可與主要歐洲國家並駕齊驅的強權國家，[42]甚至透過兩次大戰，還進一步躍升成被稱爲「超強」（superpower）的全面性霸權國家。

從某些層面來說，美國不啻是歐洲型霸權的巔峰型態。特別是相對上一任霸權（大英帝國），美國的外交政策明顯具有一定的延續性：例如，美國在經濟事務方面保留「標準設定者」（standard setter）角色，一方面繼續作爲「自由主義經濟理念與政策」捍衛者，強調開放市場的重要，並將英國原先用以維繫國際金融秩序的金本位制度，加上匯兌管制等，強化爲所謂「布萊頓森林體系」（Bretton Woods System），藉此指導新時期國際經濟發展；[43]其次，美國在戰略上也延續英國的「海權對抗陸權」政策，以海

---

[40] Giovanni Arrighi and Beverly Silver et al., *Chaos and Governance in the Modern World System* (Minneapolis: University of Minnesota Press, 1999), Chapter 3.

[41] B.R. Tomlinson, "India and the British Empire, 1880-1935," *The Indian Economic and Social History Review*, Vol. 12 (January 1975), pp. 337-380.

[42] Robert D. Schulzinger, *U.S. Diplomacy since 1900* (New York: Oxford University Press, 2002), pp. 19-37.

[43] 儘管英國試圖透過「國際化」來抑制美國戰後的經濟影響力，結果依舊功敗垂成。Michael Hudson, *Super Imperialism: the Origin and Fundamentals of U.S. World Dominance* (London: Pluto Press, 2003), pp. 179-180.

權國家領導者自居（儘管它也算半個陸權國家），然後從地緣政治與意識型態對抗角度出發，將可能盤據「世界島」（world island，指歐亞大陸）的「邪惡共產主義國家」蘇聯，視爲美國國家安全與世界秩序的最主要挑戰來源；[44]由某個角度看來，美國在二十世紀下半葉對蘇聯的圍堵戰略，與英國在十九世紀中期以來對俄國的「大博弈」（the Great Game）封鎖部署簡直如出一轍。[45]

　　無論如何，更須注意的是美國在霸權政策的創新部分，亦即它擁有的「現代型霸權」特徵。所謂「正當性」（legitimacy）一般被認爲是國際政治中最低限度的道德層面要求，亦即強國最起碼在政策上要能做到自圓其說，或符合某種普世或自訂的正義原則（例如義戰觀念），以便維持「良性霸權」（benign hegemony）假象或外貌；據此，繼武力與經濟能量後，文化性因素既成爲美國所引導新範式的權力基礎之一，[46]也讓「三重霸權」成爲現代型霸權的主要特徵。早自英國時期起，由於其現代政治體制的出現乃自十七世紀以來包括清教徒革命與光榮革命等運動的結果，換言之，既然英國可經由「革命」來進行政體轉型，理論上不能反對其他國家循同樣途徑發展，這也是它在歐洲1830年代與1848年革命浪潮中置身事外的原因之一。同樣地，基於開國歷史與政治結構特色，美國一方面無由反對殖民地獨立的發展，甚至還提出「自決」（self-determination）主張；再者，身爲全世界第一個採用現代民主制度的國家，美國當然全力捍衛相關政治運作原則的正當性。[47]於是「政治民主化」乃繼「經濟自由開放」與「建立國際秩序」

44　Robert D. Schulzinger, *U.S. Diplomacy since 1900* (New York: Oxford University Press, 2002), pp. 207-210.

45　所謂「大博弈」一詞最早由英屬東印度公司軍官Arthur Conolly在1840年左右提出；Peter Hopkirk, *The Great Game: The Struggle for Empire in Central Asia* (New York: Kodansha, 1992).

46　關於此部分發展也有人從「文化帝國主義」或「媒體帝國主義」角度來進行探討，例如J.O. Boyd-Barrett, "Cultural Dependency and the Mass Media," in M. Gurevitch et al. eds., *Culture, Society and Media* (London: Methuen, 1982), pp. 178-182; and John Tomlinson, *Cultural Imperialism: A Critical Introduction* (New York: The Johns Hopkins University Press, 1991)；至於Joseph N. Nye 提倡的「柔性權力」觀念則從另一個角度立論，參見*Soft Power: the Means to Success in World Politics* (New York: Public Affairs, 2005).

47　捍衛民主原則不僅與「正當性」問題有關，美國同時亦希望藉此建立其「文化優越性」；但此種作爲有時也讓美國被冠上「文化霸權」或「文化帝國主義」的稱號。

後，成為美國另一個重要的霸權政策焦點；由此看來，相較於早期崇尚商業性現實主義並直接訴諸國家利益的歐洲型霸權國家，因為加入了些政治意識型態與社會主張，於是讓美國的對外政策擁有更多的道貌岸然外表。

表1-1　霸權範式分類及其比較

霸權模式	古典型霸權 （before 1498）	歐洲型霸權 （1498-1945）	現代型霸權 （after 1945）
代表國家	馬其頓、羅馬、中國、蒙古	西班牙、荷蘭、英國	美國
權力基礎	軍力	軍力、經濟	軍力、經濟、文化
擴張原因	狹義安全觀、權力慾望	廣義安全觀、獲利、優越感	獲利、普世主義
經濟型態	游牧、農業	工業（製造業）	金融、知識產業
正當來源	武力鎮壓、文明差距	國際法	意識型態認同
政策重點	征服、階層性威望	殖民、建立國際規範、制衡	同質化、爭端解決
體系特色	帝國（差異政治）架構	國際法（主權國家）體系	全球化（網路）社會
穩定挑戰	政治腐化、軍備廢弛	軍備競賽、經濟停滯	軍備擴散、文明衝突

從表1-1中，我們可以明顯看到在霸權範式之演進歷程中，相較於以征服與階層性地位作為霸權政策核心的古典型霸權，以及重視殖民、建立國際規範與權力平衡的歐洲型霸權，以美國為代表的現代型霸權則以「同質化」（通常也被稱為全球化）與「爭端解決」（未必透過和平途徑，但主要呈現壟斷特徵）作為其外交政策重點，目的是在當前的全球網路社會中維持美國的發言權與權力比例。值得注意的是，在國際環境中推動意識型態認同政策來落實同質化，固然是建構霸權文化基礎的某種捷徑，但忽略異質性現實的結果也不啻為所謂「文明衝突」（conflict among civilizations）埋下伏筆，[48]並從而可能動搖了霸權地位的穩定基礎。

---

[48] Samuel P. Huntington指出，後冷戰時期無法避免的衝突不僅來自意識型態與經濟發展因素的歧異，且植基於文化間的差異與矛盾，更甚者，全球化雖削減民族國家認同，卻強化本身的文明與宗教狂熱，導致文明衝突將日漸浮現；*The Clash of Civilizations and the Remaking of World Order* (New York: Simon & Schuster, 1998).

參、權力轉移與世界秩序變遷

一、權力之動態性及其影響

　　可以這麼說，歷史上「帝國」或「霸權」的存在，如同「世界政府」論者的主張一般，[49]集中管制權力始終是解決權力紛爭乃至創造秩序之唯一途徑，差異在於前者乃某種鬥爭下的自然結果，後者則有賴主動共識作爲且迄今尚未出現具體個案。進一步來說，「帝國」或「霸權」雖因累積足夠之不對稱權力，使其獲致可信之嚇阻能量並據此提供「秩序」此一公共財，事實證明，此種權力集中狀態從來不具恆常性，儘管不存在普遍性期限（deadline），興衰（rise and fall）既爲不可避免之自然發展，其過程往往提供結構變遷之歷史轉捩點。

　　必須指出，至今仍居主流地位的現實主義理論，雖習慣從純粹權力政治角度來觀察國家間關係，或因其邏輯框架主要成熟於冷戰初期美國霸權秩序中，對於結構之觀察不免隱約浮現某種「靜態」假定。無論如何，如同Fareed Zakaria認爲目前世界正經歷著一個「群雄並起」（the rise of the rest）的階段，「在政治和軍事層面上，我們仍然處於單一的超強世界裡，但產業、教育、社會、文化等其他面向，則權力正在轉移並逐漸脫離美國支配」，[50]隨著全球體系結構在後冷戰時期逐漸呈現重新調整權力分配現狀之態勢，加上國內經濟衰退與金融海嘯爲美國霸權帶來正當性危機，[51]更強調

---

[49] Grenville Clark and Louis B. Sohn, *World Peace through World Law* (Cambridge, MA: Harvard University Press, 1960); Alexander Wendt, "Why a World State is Inevitable," *European Journal of International Relations*, Vol. 9, No. 4 (December 2003), pp. 491-542; Luis Cabrera, *Political Theory of Global Justice: A Cosmopolitan Case for the World State* (London: Routledge, 2004); Amitai Etzioni, *From Empire to Community: A New Approach to International Relations* (New York: Palgrave Macmillan, 2004).

[50] Fareed Zakaria, *The Post-American World* (New York: W.W. Norton & Co., 2008), pp. 4-5.

[51] Robert W. Cox, "Beyond Empire and Terror: Critical Reflections on the Political Economy of World Order," *New Political Economy*, Vol. 9, No. 3 (September 2004), pp. 308-310; George Soros, *The Bubble of American Supremacy* (New York: Public Affairs, 2004); John Lewis Gaddis, *Surprise, Security and the American Experience* (Cambridge, Mass.: Harvard University Press, 2004).

「動態」變化之權力轉移理論（Power Transition Theory）也越來越引發更多人關注，[52]根據它對「權力層級化」現象的描述，該項理論將國際結構權力金字塔分成支配國家（dominant nations）、強權國家（great power）、中等國家（middle power）與弱小國家（small power）等4個層級，至於所謂權力則由能夠作戰與工作的人數、國民經濟生產力，以及政治系統整合資源完成國家目標的能力等3個要素共同組成。

　　從權力轉移理論的角度看來，霸權更迭（權力重新分配）經常是國際衝突的結果，至於爆發衝突的原因則不外乎是主要競爭之上層國家之間權力對比出現均衡（parity）或甚至超越（overtaking）現象所致；[53]前者指後進者或潛在挑戰者由於成功推動「追趕」政策（通常暗示經由持續大幅經濟成長而提升其軍備競賽能量與政治影響），以致權力值逐漸拉近與支配國家間的距離，[54]至於超越則是指潛在挑戰者不僅有效拉近與霸權的權力差距，甚至透過某種躍進式發展導致其能力最終凌駕既存霸權之上。[55]該理論進一步指出，國際衝突的爆發點往往便發生在由於出現「客觀」之均衡或超越現象，以致影響相關國家對於國際權力分配現狀之「主觀」看法的時候；換言之，一旦原先持現狀政策者不再滿意於既有權力規則，無論霸權國家或挑戰者都可能透過發動「先制攻擊」，以便取得對於未來秩序（新的權力分配現狀）的優先發言權。當然，儘管權力問題經常是國際衝突的源起，但這些衝突未必都環繞著「霸權」位置打轉；換句話說，正因權力爭端無所不在，且國際權力結構本即呈現階梯式金字塔狀態，因此在理論上，國際衝突可能發生在

---

[52] 該理論最早由A.F. Organski在 *World Politics* (New York: Alfred A. Knopf, 1958)書中提出，與傳統傳力平衡理論比較起來，他認為權力很難被真正地平衡。

[53] A.F. Organski and Jacek Kugler, *The War Ledger* (Chicago: University of Chicago Press, 1980); Manus Midlarsky, *The Onset of World War* (Boston: Unwin Hyman, 1988); Jacek Kugler et al., *Power Transition: Strategies for the 21 Century* (New York: Chatham House Publisher, 2000).

[54] Moses Abramovitz, *Thinking about Growth and other Essays on Economic Growth and Welfare* (Cambridge: Cambridge University Press, 1989), pp. 220-242.

[55] Elise S. Brezis, Paul R. Krugman, and Daniel Tsiddon, "Leapfrogging in International Competition: A Theory of Cycles in National Technological Leadership," *American Economic Review*, Vol. 83, No. 5 (December 1993), pp. 1211-1219.

結構中的任一階梯，亦即中小國家同樣到處存在著彼此對立的情勢，這也有助於解釋許多區域衝突的背景。

　　除了突出權力分配結構之動態性，並強調國際衝突可能發生在任何權力位階之外，權力轉移與傳統現實主義理論的差異還在於，它主張安全議題與經濟議題並無根本區別，並假定國際經濟關係與權力關係其實緊密地結合在一起，而決策者在合作或競爭之間的抉擇往往也引導著政治與經濟的互動。[56] 由此，雖然目前多數國際政治互動都透過合作途徑來解決問題，協商過程中的態度基本上仍反映出談判對手國對現狀滿意程度之差異，至於不合作的互動則經常帶來衝突的結果。尤其在將經濟考量加入國際政治行為之後，權力轉移理論也提出了幾個假設：首先是強權國家將傾向使用貿易政策來轉變不滿意國家的喜好（例如美國在1947年建立布萊頓森林體系、在1980年代後普遍利用所謂301條款，以及在2018年以不公正逆差為由對中國發起貿易戰）；其次，儘管不易進行長期觀察，使用經濟制裁對付不滿意國家在短期間可能是有用的；再者，強權國家多半會盡力維持貨幣（包括本國匯率與國際市場）穩定與強勢地位，因為它們是此種穩定的最大受益者；最後，為避免出現權力「均衡」或「超越」現象，多數支配國家都會設法限制高質量勞工與關鍵技術流向對手。總的來說，當國際合作持續時，特別是倘若所有滿意現狀的國家能完成政治與經濟整合，則儘管浮現所謂權力轉移現象，體系穩定或仍被確保，不過，結構內涵的改變與權力重新分配終究將增加戰爭爆發的潛在可能。

二、霸權更迭過程之權力陷阱

　　有趣的是，不僅國際政治學者關心權力問題，部分經濟學家也不例外，只不過相較前述權力轉移理論主要聚焦霸權衰落帶來的結構變遷影響，國際經濟學家與國際關係中的自由制度主義者則更關切既存霸權之正面應有貢獻，也就是它們是否能有效提供廣義「秩序」公共財（包括低關稅國際貿

---

[56] Jacek Kugler et al., *Power Transition: Strategies for the 21 Century*, Chapter 5.

易體系、穩定的國際貨幣體系，以及維持國際基本秩序等），以降低交易成本並維護體系和平，此即所謂霸權穩定論（Hegemonic Stability Theory）。例如Charles P. Kindleberger便以1929年至1939年的經濟大蕭條（the Great Depression）乃至大戰爆發為例，認為其主因乃由於各國都理性但自私地追求本身利益，且沒有國家（尤其支配霸權）肯出面領導國際社會共渡難關所致；[57]Robert O. Keohane同樣認為，「被單一霸權國家掌控的權力結構最有利於國際建制的發展，且可使一建制規則相對較精準且廣泛地受到國際遵循，……至於霸權掌控權力結構的式微，可被視為國際經濟建制力量衰微的徵兆」。[58]近期Paul K. McDonald和Joseph M. Parent試圖以量化方法對權力轉移過程進行分析，其結果顯示：對霸權國家而言，多數在面對自身相對衰落時都做出「明智反應」，亦即迅速進行相應戰略收縮以便保護自己之必要債務清償能力；至於對挑戰者而言，假使在時機尚未成熟之際開啟霸權爭奪，不僅將刺激外部敵對國家結盟，且可能損害自身內部脆弱的長期增長基礎。[59]

作為1947年至1951年「馬歇爾計畫」（Marshall Plan）主持人，Charles Kindleberger的想法如同前述，他以1930年代的世界經濟挑戰作為歷史借鑑，指出在第一次世界大戰後，儘管英國因為力量衰退以致被迫將霸權讓位美國，但美國在此過渡期間並未準備好為維持世界秩序提供必要之公共財，最終在陷入經濟蕭條後導致大戰再度爆發之悲慘結果。[60]換言之，由於霸權國家無法有效提供公共財所引發之國際秩序隱憂，一般便稱為「金德爾伯格陷阱」（Kindleberger Trap）。

---

[57] Charles P. Kindleberger, *The World in Depression, 1929-1939* (Berkeley: University of California Press, 1973).

[58] Robert O. Keohane, "The Theory of Hegemonic Stability and Changes in International Economic Regime, 1967-1977," in Ole Holsti, Randolph Siverson, and Alexander George eds., *Change in the International System* (Boulder: Westview Press, 1980), pp. 131-162.

[59] Paul K. McDonald and Joseph M. Parent, *Twilight of the Titans: Great Power Decline and Retrenchment* (Ithaca: Cornell University Press, 2018).

[60] Charles P. Kindleberger, *The World in Depression, 1929-1939*; see also *World Economic Primacy, 1500-1990* (Oxford: Oxford University Press, 1996), Chapter 8, 10.

　　除了從制度公共財角度觀察霸權興衰之可能影響，根據權力轉移理論的情境假定，一旦國際金字塔頂層主要競爭者（尤其既存霸權及其認定或事實上的最主要挑戰者）之間，出現「均衡」乃至「超越」現象，無論霸權或挑戰者都可能發動先制攻擊以致引爆衝突，例如Graham Allison自2015年起便不斷以「修昔底德陷阱」（Thucydides's Trap）來形容美中即將陷入之戰爭危機；[61] 前述論點以希臘史家Thucydides在《伯羅奔尼撒戰爭史》中所稱「雅典的崛起以及它為斯巴達帶來揮之不去的恐懼，終究使戰爭不可避免」作為邏輯出發點，一方面聲稱美中戰爭「未必不能避免」，但根據他在「哈佛修昔底德陷阱計畫」中研究過去五百年間16個歷史案例的結果，仍推論出某種崛起強權試圖破壞統治強權地位之危險模式。嚴格來說，Allison的研究在案例選取部分存在爭議，例如體系環境設定以及所謂崛起強權與統治強權之定義，特別是無法合理解釋最接近美中對抗個案之美蘇冷戰何以未爆發戰爭（迴避核武嚇阻，強調兩國和平管理成效），但不能否認，根據現實主義之權力爭奪假定，由於結構變遷引發之「心理陷阱」確實埋下戰爭之潛在風險。

肆、結論

　　儘管對當時與其後人類歷史發展並無立即性影響，無論如何，本文開端引用Hedley Bull的說法，仍揭示了發生在西元前431年至404年的伯羅奔尼撒戰爭如何影響當前現實主義者的邏輯建構；尤其戰爭期間之小國處境，既形成著名之「米洛斯對話」（Melian Dialogue）個案，面對欲尋求中立逃離權力漩渦的小國米洛斯，雅典（即便後來被樹立為民主典範）所謂「只有雙方實力相當時才有對與錯的問題，（而當實力差距太大時）強者可以為所欲

61　Graham Allison, *Destined for War: Can America and China Escape Thucydides's Trap* (New York: Houghton Mifflin Harcourt, 2017).

為，弱者只能逆來順受」之強詞奪理論點，不啻直接點出了國際政治中權力的殘酷性。

事實證明，追求秩序乃「人之所欲」，但權力始終是最大變數。在多數歷史當中，人類多半只能等待自然演化（放任權力鬥爭），物競天擇地產生帝國或霸權等不對稱集中權力的結果，然後帶來一段時間不穩定的和平時期；十九世紀以來，以歐洲為主曾試圖推廣機械性平衡想像，期待主要國家能透過有意識地合縱連橫來維持某種天平般的「均勢」，但兩次世界大戰終究打破此種幻夢。接下來自二十世紀中葉起，崛起為霸權的美國則從制度與概念雙管齊下，一方面設計出聯合國機制，其次則設法推廣集體安全（collective security）此一具連帶性之新想法，從而在帶來半個多世紀的「美利堅和平」（Pax Americana）之餘，確實相當程度地提供了「秩序」公共財。儘管如此，暫且不論如同Paul Kennedy在《霸權興衰史》中開卷所言，「各主要國家在世界事務中的相對權力，從來就不是一成不變的」，[62]從帝國與霸權終究難逃衰落，也可一窺它們依舊無法徹底解決權力紛爭的窘境；換言之，權力與秩序之間的恆久矛盾，仍需人類花更多時間與精力來認真審慎思考。

---

[62] Paul Kennedy, *The Rise and Fall of Great Powers* (New York: Random House, 1987), Preface.

第二章 新自由制度主義的演進與流變

廖舜右

壹、前言

　　作爲社會科學中的新興領域，國際關係理論的演進與當代國際現實時刻相關，如兩次世界大戰的殘酷教訓，讓人們重新思考國際行爲者當所作爲，進而促成國際關係理論的再論辯。從過去現實主義與理想主義的競逐，演進成爲1970年代至1980年代新現實主義與新自由制度主義的爭鋒。與過去不同的是，前次論辯焦點著重於哲學層次的思考，包含著人性與國家的關聯，亦或是國家需要採取什麼樣的出發點進而形塑國家政策；接續而來的辯論，除了讓戰爭後的省思與論辯不止於哲學思考層次，更進階到國家能夠運用什麼樣的政策，用以回應其他國家行爲者的對策，也就是現實主義與理想主義的新生。新現實主義維持著部分古典現實主義的假設，如Hans J. Morgenthau《國家間的政治：追求權力與和平的鬥爭》（*Politics Among Nations: The Struggle for Power and Peace*）一書所敘，國際政治受到根植於人性的客觀法則支配。[1]在國際關係以國家爲主的單元行爲者下，國際關係的前提圍繞「無政府狀態」、「國家中心論」、「權力假設」以及「議題階層」等特點進行討論。然而，在傳統自由主義論者中對於人性與國家動力的設定中，與後來的新自由主義論者有著不同的論述，包含強調「制度」的角色或者針對過去自由主義的回應的焦點，都讓新自由制度主義有著不同的出發點，本研究將嘗試釐清兩者差異。[2]

---

[1]　Hans J. Morgenthau, *Politics Among Nations: The Struggle for Power and Peace* (New York: McGraw-Hill, 2006), p. 4.

[2]　請特別留意，新自由主義範疇的界定在不同的學者間有不同的結論。

　　與擁有淵遠流長演化年代以及較爲複雜的辯證過程的現實主義和新現實主義相比，新自由制度主義出現的年代較遲，導致新自由制度主義發展過程中，經常需要面臨與現實主義和新現實主義三者間的相互比較。相對於現存較爲完整的現實主義和新現實主義假設，新自由制度主義被視爲挑戰既有理論發展的理論，其接納（新）現實主義關於無政府狀態的體系層次分析，但不認爲是唯一前提形成一個特殊的狀態，期望能夠接受既有國際關係理論的事實論述，卻又嘗試在理論實現效力上更具特色；亦或是國家間對於國家行爲體以外角色存在的認同，顯然更爲貼近當下的國際現勢，而這樣的特徵讓新自由制度主義能夠補充（新）現實主義論者無法說明的國際社會，讓兩者之間成爲都具備一定解釋力的國際關係理論。從David A. Baldwin的角度來看，新現實主義與新自由主義主要聚焦在無政府狀態、國際合作的可能性、相對獲益與絕對獲益、國家目標的優先順序、國家意圖（intensions）與能力（capabilities）以及制度（institution）與建制（regime）之間的關係，也就說明了兩者間的互補以及差距。[3]

　　在國際關係領域的傳統理論中，現實主義與理想主義能夠相提並論的主要原因在於其出發點不同的哲學思辨，從人性的開端開始論證，進而說明國家應當依循什麼樣的價值。演變至兩次大戰以及事後的檢討中，新現實主義調整了現實主義對於國家行爲者單一的角色扮演，並將國際體系的影響納入，重新演繹國家行爲者的策略與反應，形成更具說服力的理論框架；然而，繼承理想主義的自由主義乃至於新自由制度主義，其接續的是一種基於人性的和平價值與目標，在擁有共同前提下，以不同視角檢視國際現勢進而形塑不同的結論。除了進一步檢證（新）現實主義以外，更嘗試從「可能實現」的情況下，建構一個不同於過往國際理論的描述，讓新自由制度主義的價值在單一假設的例外下擁有無限的可能，乃是本研究想要呈現新自由制度主義的價值所在。

---

[3]　David A. Baldwin, "Neoliberalism, Neorealism, and World Politics," in David A. Baldwin ed., *Neorealism and Neoliberalism* (Columbia University Press, 1993), pp. 4-11.

貳、理論緣起

　　新現實主義與新自由主義爭鋒相對的高峰發生在1970年代至1980年代之間，新自由制度主義有三部重要的經典之作問世，分別是1972年由Robert O. Keohane與Joseph S. Nye, Jr.所編撰的《跨國關係與世界政治》（*Transnational Relations and World Politics*）、1977年由同樣兩位作者合著的《權力與相互依賴》（*Power and Interdependence: World Politics in Transition*）以及1983年Krasner所著《國際建制》（*International Regimes*）等，鋪陳著新自由制度主義者對於當時國際局勢下個行為者的狀態。[4]例如《跨國關係與世界政治》一書描述著現實主義以國家為出發點所建構世界下的問題，例如羅馬教廷政教兼併、福特基金會的影響力以及跨國企業過於龐大等非國家行為者的特殊案例；其次，Keohane與Nye在《權力與相互依賴》直接挑戰了現實主要把國家當作行為者的前提設定，諸如軍事安全在外交事務中的相對重要性、軍事力量在國際政治中的作用，或者「權力資源」在不同領域中可能被替換的概念；最後，Krasner用國際建制描述一種著眼於國際合作和國際制度的觀點，建構出可被當代國際行為者接受的制度。

　　新現實主義與新自由主義論者所爭論點在於，如何描述國家行為者處於當下的國際現勢中如何自處的狀態，包含如何看待與理解「無政府狀態」，以及在「無政府狀態」下國家如何透過某種政策的回應給予國家利益最大化。前項次的提問在新現實主義中有極其精彩的論辯，本研究不再重複。但兩者間對於行為者反應的理解卻有隱然不同之處，包含人性、政治決策過程以及政策結果偏好的差異。人性之所以值得理論建構者討論的原因在於，理論假借於國家行為者，因此人性是否善良，將決定國際政治環境是否能夠藉

---

[4]　Robert O. Keohane and Joseph S. Nye, Jr. ed., *Transnational Relations and World Politics* (Cambridge: Harvard University Press, 1972); Robert O. Keohane and Joseph S. Nye, Jr., *Power and Interdependence: World Politics in Transition* (Boston: Little Brown, 1977); Stephen D. Krasner ed., *International Regimes* (Ithaca: Cornell University Press, 1983).

由確立規則促使各國家行為者遵守。更深一層次的討論在於個人是理性而自利的本質，將進化成具備計算行為者利益以及尋找最佳方案達到最大利益的理性，合作是否成為選項，國家行為者是否可以獲得預期利益，將改變因衝突而獲得利益的結果。如此的邏輯推演，也是新自由主義者承襲理想主義者思想模式的主要依據。過去理想主義因第一次世界大戰後美國總統威爾遜的主張未獲認同而告失敗，因此新自由主義論者在建構其理論基礎時，更謹慎強調「人性」的重要性，包含如何區隔出不同的人性以及理性。而透過集體行為者的選擇做出政治決策，在國家決策中則有兩個不同的觀察層面，包含由下而上的決策過程，或者是由上而下的決策過程。前者的程序中個人與社會團體相當重要，其偏好將影響國家的偏好與選擇。換言之，國家反映人民偏好，國家也將尊重人民偏好。最後，國家行為者依據人民選擇做出的政策偏好，將對一國的外交政策有決定性影響，國家建構的政策與其他行為者的相互關係，將影響國家間的互動關係，使國家在他國追求利益的影響下追求最大化利益。[5]

　　然而，各國依據人民各自的偏好所做出的決策結果，在國際之間產生某種互動，而這樣的互動並不必然創造穩定的國際關係，將促使國家之間可能因為自保而形成所謂的「軍備競賽」。對現實主義者而言，這樣的關係將促使國家行為者改變偏好，進而形成更為激進的政策選項，惡化原本可能不會危及彼此的國際關係。因此，自由制度主義者透過對於偏好計算方式的改變，提供國家行為者可能願意接受的另外一種方式——制度建立，用以保障國家本質上免於陷入競爭狀態。然而，制度可能會因為行為者接受後過於習慣，進而僵化成無法實質提供行為者保障的制度，例如部分艱澀的國際法或者難以下嚥的文化習俗，都讓制度推廣受到嚴格的檢視，進而失敗，第一次世界大戰後的威爾遜總統即面臨類似的困境。因此，在新自由制度主義者的論點中，因應制度一詞可能僵化的結果，將這樣的狀態轉化成更為貼近國家

5　Arthur Stein, "Coordination and Collaboration: Regimesin An Anarchic World," in David A. Baldwin ed., *Neorealism and Neoliberalism* (Columbia University Press, 1993), pp. 27-29.

行為者間可能擁有的互動──「相互依賴」。讓國家行為者彼此的偏好透過某種模式的鏈結，使之更為貼近，也能夠形成更親密的互動模式，避免過去國際制度削弱國家行為者間良好的互動成果，改變國家行為者的理性抉擇。

　　新自由制度主義並非橫空入世，其相關概念包含在過去許多國際關係的理論當中。例如其傳承自由主義（Liberalism）的想法、制度主義（Institutionalism）的目標、功能主義（Functionalism）的效用、區域統合理論（Regional Integration）的倡議、相互依存理論（Interdependence）的現象等。[6] 各理論間除了站在（新）現實主義的對立面以外，其共通點在於對於行為者間互動的樂觀。同時，對於行為者是否願意透過某種「制度」限縮自我追求最大化利益的可能性，抱有較高的期待，或者更願意透過建立某種模式，面對可能衝突的狀態。然而，也不要忽略了各理論間的歧異，例如傳統自由主義對於自由概念的層面，擴大到行為者的所有層次，包括個體自由，這與新自由制度主義倡議某種程度的「制度」並不相容。又如功能主義倡議功能對於行為者的誘導的效果，與自由制度主義者雖然相同，但其建立「制度」的強制程度卻有所不同。換言之，這些「制度」化的背景與要求在沒有全然相同的情況下，過度依賴某種自以為的認知是相當危險的（為了避免這樣的情況發生，茲建議讀者需要特別檢視該理論原始出處的意涵）。

參、理論演進與變形

　　從理論緣起可以發現新自由制度主義對於國際社會的解讀，根源於對新現實主義假設的不認同，特別是對於新現實主義中「結構」概念對於當代國際社會行為者的影響，有非常大的歧異。所以新自由制度主義者最主要的倡議者在80年代以後對於新現實主義者的批評，主要聚焦於下列幾個面向：

6　Robert O. Keohane, *Neorealism and Its Critics* (New York: Columbia University Press, 1986), p. 78.

一、無政府狀態下國家行為者決策依歸

　　無政府狀態一詞恰好說明在國際關係領域中最為模糊，但卻又最為清晰的概念。原因在於這樣的概念某種程度存在於當代國際社會中，雖然難以否認沒有絕對的世界政府能夠對於爭議議題做出某種回應，但卻又能夠透過類似（新）現實主義者形容的模式影響著行為者，特別是具有象徵意義的國家行為者願意接受彼此間現況的維持後，換言之是一種無可依靠卻又不得不接受的狀態。因此，（新）現實主義者就論斷必須透過更多保障自己的方式，強化自己利益的擁有。但從這樣的論點說明了，在可能的情況下國家行為者是能夠透過現有的某種國家行為者之間的關係，建立維持現狀的一種互動模式，而這樣的模式能夠保有現狀。國際關係中的無政府只是一種形容，並非事實，取而代之的是一種能夠維持現狀的狀態。無政府狀態成為國際關係理論者爭執的第一個重要設定。

　　當然，無政府狀態究竟為何尚未有定論，但在兩派理論者的眼中卻不妨礙國家行為者據此做出決策。（新）現實主義者從恐懼的心理出發，建構出國家行為者完整能夠維護自我利益與行為者安全的唯一途徑——權力，特別是具體可現、能夠擁衛自我意志的信物。然而，新自由制度主義者悲天憫人的理想模式促使行為者在面對恐懼時，創造出可以互相倚靠的模式，不論是相互之間的關係或者是值得信賴的制度，讓國家關係的討論不僅止於權力與結構，有更多是國家行為者能夠改變的機會。無政府狀態下兩者顯現出差異，也決定理論走向與未來變形的契機。

二、國際社會動態的解釋力

　　國際結構是一種穩定狀態的描述，包含結構體系的上下位階關係，以及相互間互動模式的組成，都因為結構存在而有難以超越的障礙。因此，（新）現實主義者依據現有的結構體系，認定國家行為者不容易變動，也不需要改變，進而維持既有的活動模式，讓結構穩定發展。但這樣的形容無法說明動態下的國際社會，也難以完全形容變動中的國際關係。新自由制度主義者認為，在相對變動的國際社會環境中，國家行為者必須依照既有的結構

建構國家動態的回應，也是國家行為者在面臨環境變動的狀態下，必須針對國際社會調整國家決策，進一步尋找更合適的選項，以俾尋求國家最大利益。

三、行為者相對獲益與絕對獲益的考量

從國家行為者獲益的角度來說，無庸置疑的是能夠獲得越多越好。但相對獲益與絕對獲益的比較上，必須先理解，這是一個從無到有的前提下，被迫只能二擇一時，相對（絕對）獲益的單一選擇。然而，過去的理論撰述者在沒有特別強調這一前提時，似乎過分強調（新）現實主義注重相對獲益，而（新）自由主義者偏好絕對獲益的假設。這樣的假設不見得能夠說明國際現勢下，國家行為者真正需要面臨的選擇難題。例如，我們可以理解（新）現實主義者之所以被歸納在相對獲益的情況，多半是假設在國家安全領域的選擇上，有著不可被侵犯的領域，也就是國家行為者的安全是必然的最終選項，然而，（新）自由主義者的絕對獲益卻往往聚焦在其他領域的合作上，包含經濟、文化層面的討論。回頭檢視，如果把兩者都擺置在安全領域上，而又必然需要面臨二擇一的情況下，兩者皆可能會得到接近的答案，如同簡單的數學中一加一的選項可能恆大於二的概念一般。因此，新現實主義者的代表人華爾茲（Kenneth N. Waltz）曾描述過這樣的情景：「當面對可能共同獲益的合作機會時，處於不安全情況下的國家必須考慮利益如何分配。往往為難他們的不是『我們都會獲益嗎？』，而是『誰獲益的更多？』」[7]也如同Keohane承認新自由制度主義者低估一定條件下，國際政治中的行為者對於相對獲益過分簡化的論述。[8]Keohane認為這些原則的解釋需要仔細檢證相對條件的理解，包含國家行為者對於追求利益的模式都非常類似，導致條件的設定與滿足也就更難以區分。

換言之，檢證國家行為者選擇相對獲益與絕對獲益的考量，或可延伸

7　Kenneth N. Waltz, *Theory of International Politics* (Reading, Mass: Addison-Wesley, 1979), p. 105.
8　Robert O. Keohane, *Neorealism and Its Critics* (New York: Columbia University Press, 1986), p. 78.

至其行為決策後的其他後續行為來區隔。例如國家行為者間的互動模式，也就是兩個理論經常被檢證的另外一個領域——國際合作。相對獲益與絕對獲益的討論，可被視為國家行為者在思考國家本身需求的情況下，需要面臨的內在決策。但對於國家行為者而言，更重要的是這項決策將對國家帶來什麼樣的後果？國際合作的討論是否能夠持續，通常決定於國家行為者認為這樣的合作是否有益於國家，如同國家行為者獲益的基本假設一樣。至此，國家是否能夠獲得更多，使國家行為者擁有更多的競爭優勢，才能成為抉擇絕對（相對）獲益的檢證。在新自由制度主義者的眼中認為：「新現實主義者認為國際合作更難實現、更難維持、更依賴國家權力施行。」也就是說，在獲益不夠明確的情況下，國家行為者無法抉擇，只能回歸上述無政府狀態下國家行為者決策模式，倚靠本身的實力而行，進而靠近相對獲益。倘若在可見獲益的情況下，則國家行為者無須面臨這樣的困境，多數倚靠簡單邏輯就可做出選擇，而相對獲益、絕對獲益與國際合作的選項都將出現在兩者間。

四、（國際）制度的理性設計與功效

Krasner所著《國際建制》提到，關於制度的定義為「行為者處於共同關切且既有的領域中，所形成一系列明確或者隱性的規則、規範、原則或決策程序。」[9]另外，國際建置係指「具有特定目標、由官僚系統組成，擁有一定行動能力的國際組織。」顯見在國際社會中具有某種程度且廣泛存在的制度以及國際建制，且對於當前國家行為者建構當前國際社會具有實質、有意義的幫助。新自由制度主義者認為，制度之所以能夠形成的原因在於：（一）國家行為者在國際關係存活的過程中，依照需要自行演化而成；（二）透過主導國際體系的主要國家行為者強制制定而成。兩個原因都能夠說明制度的存在有其一定邏輯與功效。如同無政府狀態的國際環境中，國家行為者為了獲取更多的訊息，以俾國家行為者做出更準確的決策，國家會嘗試透過其與其他行為者間的互動，加以固定與模式化，更甚者透過協議、規

---

9 Stephen D. Krasner ed., *International Regimes* (Ithaca: Cornell University Press, 1983), p. 2.

則、條約制定雙方的責任與義務，進而形成固定的制度，避免不必要的損失產生。制度一經產生且被涉入國家行為者所接受後，將會具備調整與變動的功能，讓國家行為者在最適切的狀態下繼續維持，形成新自由制度主義中的主要論點，也就是（新）現實主義論證中，不願意承認制度對於國家行為者具有影響能力之處。

　　追究（新）現實主義的哲學思考假設，其不願意相信制度的原因在於，制度往往對於國家行為者沒有強制力，在違反誠信原則後不能夠被懲罰，進而導致制度的失效乃至於失敗的結果。但對新自由制度主義者而言，這樣的假設過於悲觀，無法解釋當代國際社會部分願意相信制度，或者倚賴制度而生存的族群。對於新自由制度主義者而言，制度的存在目的並非在於懲罰違反者，而是透過制度的存在鞏固了現狀，成為制度理性與功效存在的主要證據。綜上所述，新自由制度主義的基本概念，可以分列成下列重點：（一）不涉入基本價值觀的爭辯；（二）國家是國際社會中主要的個體，但其他行為者也具有一定影響力；（三）國際合作是困難的，但在不斷重複的國際社會中是可能達成的；（四）國際制度是符合行為者需求而建立，但也可能是特定國家的主張；（五）國際制度建立後會對既有行為者產生影響，也會因為國家行為者的政策回應自我調整；（六）可適用於國際安全與國際政治經濟領域，與（新）現實主義兩者有侷限性不同。

　　過去的制度主義透過懷疑現實主義的核心假設來挑戰現實主義，例如以國家為主要行為者以及國際間無政府狀態下的國家行為者，沒有在「理性選擇」模式下，以促進國家間合作為前提遵守制度主義者宣稱的建構制度。但新自由制度主義與過去不同的是，願意接受現實主義者對於無政府狀態下的國家行為者在自保的需求下的迴避合作的推論，因為在沒有強制力介入時，一旦國家行為者損失將難以彌補，無法承擔任何安全風險的考量將迫使國家行為者願意合作。然而，新自由制度主義者認為制度之所以能夠增加國家選項的原因在於，制度除了增加國家行為者彼此關係，也能夠在有機會「報復」的情況下，遵守合作的承諾。在未來可能尚有互動關係的考量後，國家行為者間的合作是能夠實現的，並非是（新）現實主義者所論，只能倚

靠提升自我權力的掌控。所以Keohane舉當代國際局勢下的GATT（General Agreement on Tariffs and Trade）、IMF（International Monetary Fund）以及 IEA（International Energy Agency）為例，認為在不間斷的合作過程中，制度能夠提供國家行為者某種依據，藉以幫助國家行為者應對國際觀無政府狀態。[10]其次，在新自由制度主義者的論點，制度建立後有助於幫助國家行為者更為遵守彼此間協議。無政府狀態下的不確定以及必須負擔的交易成本過大，讓理性國家行為者在無可奈何的狀態下被迫選擇自保。只是，從新自由制度主義論者眼中，背叛制度面臨的狀況不僅是單個國家實力強弱的問題，而是將導致整個制度下其他國家行為者的抵抗。例如國家行為者違反GATT條款時，將引發整個制度對於違反國家的制裁，普遍而廣泛的制度結構懲罰，將促使國家行為者謹慎思考是否願意背叛制度，從而減少（新）現實主義論者所描述的無政府狀態下的不穩定，國家行為者會更願意接受且遵守制度的規範。[11]

此外，新自由制度主義認為，現實世界中雖然實現合作看似困難，那是因為國際制度並未完備建立，換言之，合作的模式在一定條件下能夠被實現的可能性存在。合作模式可能與衝突以及其他利益不同的情況下同時並存，端視國家行為者是否願意「理性思考」後選擇接納。依照新自由制度主義論者的觀點而言，建立軍事類型安全制度的需求會比經濟類型的制度高，也就是說制度化安全概念對於保障安全更有幫助。[12]國際制度本身不能代表制度主義者所宣稱的正面效應，例如互惠，但能夠促使互惠模式發生的可能性增加，例如透過制度本身的連結，讓國家行為者建立互動，且促使國家行為者在選擇背叛制度時受到更多、更明確的懲罰，避免（新）現實主義者所論無政府狀態所帶來的不信任感。

---

[10] Robert O. Keohane, *After Hegemony: Cooperation and Discord in the World Political Economy* (Princeton: Princeton University Press, 1984), pp. 215-216.

[11] *Ibid.*, p. 90.

[12] Charles Lipson, "International Cooperation in Economic and Security Affairs," *World Politics*, Vol. 37 (October 1974), pp. 1-23.

肆、反思與總結

　　新自由制度主義在70年代至80年代的戰爭之間崛起，透過質疑當代國際關係主流理論新現實主義與傳統現實主義的假設而盛行。除了顯示人類具有理性思考能夠自我反省之外，也顯示人類集合體——國家行為者的自我調節。從巨觀的哲學思想開始，重新思考人類追求自利的需求是否應該被滿足，還是應該擴大私利的範疇，將之延伸到國際體系下，所有國家行為者以及非國家行為者的共同利益，包含現有制度下的共同享有者。不啻為戰爭年代後對於大量人口減少的具體成效，也可被當作理想主義的目標實踐。而其建構出一套與過去不全然相容的假說，來規範當代人類的行為舉止。如同前文所提，這樣的假設不涉及價值的判斷，僅止於個人與國家信仰選項的增加，讓所有行為者能夠透過一種更加積極的態度與方式，面對兩次大戰帶來的損耗。這樣的時空背景，讓新自由制度主義的產生別具意義。也就是因為這樣的思辨層次，拉升（新）現實主義所主導的國際政治理論，讓（新）現實主義重整對於個人與國家行為者對於外在制度的互動模式，包含相互依賴的存在意涵。新自由制度主義中強調「制度」存在的目的，在於希望所有行為者認同制度，遵守制度，相信制度。雖然從（新）現實主義者眼中，這樣的互動模式也存在，但其相信的是「權力」，用以維繫制度存在的關鍵，但並不妨礙兩者並存的價值。從當代國際社會行為者的互動動態下，可能時刻轉換，也可能抱元歸一。這讓新自由制度主義的存在更具有意義，也是國際關係理論能夠更為貼切形容行為者的重要補充。

　　從現實主義主導國際關係理論開始，到演化成為新現實主義，調整了國家行為者檢視自我角色的各項假設；新自由制度主義也如前文所敘，於綜整多項理論後從國家行為者存在的邏輯出發，重新建立可供國家行為者與非國家行為者更值得信賴的制度。或許在國際關係理論歷經了三次大辯論後，更能說明國際關係理論在社會科學中逐漸發展出能夠貼近未來趨勢的一種假定。新現實主義與新自由主義的辯論說明真理可以越辯越明，也驗證了社會

經驗法則與歸納、推演模式的重要性，任何一項當代社會科學的演繹模式都說明了社會行為者的多元與動態，也是國際關係領域希冀達成的目標。

　　與（新）現實主義不同，新自由制度主義並非是一個將個人行為者模式反射到國家行為者的模式。故此，在回應（新）現實主義的假設時能夠選擇接受部分設定，用以反駁其後續推論。這樣的回應讓新自由制度主義者飽受批評，包含安全議題。雖然新自由制度主義者想要迂迴地證明這樣的制度不悖於國家生存的最高原則，但仍無法徹底說服信仰「權力」的（新）現實主義者。只是在不同的價值選擇上，新自由制度主義承襲多項主義接受人性本善的出發點，讓各式行為者得以使用不同的概念朝向目標邁進。當代國際社會的變遷快速，包含參與行為者的定義將更多元，可能需要更多面向的討論才能更為貼近當代國際社會。

方天賜

壹、前言

　　現實主義（Realism）是國際關係的主流理論之一，與自由主義及建構主義並稱爲國際關係研究的三大典範（paradigms）。在國際關係研究中具有主導性的地位，許多領導人及學者也喜歡用現實主義的視角去解讀國際關係，使其具有高度的普遍性及影響力。[1]

　　從發展來看，現實主義的思想脈絡存在人類歷史中已久，但現實主義理論成型於兩次世界大戰之間，主要是針對理性主義（Idealism）進行批評，認爲應重視探討國際政治的「實然」（what is）面，而非「應然」（what should be）面。並在第二次大戰之後，躍爲國際關係研究的主導理論。

　　就範圍來看，現實主義也是所謂的「大理論」（grand theory）。換言之，現實主義並非僅僅是單一理論，而是在類似的主張之下，衍生出不同的次理論或研究途徑。一般認爲，當代的現實主義理論可包括古典現實主義（Classical Realism）、新現實主義（Neorealism）、攻勢現實主義（Offensive Realism）、守勢現實主義（Defense Realism）、新古典現實主義（Neoclassical Realism）等。以下便就現實主義的發展淵源及相關內容進行說明。

---

[1] Tim Dunne and Brian C. Schmidt, "Realism," in John Baylis and Steve Smith eds., *The Globalization of World Politics: An Introduction to International Relations*, 3rd edition (New York: Oxford University Press, 2005), p. 162.

貳、現實主義的思想淵源

　　現實主義的思維存在人類之中已久。古希臘歷史學家修昔底德（Thucydides, c.460-406 BC）、文藝復興時期的馬基維利（Niccolò Machiavelli, 1469-1527）、英國政治哲學家霍布斯（Thomas Hobbes, 1588-1679）等均被認為是現實主義思想的代表人物。

　　修昔底德著有《伯羅奔尼撒戰爭史》（History of the Peloponnesian War），主要是描述古希臘斯巴達（Sparta）領導的伯羅奔尼撒同盟（Peloponnesian League）與雅典（Athens）的提洛同盟（Delian League）在西元前431年至405年的戰爭。修昔底德認為，斯巴達因擔憂雅典的崛起，將使其最終遭到雅典壓迫吞併，因而爆發與雅典的戰爭。

　　在修昔底德的眼中，當時城邦之間的互動就是弱肉強食的寫照。其中，雅典在西元前416年征服愛琴海小邦米洛斯（Melos）之前，派出使者與米洛斯談判的「米洛斯對話」（Melian Dialogue）更是反映了大國蠻橫與小國無力的對比。在此談判中，米洛斯企圖訴諸公理正義，要求雅典尊重其獨立及保持中立的權利，並認為可以獲得神明庇佑及斯巴達援助。但雅典駁斥米洛斯的請求，表明「正義只存在於兩個實力相當的對手之間」、「強者恃強而為，弱者受所需受」（The strong do what they have power to do and the weak accept what they have to accept）。[2] 談判破裂後，雅典便出兵攻擊米洛斯。由於米洛斯的軍力不如雅典，加上斯巴達也沒有如期預期出兵協助，終於遭雅典征服。

　　修昔底德藉由這些戰事與談判，強調國際政治運作的實力原則。另一方面，他認為爆發伯羅奔尼撒大戰的原因是因為雅典力量的成長，導致斯巴達感到被威脅。這種崛起國家挑戰強權地位，引發既有強權反制，因而導致戰爭的現象，則被艾利森（Graham Allison）稱為「修昔底德陷阱」

2　Ibid., p. 169; 修昔底德著，謝德風譯，《伯羅奔尼撒戰爭史》（台北：台灣商務，2000年），頁424-429。

（Thucydides's Trap）。[3]

　　義大利的馬基維利則是另一位現實主義思想的代表人物。馬基維利出身於義大利文藝復興時期的佛羅倫斯（Florence），著有《君王論》（*The Prince*），希望進獻給當時佛羅倫斯的統治者麥第奇（Lorenzo di Piero de' Medici）作為治理國家的指南。馬基維利認為。統治者的主要責任是捍衛國家利益和確保生存。為了達到此目的，統治者必須是像是獅子及狐狸。若不能像獅子般強大，可能招到對手的霸凌；同時也要像狐狸一樣狡猾甚至無情，方能追求自我的利益。馬基維利也強調現實世界充滿危險，需要事先防範及因應。也因此，需要算計自身的實力和利益，預測對方的可能行動，以先發制人。他也鄙視道德的價值，認為統治者若依據基督教道德行事，將導致失敗及一無所有。統治者需要明瞭並重視權力，以確保民眾的安全及福祉。[4]綜合言之，馬基維利主張為維持國家之目的可採用一切必要之手段。後人便用「馬基維利主義」（Machiavellianism）一詞來概括他的這些現實主義思想。[5]

　　英國政治哲學家霍布斯對現實主義理論的貢獻主要來自於他對自然狀態（state of nature）的看法。他認為，在主權國家出現之前，人們處於互相攻擊對抗的原始狀態，因此處在恐懼之中。直到主權國家出現之後，人們的安全才獲得保證。然而，當主權國家出現之後，反而在國家之間形成一個沒有世界政府的國際自然狀態。這種無政府狀態（anarchy）使主權國家之間沒有永久的和平，戰爭則是解決衝突的手段，國際間因此容易爆發戰爭與衝突。事實上，霍布斯不僅重視軍事力量，也重視國際法（international law）的作用，認為可以減緩自然狀態的效果。但他也主張，國家只有符合安全和生存利益的情況下才會遵守國際法。霍布斯關於國際體系是無政府狀態的論

[3]　Graham Allison, *Destined for War: Can America and China Escape Thucydides's Trap?* (Boston: Houghton Mifflin Harcourt, 2017).

[4]　Robert Jackson and Georg Sorensen, *Introduction to International Relations: Theories and approaches*, 2nd edition (New York: Oxford University Press, 2003), pp. 72-73.

[5]　參閱蕭高彥，〈馬基維利主義、國家理性說與暴君放伐論——思想史的考察與政治哲學的反思〉，《中研院法學期刊》，第2期特刊（2019年），頁9-10。

述，成爲日後現實主義理論中一個重要的基本主張。[6]

參、古典現實主義

　　第一次世界大戰對人類帶來極大的災難，也讓世人更加重視國際關係的研究。以美國總統威爾遜（Woodrow Wilson）爲代表的理想主義興起，提出集體安全（collective security）等主張。第二次世界大戰的爆發，證明兩次大戰之間的理想主義途徑並不恰當。卡爾（Edward H. Carr, 1892-1982）、尼布爾（Reinhold Niebuhr, 1892-1971）、摩根索（Hans J. Morgenthau, 1904-1980）等學者對理想主義進行批判，也催生了當代的現實主義理論。

　　卡爾是英國外交官與歷史學家，兼具實務和學術訓練，他於1939年出版《二十年危機：國際關係研究》（*The Twenty Years' Crisis, 1919-1939: An Introduction to the Study of International Relations*），主要在探討兩次世界大戰中過於重視理想主義的缺失。他認爲學科研究要區分「實然」跟「應然」，而理想主義是不切實際的烏托邦主義（Utopianism）。[7]卡爾也批評，西方在1919年至1939年之間幾乎無視權力因素，是明顯且危險的錯誤。他甚至認爲，小的獨立民族國家已經難以存在；由眾多民族國家組成的國際組織也難以運作。[8]他認爲，從現實主義的角度來看：弱者應該臣服，否則強者就會強迫他；被強迫服從的結果將比自願服從更難過。[9]卡爾強調了國際政治的現實面，並表明國家的動機是受到權力的驅使，但他並沒有提

[6] Robert Jackson and Georg Sorensen, *Introduction to International Relations: Theories and approaches*, 2nd edition (New York: Oxford University Press, 2003), pp. 74-76.

[7] Edward H. Carr, *The Twenty Years' Crisis: 1919-1939: An Introduction to the Study of International Relations*, 2nd edition (London: MacMillan & Co. Ltd.), p. 9.

[8] *Ibid.*, p. vii.

[9] *Ibid.*, p. 42.

出明確的理論。[10]

　　眞正爲當代現實主義理論奠定基礎的學者首推摩根索。他在1948年出版《國家間的政治：追求權力與和平的鬥爭》（*Politics Among Nations: The Struggle for Power and Peace*），提出政治現實主義（Political Realism），將現實主義予以理論化。他主張的政治現實主義包括六項原則：

一、政治和一般社會一樣，是受制於根源於人性的客觀法則。

二、幫助現實主義了解國際政治地貌的路標就是由權力（power）所定義的利益（interest）概念。

三、利益的內涵並非一成不變。權力平衡則是多元社會中不變的因素。

四、現實主義了解政治行爲的道德意義，但認爲普遍的道德原則是無法適用於國家行爲。

五、政治現實主義不認爲特定國家的道德願望和普世的道德法則是一致的。

六、政治現實主義者認爲政治領域是獨立存在的領域，有其自身的標準，以權力定義的利益作爲思考的標準。[11]

　　摩根索及卡爾等人的研究，承繼修昔底德、馬基維利、霍布斯等人的想法，讓現實主義理論得以成型。其相關概念也就被冠上「古典現實主義」之名。基本上，古典現實主義具有以下共同的主張：

　　第一，強調「人性本惡」的面向，因此要重視國際關係的實際面向。認爲國家不應該爲了普遍性的道德而犧牲自我的利益。因此，摩根索等人的現實主義主張也被稱爲「人性現實主義」（Human Nature Realism）。

　　其次，現實主義在分析上採取以國家爲主體的國家主義（Statism）。雖然國際上仍有國際組織等行爲者，但在現實主義眼中，國家才是國際體系的主要行爲者，而國家具有一致與理性（unitary and rational）。

　　第三，現實主義者認爲國際社會是無政府狀態，缺乏一個中央的權威單

---

[10]　John J. Mearsheimer, *The Tragedy of Great Powers Politics* (New York: W. W. Norton, 2001), p. 18.

[11]　Hans J. Morgenthau, *Politics Among Nations: The Struggle for Power and Peace*, 6th edition (New York: Knopf, 1985), pp. 4-17.

位。換言之，現實主義者將國內政治及國際政治進行區隔。國際社會雖然也有國際組織、國際條約及國際法院等建制，但其性質和國內的行政、立法、司法等單位的功能和性質都有明顯的不同。換言之，國際社會中沒有世界政府，所以無法像國內政府一樣，針對違法或損及他人利益的事件給予強制性的裁決及處罰。

第四，國際政治就是權力政治。由於在國際社會中缺乏最高的中央權威或政府的前提之下，加上各國權力大小並不相同且追求各自的利益，因此國家只能採取自助（self-help）的行為。為了確保自身的生存（survival），國家將競逐權力以求自保。因此，國際政治就是爭奪權力的政治，強權即是公理（might makes right），道德只是權力政治的產物。在此邏輯下，即便是帝國主義的擴張行動也被認為是合理的，以便獲得更大的安全。[12]

由此可見，權力是古典現實主義的核心。當我們在談所謂大國或小國的概念時，常常指的就是這個國家的權力大小。從國際關係的角度來看，國家權力通常是指「一國控制其他國家行為的一般能力（capability）」。郝思悌（K. J. Holsti）認為權力因此包含：一、影響他國的行動（acts）；二、成功發揮影響力的資源（resources）和手段（leverages）；及三、行動的反應（responses）。[13]但國家權力本身其實也是蠻具爭議性的概念，各家對於權力的內容和內涵也莫衷一是。舉例而言，卡爾認為，國際政治領域的權力可以分為軍事力量、經濟力量及支配輿論的力量。特別是，由於潛在戰爭是國際政治中的主導因素，所以軍事力量是國際主導因素。[14]摩根索則提出，國家的權力組成可包含地理、天然資源、工業能力、軍事準備程度、人口、

---

[12] Tim Dunne and Brian C. Schmidt, "Realism," in John Baylis and Steve Smith eds., *The Globalization of World Politics: An Introduction to International Relations*, 3rd edition (New York: Oxford University Press, 2005), p. 169.

[13] K. J. Holsti, *International Politics: A Framework for Analysis* (Englewood Cliffs: Prentic-Hall, 1988), pp. 141-142.

[14] Edward H. Carr, *The Twenty Years' Crisis: 1919-1939: An Introduction to the Study of International Relations*, 2nd edition (London: MacMillan & Co. Ltd.), pp. 102-145.

國民性格、國民士氣、外交素質、政府素質等。[15]但學界對於國家權力包括哪些內容及如何量化，其實並沒有定見。

此外，現實主義傾向將國家相互競逐權力視為「零和遊戲」，因而容易衍生「安全困境」（security dilemma）。也就是說，當一國增加自身權力時，形同削弱了他國的安全，導致他國也必須要強化權力作為抗衡。如此循環下去，國家增強力量後，其結果未必可以強化自身的安全。但古典現實主義有關國家爭奪權力的概念，確實有助理解國際間的衝突與對抗，因此獲得廣泛的應用。

肆、新現實主義

新現實主義學派通常以華爾茲（Kenneth N. Waltz）及米爾斯海默（John J. Mearsheimer）為代表，強調國際系統的「結構」（structure）對個別國家行為的影響，所以又被稱為「結構現實主義」（Structural Realism），以便跟古典現實主義區隔。

新現實主義學派跟古典現實主義一樣，認為國際的無政府狀態導致國家間的權力競賽。但新現實主義認為不應該將國際政治的權力鬥爭只歸因於人性，而希望給予科學化的解釋，認為國家其實是受到無政府狀態及國際體系的驅使而追求權力，藉以提高生存的機會。換言之，權力並非是國家最終的目的，安全才是國家追求的最終目標。因此，國家並非追求權力最大化，而是追求安全最大化。因為若只是追求權力最大化，容易引發其他國家聯盟反制，反而不利自身的安全。換言之，若能維持權力平衡（balance of power），就可以保持國際的穩定與和平。華爾茲並進一步將權力平衡區分為內部平衡（internal balancing）與外部平衡（external balancing）兩種途

---

[15] Hans J. Morgenthau, *Politics Among Nations: The Struggle for Power and Peace*, 6th edition (New York: Knopf, 1985), pp. 127-169.

徑，所謂的內部途徑就是強化自我的實力，外部平衡手段則是與他國組成聯盟（alliance），以對抗強大的國家。[16]

除此之外，國際體系是結構現實主義最關注的內容。華爾茲認為，國際體系的結構由組成原則、各個單元（unit）的差異性、能力的分配狀態所決定。就組成原則而言，國際體系就是無政府狀態。而國際體系的單元是主權國家，其主要差異是能力的大小，但功能類似。換言之，若以上述的三個組成變數來看，國際體系的最關鍵因素就是國家能力的分配狀態，並可據此了解國際政治的現象。國際體系會制約主要國家的外交作為，不同的國際體系可帶來不同的結果。當體系成員的能力分配狀態改變時，體系也隨之改變。[17]

國際體系的類型則由國家權力分配的狀態來決定，主要考量就是主導性強權（great powers）數目，也就是確認有幾個「極」（polarity）。若是國際社會中只有單一的主宰強權，則為單極體系（unipolar system）；若國際政治是由兩大強權主導，則稱為兩極體系（bipolar system）；若有三個以上的強權，便是多極體系（multipolar system）。舉例而言，冷戰時代主要就是美國和蘇聯兩大強權對峙，其他國家的國力基本上都無法相比，就是所謂的兩極體系。事實上，卡普蘭（Morton A. Kaplan）更早以國際體系為分析概念。他以系統的基本規則、系統的轉變規則、成員分類變數、能力變數、資訊變數等，將國際體系區分為權力均衡體系（balance of power system）、鬆弛的兩極體系（loose bipolar system）、緊密的兩極體系（tight bipolar system）、階層性的國際體系（hierarchical international system）、普遍性的國際體系（universal-international system）、單元否決體系（unit veto）。[18] 由此可見，國際體系的類型並不限於單極、兩極、多極而已。至於冷戰結束之後的國際體系為何種類型，學者們的意見並不一致。有人主張

---

[16] Kenneth N. Waltz, *Theory of International Politics* (Long Grove: Waveland Press, 2010).

[17] *Ibid.*

[18] Morton A. Kaplan, *System and Process in International Politics* (New York: John Wiley & Company Inc., 1957), pp. 21-53.

進入多極體系，也有人主張是美國為單一霸權的單極體系。

　　至於哪一種國際體系較為穩定及和平，各方看法亦不相同。摩根索認為參與國際政治的國家越多，則可能形成的聯盟也就越多，因而增加不確定性，迫使國際政治的行為者需要採取更加謹慎的作為。但兩極體系則有危險性，雙方可能讓步，但也可能直接對抗。[19]華爾茲則挑戰了上述多極比兩極更為穩定的觀點。他以冷戰為例，認為兩極體系相對較為穩定。第一個理由是，因為強權國家之間的衝突較少，也因此降低強權國家之間發生戰爭的機率。其次，因為涉及的強權國家較少，所以較容易發展出有效的嚇阻體系。第三，因為只有兩個主導強權，所以降低彼此誤判和冒進的機率。[20]

　　但美蘇兩國在1990年代初期攜手終結冷戰，導致兩極體系的結束，衝擊了華爾茲的上述假設。冷戰結束也突顯出結構現實主義理論的一個潛在缺失，也就是忽略領導人的功能。一般認為，蘇聯領導人戈巴契夫（Mikhail Gorbachev）的思維及政策也是冷戰結束的原因之一。換言之，國家的領導人也可能對體系產生變化，這是結構現實主義所沒有處理到的問題。

　　若從國際體系來看，另一派則主張單極的國際體系比其他體系更加穩定及和平。單極體系意味著只有一個主導性的國家，其國力和影響力凌駕其他國家之上，也就是所謂的霸權國家（hegemony）。這派論點認為，霸權國家因為有能力主導國際秩序及扮演類似國際警察的角色，反而為體系帶來穩定，這也就是所謂的霸權穩定論（Hegemonic Stability Theory）。霸權穩定論的相關概念是由金德爾伯格（Charles P. Kindlleberger）、基歐漢（Robert O. Keohane）、吉爾平（Robert Gilpin）等人提出，亦有人認為其較接近自由主義。霸權國有能力提供國際經貿秩序穩定的公共財，若有一個具有支配地位的強權，則可以維護國際秩序及穩定經濟體系。[21]

[19]　Hans J. Morgenthau, *Politics Among Nations: The Struggle for Power and Peace*, 6th edition (New York: Knopf, 1985), pp. 362, 378.

[20]　Robert Jackson and Georg Sorensen, *Introduction to International Relations: Theories and approaches*, 2nd edition (New York: Oxford University Press, 2003), p. 89.

[21]　Robert O. Keohane, *After Hegemony: Cooperation and Discord in the World Political Economy* (Princeton: Princeton University Press, 1984).

　　然而，從歷史發展來看，尚未有霸權國家可以持續稱霸，霸權國家的地位可能隨之國力對比改變而由他國取代。甘迺迪（Paul Kennedy）便考察了十六世紀以來的全球經濟變遷與軍事衝突，認為所有的強權都無法避免興起後衰落的循環。[22]當既有霸權與挑戰者的實力差距縮小時，崛起國家便可能企圖改變現狀，藉以取代原來的霸權國家，成為新的霸權，出現霸權輪替的現象。學者奧根斯基（A. F. K. Organski）便注意到此一現象，提出「權力轉移理論」（Power Transition Theory），主張當一國之權力與另一國相近時，若該國對另一國或現狀不滿意，則極有可能發動戰爭。[23]換言之，這派理論主張，若國際權力呈現均勢分配，因為國家力量相近，不利維持和平。反之，若是國家力量是層級體系，反而有助於保持穩定。

　　結構現實主義理論從國際體系的角度，解釋了主權國家雖然內部性質差異很大，但對外卻有類似的外交行為。但結構現實主義也被批評過於重視國際體系的重要性，因而低估國家可以改變體系的可能性。[24]

伍、攻勢現實主義與守勢現實主義

　　華爾茲將現實主義理論引領至新的層次，但也受到許多關注和批評。米爾斯海默則承繼其結構現實主義觀點並加以調整，拓展現實主義理論的領域。

　　米爾斯海默著有《大國政治悲劇》（*The Tragedy of Great Powers Politics*）。他也重視國際結構的影響，認為多極體系比兩極體系更容易引發戰爭，特別是具有潛在霸主的多極體系是最危險的體系。[25]但他的觀點與華爾茲等人不盡相同，自我定位為「攻勢現實主義」（Offensive Realism），將

---

[22] Paul Kennedy, *The Rise and Fall of the Great Powers: Economic change and Military Conflict from 1500 to 2000* (New York: Vintage Books, 1989).

[23] A. F. K. Organski, *World Politics* (New York: Alfred A. Knopf, 1968), pp. 364-367.

[24] Scott Burchill, "Realism and Neo-realism," in Scott Burchill et al. eds., *Theories of International Relations* (New York: Palgrave, 2011), p. 99.

[25] John J. Mearsheimer, *The Tragedy of Great Powers Politics* (New York: W. W. Norton, 2001), p. 5.

華爾茲的結構現實主義歸類爲「守勢現實主義」（Defensive Realism）。

　　米爾斯海默跟華爾茲一樣，都認爲國際社會缺乏一個中央權威可以保障體系成員不受侵害，因此國家需要權力以自保。但攻勢現實主義與守勢現實主義的主要差別在於國家應該追求多少權力（參閱表3-1）。守勢現實主義是以權力平衡爲目標，故重點在於保持相對權力。但攻勢現實主義認爲，考量國家具有進攻別國的軍事能力，加上無從確知他國的眞正意圖，這使得國家彼此之間存在恐懼。解決之道就是比你的對手更加強大，這樣生存的機會就比較高，因此國家需要追求權力最大化。由於國際政治中幾乎沒有維持現狀的國家，當利益超過成本時，國家就會採取行動。強權總是互相抱持恐懼，並競逐權力。每一個國家的最大目標就是極大化自己在世界權力中的比重，並因此以犧牲他國爲代價，以阻止他國獲取權力。強權的目標是要成爲體系中唯一的大國，也就是霸權。爲了生存，大國不得不追求權力和征服他國。在此過程中，大國之間必然產生衝突，導致了所謂的「悲劇」。[26]

　　攻勢現實主義認爲訛詐（blackmail）和戰爭則是國家獲取權力時所採用的主要策略。大國會維持權力平衡，以避免權力分配有利於他國。但如果對己方有利時，大國也會不惜打破權力平衡。此外，大國不只會使用制衡（balancing），也會採用「卸責」（buck-passing）的手段，即勸誘另一大國承擔起制衡潛在對手的責任，藉以鞏固自身的權力。

表3-1　現實主義論點的比較

	人性現實主義	守勢現實主義	攻勢現實主義
促使國家競爭權力的因素？	國家內在的權力慾望	體系的結構	體系的結構
國家需要多少權力？	所有可以獲得的。國家要最大化相對權力，以霸權作爲終極目標。	不多過於他們所擁有的。國家專注於維持權力平衡。	所有可以獲得的。國家要最大化相對權力，以霸權作爲終極目標。

來源：John J. Mearsheimer, *The Tragedy of Great Powers Politics* (New York: W. W. Norton, 2001), p. 22.

---

[26] *Ibid.*, p. 21.

　　雖然米爾斯海默將華爾茲的結構主義歸為「守勢現實主義」，但仍有一些學者試圖將「守勢現實主義」從華爾茲的結構主義獨立出來，強調「守勢現實主義」的特點是主張國家可藉由外交手段進行合作，並認為防禦是獲取國家安全較為有效的方法。[27]其中，最受重視的兩個論點為「攻－守平衡」（offense-defense balance）與「威脅平衡」（balance of threat）。

　　「攻－守平衡」理論是由傑維斯（Robert Jervis）等人所發展出來的。傑維斯認為安全困境並非不能解決。他將軍事能力區分為攻勢與守勢兩大類，當攻擊占優勢時，戰爭較容易爆發；反之，若是防禦力量占優勢時，則大國比較不會用武力去擴大權力，較能夠避免戰爭。[28]從「攻－守平衡」的觀點來看，其實常向防守的一方傾斜，因此可降低國際衝突的風險。

　　另一個常被歸為守勢現實主義的次理論則是「威脅平衡」。依照權力平衡的觀點，權力弱小的國家應該結盟抵抗權力大的國家。但瓦特（Stephen M. Walt）認為，實際上國家未必結盟對抗最強大的國家，而是以對己方的威脅程度來考量，傾向結盟制衡對本國威脅最大的國家，即所謂的威脅平衡。[29]

陸、新古典現實主義

　　冷戰結束之後，結構現實主義因為未能預測兩極體系的終結而遭到質疑，另一方面，外交政策分析（foreign policy analysis, FPA）則重新重視決策層次和國家層次的分析。因應新的國際秩序變遷和上述背景，現實主義也有新的論述，從1990年代開始萌生「新古典現實主義」學派，並在2000年

---

[27] 鄭端耀，〈國際關係攻勢與守勢現實主義理論爭辯之評析〉，《問題與研究》，第42卷第2期（2003年3-4月），頁2；林宗達，《國際關係理論概論：國際關係之現實主義與自由主義的相關理論》（新北市：晶典文化，2011年），頁154-155。

[28] Robert Jervis, "Cooperation under the Security Dilemma," *World Politics*, Vol. 30, No. 2 (January 1978), pp. 167-214.

[29] Stephen M. Walt, *The Origins of Alliance* (Ithaca: Cornell University Press, 1987).

後開始獲得較大的關注跟迴響。[30]

　　第一，新古典現實主義者採用其他現實主義者的基本主張，也以國家為國際社會的主要行為者，並特別重視國家的外交政策產出。新古典現實主義者也接受國際的無政府狀態，但認為無政府狀態並非是霍布斯式或者良善的，而是晦暗不明。無政府狀態是否會導致國家間的衝突或合作，將由特定時期的國家間關係和外交政策行為所決定。在這方面，新古典現實主義的觀點介於結構現實主義和建構主義（Constructivism）理論之間。[31]

　　其次，新古典現實主義者也重視國家權力的因素。但關切國家在國際體系中的相對位置，將相對物質權力（relative material power）視為外交政策的主要參數。面對無政府狀態，國家將尋求控制和形塑（shape）外部環境，因此將盡量追求外部的影響力。這時候，國家所擁有的物質權力資源（material power sources），就會影響其外交政策的範圍和企圖。如果國家的相對力量上升，就會尋求更大的國外影響力。反之，則會適度地調節其行動和企圖心。[32]

　　第三，新古典現實主義者認為權力能力對外交政策的影響是間接且複雜的。權力並非直接就替換成外交政策產出，權力和政策之間需要連結的機制。外交政策是由領導人和菁英所決定的。因此，決策者對於相對權力的認知（perception）便至關重要。此外，決策者應用資源的程度，則取決於國內結構。國家結構（state structure）會對國家領導人運用國家權力（national power）有所影響。[33]

　　綜合而之，新古典現實主義試圖納入內部及外部的變數來分析。一國的外交政策是受國家在國際體系的位置及相對物質力量所影響，但透過決策者的認知和國內制度等中介變數（intervening variables）而產出（參閱

[30] 鄭端耀，〈國際關係新古典現實主義理論〉，《問題與研究》，第44卷第1期（2005年1-2月），頁115-116。

[31] Gideon Rose, "Neoclassical Realism and Theories of Foreign Policy," *World Politics*, Vol. 51 (October 1998), pp. 152, 171.

[32] *Ibid.*, p. 167.

[33] *Ibid.*, pp. 152, 171.

表3-2）。國家對外政策並非只反映權力平衡，也關切自身的目標和外交政策利益，因而需要考慮的是利益的平衡（balance of interest）。國家因而可能採取不同的外交政策。滿足現狀且願意付出高代價者，傾向採取制衡政策。滿足現狀但不願意付出高代價者，則傾向採取扈從（bandwagoning）策略。願意付出高代價改變現狀者，則傾向擴張政策。不願意付出代價但欲改變現狀者，則可能採取卸責和扈從。[34]

表3-2　外交政策理論比較

理論	對國際體系的觀點	對單元的觀點	因果邏輯
國內政治（Innenpolitik）	不重要	高度差異	國內因素→外交政策
守勢現實主義	偶爾重要；無政府狀態的涵義為可變的	高度差異	體系誘因或國內因素→外交政策
新古典現實主義	重要；無政府狀態並不明朗	有差異	體系誘因（獨立變數）→國內因素（中介變數）→外交政策
攻勢現實主義	非常重要；無政府狀態是霍布斯式（Hobbesian）的	無差異	體系誘因→外交政策

資料來源：Gideon Rose, "Neoclassical Realism and Theories of Foreign Policy," *World Politics*, Vol. 51 (October 1998), p. 154.

　　新古典現實主義試圖結合古典主義與結構現實主義的分析，以強化其解釋力。但關於客觀物質能力和決策者的主觀評估之間的連結仍然不明確。而且，心理因素、觀念因素、文化因素如何影響決策者的認知，以及這些認知如何形塑外交政策，也都是尚待釐清的課題。[35]

---

[34] 鄭端耀，〈國際關係新古典現實主義理論〉，《問題與研究》，第44卷第1期（2005年1-2月），頁128。

[35] Gideon Rose, "Neoclassical Realism and Theories of Foreign Policy," *World Politics*, Vol. 51 (October 1998), p. 168.

柒、結語：現實主義的貢獻與批評

　　現實主義從國際環境的無政府狀態來解釋國家尋求權力及安全的自助行為，也解釋了國家間為何會有如此多的衝突和鬥爭。特別是其彰顯了國際政治弱肉強食的黑暗面，具有提醒人們不要重蹈覆轍的警世效果。正如米爾斯海默所言：「國際政治向來就是一項殘酷且危險的事業」。[36] 現實主義提出的分析因素，包括「權力」、「無政府狀態」、「自助」、「安全」等概念，也被廣泛地應用，幫助國際關係的理論化，建立解析國際事務的分析架構。

　　由於現實主義理論的指標性，所以它也成為其他國際關係理論最主要的批評對象，甚至有論者認為，現實主義已經不合時宜，並與國際現實脫節。[37] 若從現實主義理論的普遍性來看，這樣的批評並不真確。但現實主義論點確實有一些值得探討之處。

　　首先，主權國家雖是國際社會的主要行為者，但國際體系也存在許多非國家的行為者，包括政府間國際組織、非政府國際組織（NGOs）、恐怖團體、跨國公司，乃至個人等。現實主義傳統上仍以主權國家及其互動為主要的研究標的，因而忽略其他行為者。但九一一恐怖攻擊事件已表明，諸如恐怖團體等非國家行為體也會對國際政治帶來巨大影響。[38]

　　此外，現實主義的研究側重大國或強權的影響力，認為國家的命運取決於那些最具實力的國家的決策和行為，因此中小國家的影響和功能也就常常被忽略。然而，全世界多數的主權國家都是中小型國家，其外交作為固然是受到強權的影響，但仍有不同的選擇。[39] 中小型國家的研究亦值得重視。

---

[36] John J. Mearsheimer, *The Tragedy of Great Powers Politics* (New York: W. W. Norton, 2001), p. 2.

[37] Robert Jackson and Georg Sorensen, *Introduction to International Relations: Theories and approaches*, 2nd edition (New York: Oxford University Press, 2003), p. 99.

[38] Tim Dunne and Brian C. Schmidt, "Realism," in John Baylis and Steve Smith eds., *The Globalization of World Politics: An Introduction to International Relations*, 3rd edition (New York: Oxford University Press, 2005), p. 178.

[39] 有關中小國外交的討論可參閱吳玉山、楊三億主編，《左右逢源還是左右為難？中小型國家在

　　其次，國家權力仍有難以測量及量化比較的問題。而且，現實主義在分析上以國際「政治」為主，相對而言，較不重視經濟、文化、科技等面向的討論。即便在國力分析上，也以軍力為重點。隨著時代發展及社會的演進，權力的內涵其實持續變遷，也更加重視非軍事面向。奈伊（Joseph Nye）便提出軟權力（soft power）的概念，認為除了軍事、經濟這些硬實力之外，國家的文化、政治理念、政策等吸引他國願意站在自己這一邊的吸引力也應受到重視。[40]瑞士洛桑管理學院（International Institute for Management Development, IMD）的世界競爭力評比排名，則以經濟表現、政府效能、企業效能、基礎建設等四大面向為主，涵蓋三百多項指標。瑞士世界經濟論壇（WEF）每年10月間公布「全球競爭力報告」（The Global Competitiveness Report），則是考量環境便利性、人力資本、市場及創新生態體系等四個面向的一百多個指標。可見在實務運作上，非軍事的權力因素其實也受到高度重視。

　　第三，現實主義重視國際衝突，忽視合作面向，認為國家為了安全及利益，彼此衝突為必然，合作則為短暫現象。現實主義理論因此無法確實說明冷戰結束及區域整合、全球化等發展現象。

　　綜合言之，現實主義雖是國際關係研究中的主導理論，但它面臨兩個面向的挑戰。第一是要因應國際秩序的變遷，如何從「國際政治」的分析擴展成「全球政治」，以對應當前世界的「實然面」。其次，現實主義理論需要回應其他理論的挑戰和質疑，藉以反思及補強既有理論的不足，以確保它在國際研究中的獨特地位。

　　兩強間的抉擇》（台中市：奇果創新，2019年）。

[40] Joseph Nye, Jr., *Soft Power: The Means to Success in World Politics* (New York: Public Affairs, 2004).

連弘宜

壹、地緣政治學說概論

　　地緣政治學說最早源自於古希臘時期的地理學相關論述，主要聚焦於人類與環境間關係探討，以地理學的觀點來研究歷史發展，使歷史呈現更全面完整的研究成果，例如，希羅多德（Herodotus）的《歷史》一書曾指出，地理觀念的引進，可連結歷史事實釐清其背景與自然背景，也唯有如此歷史研究才具有意義。希羅多德的觀念開啓了地理學研究的先河，亞里斯多德（Aristotle）則是希臘時期於地理學取得重大成就的先賢，體現了古希臘人對於地理環境的思想與探討，他曾以各地區不同之氣候來觀察人類的性格與行爲，並認爲居住於寒帶地區的人民精神較爲充足，對各種事物充滿熱忱。[1]此種結合人類與環境的研究成爲地緣政治學發展的土壤，影響了後世相關學說的發軔。

　　古希臘時期的地理學研究，將環境因素對人的影響作爲重要論點，屬於環境決定論的思維，而後歷經啓蒙時代孟德斯鳩（Montesquieu）的承繼與研究，提出地理決定論主張，認爲地理環境、氣候等因素可影響一個民族的性格，乃至於法律與政治制度的建立。[2]地理決定論而後成爲古典地緣政治學的核心思想之一，人類所有的政治活動不僅受制於地理環境，國際政治的現象也以此爲舞台。從麥金德（Halford John Mackinder）的某些論述中，可以發現地理決定論的思維，例如，「誰控制了心臟地帶，誰就控制了世界島，誰

---

[1]　Preston James著，李旭旦譯，《地理學思想史》（上海：商務印書館，1982年），頁25-27。

[2]　Montesquieu著，張雁深譯，《論法的精神》（台北：台灣商務印書館，1998年），頁227-302。

控制了世界島，誰就控制了世界」等。[3]

　　以下就地緣政治學派做一介紹，並列舉某些較爲知名的學者與理論。

一、傳統地緣政治學

　　地緣政治學（Geopolitics）一詞是瑞典政治學家契倫（Rudolf Kjellen）於1900年所著之《瑞典地理導論》（此書是他在哥特堡大學（University of Gothenburg）演講稿之整理）提出。而後在契氏1916年的另一本著作《生存型態的國家》（*The state as a life form*），補充了地緣政治學作爲一個學門的具體內涵：「地緣政治學是將國家視爲一個地理的有機體，抑或一種空間現象來認識的科學」。[4]同此時期，有些學者從不同學科的角度來理解或探討地緣政治概念，另一較知名的學者是德國地理學家拉采爾（Friedrich Ratzel），他早年曾研習比較解剖學與動物學，從生物學的角度來理解地緣政治學，將國家視爲一「有機的生命體」（living organism），並認爲有機體需要成長因此需要生存空間（lebensraum）。[5]

　　古典地緣政治學的主要特徵有二：其一，地理決定論，對於此特徵，卡普蘭（Robert D. Kaplan）曾提出不同看法認爲，古典地緣政治學者例如麥金德等，亦相當注重國際政治中之權力平衡等其他變數，且認爲權力平衡將可維護和平。[6]其二，地緣政治結構中之單元性質，將單元視爲無固定邊界之政治實體。古典地緣政治學較著名之理論包括：馬漢（Alfred Mahan）的海權論、麥金德的陸權論、史派克曼（Nicholas J. Spykman）的邊緣地帶論（Rimland Theory）。以下簡單敘述他們的理論內涵。

（一）馬漢：海權論

　　美國海軍上校馬漢於1890年出版《海權對歷史的影響》（*The Influence*

3　Halford John Mackinder著，武原譯，《民主的理想與現實》（上海：商務印書館，1965年），頁26-27。

4　Geoffrey Parker, *Geopolitics: Past, Present and Future* (London: Bloomsbury, 1997), pp. 18-20.

5　鈕先鍾，《西方戰略思想史》（台北：麥田出版社，1995年），頁441-442。

6　Halford J. Mackinder, *The Revenge of Geography: What the Map Tells Us About Coming Conflicts and the Battle Against Fate* (New York: Random, 2012), pp. 46-47.

of Sea Power upon History）一書，探討海權對一個國家興衰的影響，開創了地緣政治研究之先河。馬漢認爲，所謂的海權有廣狹義之分，廣義的海權是指國家爲了自身的經濟繁榮針對各種海洋的掌控能力；狹義則是指國家透過自身權力來控制海洋空間的能力。馬漢進一步提出，國家的海權發展取決於六項要素：領土面積與海岸線港口、民族習性與特性、政府的政策與特性、國家的海陸地理位置、沿海自然條件、人口總數與從事海洋事業之人數。[7]

（二）麥金德：陸權論

英國地理學與戰略學家麥金德，1904年發表〈歷史中的地理樞紐〉（The Geographical Pivot of History），其中以自然地理觀念將世界分爲三種區域：樞紐地帶（pivot area）、內層或邊緣之新月形地帶（inner or marginal crescent area）、外層或海島之新月形地帶（crescent area）。麥金德於1919年將樞紐修正爲心臟地帶（heartland），認爲控制心臟地帶者得以掌控歐亞大陸，進而支配世界。麥氏進一步指出，由於陸上交通技術的改善，以海權爲主的時代已經過去，陸權將再重獲國家重視，兩者之間的爭辯與消長不可避免，而人類發展的歷史也是兩者相互平衡作用的結果。[8]麥氏的理論用以解釋自十九世紀中葉後，英國與俄國的對峙態勢，其斷言後者將取得較大的地緣優勢，因此英國需與其他海權國家聯合制衡之。

（三）史派克曼：邊緣地帶論

邊緣地帶論是美國地緣政治學者史派克曼於1940年代所提出，該理論是以海權論與陸權論爲基礎，對兩者提出批判後主張陸權論的心臟地帶無法掌控全世界。反之則是歐亞大陸邊緣的歐洲西南部、歐亞大陸遠東部分的濱海區等地區，由於人口、資源密集，又鄰近海權國家的海上交通線，才是得以支配世界的核心區。根據史氏的思維，全球的核心區可歸納爲三處：北美

7　鈕先鍾，《西方戰略思想史》（台北：麥田出版社，1995年），頁394-400。
8　Halford J. Mackinder, *Democratic Ideals and Reality* (New York: Norton, 1962), pp. 150-151.

洲太平洋沿岸區、東亞的沿海地帶及歐洲沿海區。而事實證明第二次世界大戰的決定性戰役的地理位置都分布在其所指出的核心區。[9]

二、新古典地緣政治學

　　冷戰時期由於美蘇兩大強權對抗，地緣政治學又重獲重視，1970年代末期於美國、英國、蘇聯及德國興起一股研究熱潮，稱之為新古典地緣政治學（Neoclassical Geopolitics），其與古典現實主義不同之處有二：其一，在於地緣政治單元的變化。由於時代的不同，此時的國家不再像十九世紀末期一般可任意擴張或被侵奪，古典地緣政治學所謂傳統的占領與控制已不被現今國際法規範採納。其二，相較於古典地緣政治學，著重於自然環境因素的觀察，新古典地緣政治學關注的因素較為多元，包括：政治、經濟及文化等因素，並擴及至政治地理部分，亦即國家之間互動下所產生之政治結構與群體。但在用詞方面，由於古典地緣政治學與二戰時期的納粹德國有所關聯，「地緣政治」成為禁忌，至1990年代方有所改善。新古典地緣政治學並非一創即成且具有共同具體理論內涵之學派，乃是由後人為了說明古典地緣政治學之復興，根據特徵與古典地緣政治學及批判地緣政治學比較分類而成。

　　新古典地緣政治學較著名的學者包括：布里辛斯基（Zbigniew Kazimierz Brzezinski）及科恩（Saul B. Cohen）等。布里辛斯基曾任美國總統卡特（Jimmy Carter）之國家安全顧問，1997年出版《大棋盤》（*The Grand Chessboard: American Primacy and Its Geostrategic Imperatives*）一書，以麥金德的陸權論為基礎，指出歐亞大陸是美國成為全球霸權的大棋盤，如何在歐亞大陸布局將是美國是否能繼續領導全世界的關鍵。[10]科恩則提出地緣政治結構理論，強調地緣政治結構應與單元分開觀察，由地緣政治特徵（geopolitical patterns）與地緣政治模式（geopolitical features）構成，如以層次

---

[9]　Nicholas J. Spykman著，劉愈之譯，《和平地理學》（上海：商務印書館，1965年），頁36-37。

[10]　Zbigniew Brzezinski著，林添貴譯，《大棋盤》（台北：立緒文化，1998年），頁47-50。

結構組織觀察，可分為：地緣戰略領域（geostrategic realm）、地緣政治區域（geopolitical region）及民族國家（national states）三個層級。[11]

三、批判地緣政治學

批判地緣政治學與新古典地緣政治學相較之下，更受當前學界矚目，該學派針對傳統地緣政治的基本概念展開反思，例如，邊界、權力、領土等。批判地緣政治學如同國際關係理論中的反思主義（Reflectivism），反思主義包括社會建構主義（Social Constructivism）、後現代主義（Postmodernism）、後結構主義（Post Structuralism）、女性主義（Feminism）及批判理論（Critical Theory）。批判地緣政治學著重於人的因素探討，戰略是由人所擬定，因此無法完全由物質因素來解釋，此外該學派反對國家中心論，重新檢視地緣政治中國家以外的其他單元及其所發揮的作用。批判性地緣政治學有幾個重要的研究主題，其中包括：結構地緣政治、地緣政治與流行文化、地緣政治實踐及地緣政治傳統。[12]托爾（Gerard Toal）曾借用後結構主義的概念來解構地緣政治的文本與論述。

貳、俄國學者對於地緣戰略之觀點

俄國國內素有不同發展路線思想之爭，這些路線思想大致於1850年代至1920年代產生，主要有三：大西洋主義（Atlanticism; Евроатлантизм）、斯拉夫主義（Pan-Slavism; Панславизм）及歐亞主義（Eurasianism; Евразийство）。這些路線之爭各自有不同的地緣政治及文化淵源，而俄國每個時期的國家發展戰略與外交政策皆是三種路線競合下的平衡，分別就當

---

[11] Saul B. Cohen, *Geopolitics: The Geography of International Relations* (Maryland: Rowman & Littlefield Publishers, 2014), pp. 37-38.

[12] Klaus Dodds, "Political Geography III: Critical geopolitics after ten years," *Progress in Human Geography*, Vol. 25, No. 3 (September 2001), pp. 469-484.

時面臨的國際及國內局勢，擬定因應之道。或許俄國具體國家發展戰略與外交政策內容，與這三大思想略爲不同，卻仍受他們影響。茲將三大思想分述如下。[13]

一、大西洋主義

　　大西洋主義主要代表的是西向發展路線，該路線之思想源自於沙俄時期對西方的文化認同，該思想內涵於十九世紀中左右發展成熟，主張俄羅斯民族及文化具有歐洲屬性，認爲自身民族文化之進步極其有限，若欲國富民強，唯有全面融入西方，學習其文化與思想。大西洋主義的主要代表人物爲恰達耶夫（Pyotr Chaadayev; Пётр Яковлевич Чаадаев），恰氏曾說俄國若學習歐洲國家信奉天主教，國家落後局勢就有轉機，因此應一同參與歐洲發展進程。[14]然而大西洋主義全盤西化的主張，以及推崇西方文化與民主思想，威脅了沙皇君主專制與權力，當局遂禁絕該派之集會活動與發展。但思想與精神並非外在的限制能阻絕，人民心中的大西洋主義思想傳承未曾間斷。蘇聯時期，大西洋主義意識型態與共產主義相違背，執政當局自不可能容許相關組織活動，直至俄獨立後才有所改變。

　　大西洋主義思想並非單純之政治思想，而是一涉及多層面的思維，其中包括政治、社會、文化等。該派思想可追溯自九世紀的北歐瓦蘭基亞（Varangians; Варяги）文化、拜占庭東正教文化，乃至於彼得大帝之西化運動，皆對西方文化產生嚮往與認同。亦有學者以地緣政治角度探討三大學

---

[13] 關於三大學派之介紹與論述，請參閱：В. А. Сендеров, "От 'Всеславянской федерации' к 'Русскому миру'," *Вопросы философии*, № 3 (2015), pp. 137-145；А. Л. Хорошкевич, "Война 1812 Года И Идея Славянского Единства," *Славяноведение*, № 2 (2013), pp. 90-94；Евгений Винокуров, "Прагматическое евразийство," *Россия в глобальной политике*, том. 11, № 2 (2013), pp. 49-58；Б. Орлов, "Евразийство: В Чем Суть?," *Общество и экономика*, № 9 (2001), pp. 93-104；Д. Касаткин, "Евразийство-Будущее России?," *Азия и Африка сегодня*, № 1 (2002), pp. 30-33；И. И. Орлик, "Евразийство: От Зарождения До Наших Дней," *Новая и новейшая история*, № 1 (2010), pp. 55-70；Ярослав Лисоволик, "Геоэкономика и наследие евразийства," *Россия в глобальной политике*, том. 14, № 6 (2016), pp. 61-68。

[14] Николай Александрович Бердяев著，雷永生、邱守娟譯，《俄羅斯思想》（香港：三聯書店，1995年），頁68-70。

派的發展，若將之視爲一種地緣政治思想，則學派思想間的融合及夾雜便成爲可能（例如歐亞主義思想亦包含了某部分的斯拉夫主義），但只要三大學派涉及文化概念，便會出現相容的問題。[15] 葉爾欽（Boris Nikolayevich Yeltsin; Борис Николаевич Ельцин）總統執政時期，推行一連串政經改革，政治上實施民主改革，經濟上朝向資本主義市場經濟邁進。此時期是大西洋主義者得勢，某些較爲激進的大西洋主義者，將東方文化與專制體制連結，認爲這就是斯拉夫文化阻礙俄國進步改革的主因，例如，蓋達爾（Yegor Timurovich Gaidar; Егор Тимурович Гайдар）等。[16]

二、斯拉夫主義

斯拉夫主義者的訴求如同民族主義者，但斯拉夫原本就是一個民族，因此該派並非單純之俄羅斯傳統文化保守者，或許保護傳統文化的訴求確是該派之重要訴求，但所謂「傳統文化」的內涵有必要先釐清。斯拉夫主義者指出，構成俄羅斯傳統文化的主要元素有三，分別爲：東正教文化、共產主義的農村公社與勞動結合、大國意識。共產主義相關思想之所以被納入傳統文化，是因斯拉夫主義者認爲西方自由主義不適合俄國，唯有共產主義的集體主義（Collectivism）才符合俄國長久以來團體利益優於個人利益的傳統思維。[17] 該思想主張，應反對全盤西化與歐洲化，俄羅斯傳統文化應予保存，走出自己的發展道路，此思想對未來俄國的發展具有大國意識的使命與期許。

斯拉夫主義者另一個重要的思想是大國意識，大國意識源自十五世紀，1453年拜占庭帝國滅亡後，伊凡三世（Ivan III Vasilyevich; Иван III Васильевич）娶該帝國之姪女爲妻，便憑此點認爲可成爲拜占庭帝國之繼

---

[15] Серей Иванович Пирожков, *ГУУАМ--проблемы и перспективы развития транспортно-коммуникационных коридоров: материалы II Международной научно-практической конференции* (Москва: НИУРИ, 2000), pp. 281-282.

[16] Yegor Gaidar, *Russia: A Long View* (MA: MIT Press, 2012), pp. 143-151.

[17] Николай Александрович Бердяев著，雷永生、邱守娟譯，《俄羅斯思想》（香港：三聯書店，1995年），頁242。

承者，自稱爲第三羅馬。[18]伊凡三世的想法爲俄國大國意識奠定基礎，而後隨著斯拉夫民族意識的高漲，該派人士表示俄國具有大國的特殊使命。此外，草原民族也是造成俄羅斯獨特文化的主因。[19]斯拉夫主義學派組成分子複雜，經常包含愛國主義者與極端民族主義者，這些人常使該派核心觀點容易混淆，若取斯拉夫主義者間之最大公約數，則是大國意識、俄羅斯文化獨特性、反全盤西化。較著名的斯拉夫主義者日里諾夫斯基（Vladimir Volfovich Zhirinovsky; Владимир Вольфович Жириновский）表示，俄國對外應採取更爲積極擴張政策，例如，將勢力擴張至印度洋。[20]但付諸實行卻十分困難，普京重新執政後實施民族主義外交政策，此政策與斯拉夫主義者的對外思維相似，但已引起西方國家譴責與經濟制裁。

三、歐亞主義

歐亞主義的形成較晚，出現在1920年代，受到僑居西歐與中歐等國之俄羅斯學者、知識分子及平民百姓所支持，其內涵介於大西洋主義與斯拉夫主義之間，該派反對大西洋主義的全盤西化，也不樂見斯拉夫主義與民族主義及愛國主義結合。歐亞主義者認爲，俄羅斯人既非歐洲人亦非亞洲人，而是自立於歐洲與亞洲之外之歐亞人。自該學派的主要論點觀之，非歐非亞論述屬於地理與地緣政治觀點，他們將歷史上的某些統一歐亞人物視爲先賢（例如成吉思汗），主張俄國是統一歐亞之繼承者。該派較著名之學者有：古米廖夫（Nikolay Stepanovich Gumilyov; Николай Степанович Гумилев）、沙維茨基（Petr Nikolaevich Savitsky; Пётр Николаевич Савицкий）等。[21]

蘇聯解體俄國獨立後，歐亞主義者主張應建立歐亞聯邦，以強大的俄

18　"Москва-Третій Рим," *leksika.com.ua*, http://leksika.com.ua/10651009/legal/moskva_-_tretiy_rim.

19　Косолапов Н., "Россия: в чем же все-таки суть исторического выбора?," *Мировая экономика и международные отношения*, № 11 (1994), pp. 12-15.

20　Владимир Вольфович Жириновский著、李惠生譯，《俄羅斯的命運》（北京：新華，1995年），頁211-212。

21　粟瑞雪，《薩維茨基的歐亞主義思想研究》（北京：社會科學文獻出版社，2014年）。

羅斯作爲歐亞核心。歐亞主義者認爲俄國確有幾項優勢可實現此目標，分別爲：第三羅馬思想、俄語居民階級活躍及俄語遍布性。[22]歐亞主義者與斯拉夫主義者皆強調俄羅斯傳統文化的重要性及大國意識，但兩者仍有部分相異，歐亞主義者主張大一統的國家，因此極力反對某些民族主義訴求與民族分離運動。[23]

參、普京第一任期的地緣戰略與對外政策

　　普京2000年初上任時，須處理的是葉爾欽執政時期留下來的經濟改革失敗問題，國內經濟局勢嚴峻，且自身權力亦尙未穩固，因此在對外關係的處理上採取與西方國家合作之態度。以下分別論述當時的國際與國內政治局勢。

一、國際局勢

（一）北約東擴與科索沃事件

　　1991年12月25日蘇聯解體，北約卻未因此解散，反而在1999年東擴接受波蘭、捷克及匈牙利加入。東歐國家一向是蘇聯冷戰時期東西對抗的戰略緩衝區，如今雖然東西對抗不再，俄羅斯也已獨立，戰略空間壓縮卻是不爭事實。俄國獨立初期由於實施震撼療法（shock therapy）的經濟改革與民主化政策改革，無暇顧及對外關係，爲了求取西方國家的經濟援助，採取一面倒的親西方外交政策，直至1993年「俄羅斯聯邦對外政策概念」（The Concept of Foreign Policy of the Russian Federation; Концепция внешней политики Российской Федерации）公布後，俄才開始調整完全親西方的外

---

[22] В. В. Ильин и А. С. Панарин, *Андрей Рябов, Россия: опыт национал'но-государственной идеологии* (Москва: МГУ, 1994).

[23] 李靜杰，〈俄羅斯關於「文明選擇」的爭論〉，《大西洋學報》，第2期（1997年），頁13-19。

交政策，逐漸重新重視本國利益的維護，對外關係上與有利於本國利益的國家優先來往。以國家利益為主的對外戰略確立後，1996年外長普里馬可夫（Evgeniy Primakov; Евгений Максимович Примаков）提出「大歐洲」外交政策，所謂的「大歐洲」係指包括俄在內的歐洲，認為歐洲事務應由「歐洲人」自主決定，反對外來勢力干預歐洲事務。此外，為突破美國與北約的孤立，拉攏東方國家制衡美國與北約勢力已成為此時期重要的外交政策內涵。普里馬可夫的外交政策東西並重，已不親向任何一方，或可稱之為東西並重的雙頭鷹外交政策。

　　1999年另一件重要的國際事件是科索沃事件，科索沃存在民族紛爭與獨立問題，由於其境內之人口構成以阿爾巴尼亞人（Albanians）為主，反對塞爾維亞人的統治（南斯拉夫聯盟共和國，簡稱南聯盟）。西方國家聲援科索沃獨立運動，俄國則持反對態度，認為科索沃事件為南聯盟之內政問題，西方國家的聲援與支持皆違反聯合國憲章第2條第7款之不干涉他國內政原則。1999年3月，北約派出300多架飛機陸續對南聯盟的50多個軍事目標實施大規模空襲，至同年6月為止，增為1,031架，是北約自二戰後最大規模的空襲行動。1999年6月，聯合國安理會通過第1244號決議，給予科索沃「實質自治」地位，又將確定科索沃的地位定為當前各成員國首要目標。

　　時任俄國外長伊萬諾夫（Igor Ivanov; Игорь Петрович Иванов）表示，北約若不遵守國際法規範，則此規範未來亦無法拘束俄國在國際上的行動。[24]前任外長普里馬科夫則認為，近二百年來俄國在巴爾幹半島的勢力從未離去，難以理解西方各國未與俄磋商便介入巴爾幹事務。[25]

（二）九一一事件與反恐行動

　　2001年9月11日，蓋達組織（Al-Qaeda）對美國本土發動恐怖攻擊，19

---

[24] John Norris, *Collision Course: NATO, Russia, and Kosovo* (Westport: Greenwood Publishing Group, 2005), p. 24.

[25] Benedik C. Harl, "Conflicting Perceptions: Russia, the West and Kosovo," *Review of Central and East European Law*, Vol. 33 (2008), pp. 491-518.

名蓋達組織成員挾持4架民航機，其中兩架衝撞紐約世界貿易中心雙塔，造成建築物倒塌，整起事件死亡人數達2,996人，這是二戰後首起境外勢力對美國本土最嚴重的襲擊。美國於九一一事件後發動反恐戰爭（War on Terror），透過自身強大的軍事力量針對支持或庇護恐怖分子的國家或組織進行攻擊，並建立一套緊密的反恐系統用以打擊所有的恐怖分子及組織。反恐行動需要世界各國的參與及支持。九一一事件後，普京首先致電給小布希（George Walker Bush）總統，對美國的遭遇表示同情，並將全面支持美方於阿富汗的反恐活動。

二、國內局勢

　　北約東擴與科索沃事件發生於俄國國內政局權力交接時期，儘管俄國對兩事件的發生十分不滿，至多僅能透過外長發表聲明予以譴責，尚無任何具體對外行動。2000年普京上任後，權力基礎尚未穩固，且俄國正受到西方國家的孤立，因此在九一一事件後主動伸出援手對美國表達善意，藉機改善與歐美國家的關係。2001年9月，普京發表演說，指出未來俄國於反恐作為上的幾個可能方向，包括：[26]參與國際搜救活動、擴大與阿富汗拉巴尼（Rabbani）政權的合作、開放領空使人道救援飛機使用、幫助協調開放中亞各國國內機場、與他國情報機構共享資訊。普京深知此時的俄國首要之務在於發展經濟，其餘事務皆可暫緩處理，包括對於前述科索沃事件之回應。

三、地緣戰略與對外政策

　　1999年底普京出任代理總統時，曾發表〈千年之交的俄羅斯〉（Россия на рубеже тысячелетий）一文，該文指出俄國當前面臨新挑戰與新機遇，但同時面臨許多複雜的問題，這些問題參雜了政治、經濟及意識型態層面，對此普京對內倡導四個口號作為解決良方，分別為：「國家作用」、「強國意識」、「愛國主義」及「社會團結」。而對外戰略方面則

---

[26] "Tectonic Shifts and Putin's Russia in the New Security Environment," *FMSO.LEAVEWORTH.ARMY. MIL*, http://fmso.leavenworth.army.mil/documents/Putin's-Russia/Putin's-Russia.htm.

以融入西方經濟體系，首先加入世界貿易組織（World Trade Organization, WTO）為短期目標，強調若無法加入西方經濟體系，則國家經濟的改善將十分有限；此外，認為俄國具有獨特的地緣政治特性，意即一個歷史上大國的屬性。[27]此時期的具體對外政策多側重於經濟層面，為了經濟的發展可以將外交上的糾紛暫時放一邊，而加入西方既存的經濟秩序成為主要目標。

　　2000年1月，俄通過《俄羅斯聯邦對外政策概念》（*The Concept of Foreign Policy of the Russian Federation; Концепция внешней политики Российской Федерации*），根據該文件指出以下幾項對外政策重點：首先，俄國當前的外交政策優先選項是與獨立國協（The Commonwealth of Independent States; Содружество Независимых Государств）國家發展多邊與雙邊合作；其次，則是發展與歐洲國家的關係，此為俄羅斯長久以來的傳統；再次，對於北約東擴採取消極態度，只有在雙方考量相互利益與義務後，才不排除有合作之可能。[28]觀察文件，自1996年普利馬可夫時期以來的雙頭鷹外交政策似尚未調整，仍以獨立國協歐亞地區的國家為外交的優先選項。2001年10月，普京曾表示，俄國可加入北約，但前提是北約要是一個政治化進程。[29]但2004年北約的再次東擴（波羅的海三小國的加入），使俄與北約的關係再度陷入黑暗。

肆、普京第二任期地緣戰略之轉變與重新執政時期新戰略的形成

一、普京第二任期的地緣戰略轉變與對外政策

　　由於俄國經濟情況的改善（詳見表4-1）與北約的再度東擴，使俄國的

---

[27] "Россия на рубеже тысячелетий," *Независимая газета*, http://www.ng.ru/politics/1999-12-30/4_millenium.html.

[28] "Концепция внешней политики Российской Федерации," *Кодекс*, http://docs.cntd.ru/document/901764263.

[29] "Timeline NATO," *TIMELINES OF HISTORY*, http://timelines.ws/countries/NATO.HTML.

地緣戰略與對外政策再度面臨轉變，原先採行的傳統——對西方友好，積極融入西方主導的經濟體系路線也產生變化。根據2008年通過的《俄羅斯聯邦對外政策概念》（*The Concept of Foreign Policy of the Russian Federation; Концепция внешней политики Российской Федерации*），可歸納成以下幾個重點。其一，強調國際事務中多邊主義的重要性，簡言之便是開始批判美國的單邊主義，多邊主義意味著強調國際組織的作用，以即時實現多極世界權力體系，削弱美國霸權的影響力；其二；在外交政策優先仍是以獨立國協歐亞國家為首位，這點與2000年版的「構想」並無二致，此外，將成立歐亞經濟共同體列為近期目標；其三，不再強調與歐洲國家外交的傳統優先性，提出建立一個開放與民主的集體安全制度，與美國與歐洲發展平等合作關係；其四，把歐盟視為主要的貿易、經濟及外交夥伴，並加強雙方合作機制。[30]

表4-1　1999年至2008年俄羅斯經濟成長率

	1999	2001	2002	2003	2004	2005	2006	2007	2008
GDP成長率（％）	6.4	10.0	5.1	4.7	7.3	7.2	8.2	8.5	5.2

資料來源："Russia GDP-Gross Domestic Product," *countryeconomic*, https://countryeconomy.com/gdp/russia?year=2005.

此時期雖仍以雙頭鷹外交政策為基礎，卻不再如普京第一任期將與歐洲國家之關係視為過去的外交傳統，顯然俄地緣戰略已出現變化，而東西向並重的大方向仍未改變。2008年8月正值北京奧運期間，俄國與喬治亞爆發軍事衝突，起因為喬國境內南奧塞梯亞（South Ossetia; Южная Осетия）的民族獨立事件，喬國軍隊首先於8月8日進入南奧塞梯亞控制區，並對其首府茨欣瓦利市（Tskhinvali）展開炮擊，導致數以萬計的喬治亞人逃離

---

[30] "Концепция внешней политики Российской Федерации," *Президент России*, http://kremlin.ru/acts/news/785.

該地。[31]同日，俄國隸屬於第五十八集團軍某些部隊進入南奧塞梯亞，支援衝突地區的俄維和部隊，並阻止喬國軍隊所有行動。同月12日，時任俄總統梅德韋傑夫（Dmitry Anatolyevich Medvedev; Дмитрий Анатольевич Медведев）宣布俄出兵之行動是為「迫使喬治亞當局實現和平」，[32]在衝突各方簽署了停火協議後。8月18日，俄軍除留守少數部隊外，其餘皆從南奧塞梯亞撤軍，並於8月22日完全撤離。[33]俄國對喬國出兵其實是對科索沃事件的回應，北約當時違反國際法，未經聯合國安理會同意便先進行空襲行動，因此俄曾說，已被毀壞的國際法無法再有效約束其行動。至此，俄國自普京上任以來的親近或不與西方敵對策略已轉變，開啟了雙方交惡的階段。

二、普京重新執政的新地緣戰略與對外政策

（一）背景：中國政經崛起改變國際局勢

　　梅德韋傑夫執政時期，基本上俄國的地緣戰略與外交政策並未改變，但此時面臨中國政經崛起，全球經濟發展重心東移，俄國某些學者對此也有所認知，並提出自己觀點，茲將其整理如下。

1. 中國政經崛起將使區域局勢越形緊張

　　塔夫羅夫斯基（Yuri Tavrovsky; Юрий Тавровский）認為，美國勢必對中國之崛起進行反制，例如重返亞洲政策等，而中國在此之後提出之海上絲綢之路，亦是為反制美方而設，雖然中國與鄰近國家文化較為接近，卻難以取代美方於此區之長期深厚軍事合作關係。[34]列昂提耶娃（Nina Leontieva; Нина Леонтьева）則指出，中國崛起後提出之一帶一路相關戰略，顯示已放

31 Новые Известия, "Войска Грузии захватили Цхинвали?," *Newizv.ru*, http://www.newizv.ru/lenta/95570/.
32 Новые Известия, "Россия и Грузия остановились в шаге от полномасштабной войны," *Newizv.ru*, http://www.newizv.ru/print/95722.
33 Новые Известия, "Глава Европарламента: признание Южной Осетии и Абхазии нарушит закон," *Newizv.ru*, http://www.newizv.ru/lenta/96714.
34 Тавровский, Юрий, "Шелковый путь возвращается на карту мира," *Независимая*, http://www.ng.ru/dipkurer/2014-09-01/9_silkroad.html.

棄長期以來的韜光養晦路線，改採更為積極的區域戰略，使區域的穩定與安全出現變化。

2. 中國經濟崛起為周遭國家帶來機遇

盧金（Aleksandr Lukin; Александр Лукин）指出，中國政經崛起後將出現不少機遇，而俄中之間儘管在某些領域為競爭關係，雙方仍應採合作大於競爭，俄應積極地深化與中國之各領域合作，並響應其所提出包括一帶一路在內之區域發展計畫。[35]

（二）大歐亞夥伴關係的提出

2016年，俄通過新版《俄羅斯聯邦對外政策概念》，對當前全球權力體系有另一番看法，認為全球實質上已朝多極化格局發展。而由於全球化影響，東亞新的政經中心已逐漸形成。全球發展重心朝亞太地區偏移，過去西方國家主導全球政經發展的局勢已不復存，世界各國國家文化與文明發展的多元性增強。[36]該文件可歸納如以下幾項重點：首先，俄認知當前東西方政經實力面臨洗牌，西方國家的主導權已不如以往；其次，全球經貿重心東移至亞太地區，俄需對亞太地區各國提出更加具體的政策，藉此促進與亞太國家的雙邊關係。

2016年6月，俄提出「大歐亞夥伴關係」（Partnership for Greater Eurasia; Большое Евразийское Партнерство）倡議，該夥伴關係為東向政策之具體實踐，其中可歸納出三項要點：首先，大歐亞夥伴關係係為應對來自西方國家的制裁，在經濟制裁下另闢蹊徑，經濟上積極融入亞太區域經濟發展；其次，邀集各國開發俄遠東與西伯利亞地區；再次，該倡議闡明了與中國「一帶一路」關係的處理，便是透過對接方式擴展自身勢力。[37]該倡議主

---

[35] 郭素萍，〈圓桌共話21世紀海上絲綢之路：共商大計合作發展〉，《新華網》，2015年2月13日，http://www.xinhuanet.com/world/2015-02/13/c_127492088.htm。

[36] "Концепция внешней политики Российской Федерации," *Президента России*, http://kremlin.ru/acts/bank/41451.

[37] "Путин призвал создать большое Евразийское партнерство," *ТАСС*, https://tass.ru/pmef-2016/article/3376295.

要著墨於經濟合作層面，雖概念聽起來具有地緣戰略色彩，在地緣戰略部分卻缺乏具體內涵，僅模糊地提出將促進泛歐亞發展合作，以及區域和平與安全，在區域局勢發揮緩解緊張的效果。[38]

「大歐亞夥伴關係」的核心思想是源自歐亞主義，儘管該夥伴關係已無法做到組建以自身為核心之歐亞聯邦，且就夥伴關係的內涵也無法看出此一目標，但其地緣思維同樣是以歐亞大陸為中心。而該夥伴關係與歐亞主義亦存在幾點相異之處：其一，俄國將積極融入亞太經貿作為主要目標，並非歐亞主義之以歐亞大陸為經貿發展核心；其二，夥伴關係呼應與中國之「一帶一路」對接，具有於中國現有戰略之發展下，利用其成果發展獲取自身利益之意，與歐亞主義思想之大國意識相悖。因此觀察「大歐亞夥伴關係」之內涵，夥伴關係不能說是歐亞主義的實踐性政策，僅是某部分核心思想源自於歐亞主義。

俄國學者認為，關於「大歐亞夥伴關係」的發展，目前仍存在某些重要問題，其一，夥伴關係之具體內涵仍未確定，僅能勉強地說，促進中國「絲綢之路經濟帶」（The Silk Road Economic Belt, SREB）與歐亞經濟聯盟（Eurasian Economic Union, EAEU）之對接是其經濟層面論述。安全層面，則利用既有上海合作組織（Shanghai Cooperation Organization, SCO）之成員國合作關係，進行反恐等各項行動。[39]其次，該夥伴關係具體內涵還是相當模糊，未來將影響潛在國家參與意願，不利未來發展。對此，彼得羅夫斯基（Vladimir Petrovsky; Владимир Евгеньевич Петровский）認為，「大歐亞夥伴關係」戰略並非攻勢性戰略，亦非欲與美中兩國之戰略一爭長短；反之，該夥伴關係規劃了與寄存美中戰略合作之可能，例如與中國「一帶一路」的對接等。

---

[38] "Большая Евразия," *Большая Евразия*, http://www.gea.site/about/.

[39] В.Е. Петровский, "Контур безопасности для Большого евразийского партнерства," *Проблемы Дальнего Востока*, № 4 (2018), pp. 49-51.

伍、結語

　　儘管「大歐亞夥伴關係」早於2016年提出，其具體內涵仍相當有限，這也侷限了該倡議的發展以及與相關目標國的合作。這或許是因俄國國內學者仍對於中國「一帶一路」態度不一所致，是以更爲具體的政策仍未通過；另一方面，雖然彼得羅夫斯基否定了夥伴關係的攻勢性質，卻不可否認俄美之間在區域戰略上的衝突，以及俄國聯中制美的可能。如此，「大歐亞夥伴關係」的提出將使印太或亞太地區的戰略局勢複雜化，增添區域穩定的不確定因素，假設俄中在戰略上成功地對接，將提高中國區域競逐的籌碼，美國則被迫加強印太戰略的強度及合作之對象國，使區域局勢更爲緊繃。反之，若夥伴關係無法解決或弭平俄中區域戰略利益上的矛盾，將有利於美國及盟邦對於區域戰略局勢的掌控，維持現狀的可能性也較高。

　　不可否認的是，美國已經將俄中兩國視爲準同盟關係，根據2019年6月美國發表之《印太戰略報告》（*Indo-Pacific Strategic Report*），美將俄形容爲復活的邪惡行爲者（Revitalized Malign Actor），以軍事、外交及經濟手段加深其於印太地區之影響力，並加深與中國合作，中國增加對俄投資，俄國則增加對中能源出口。此外，中國也購買Su-35戰鬥機與S-400地對空導彈系統，俄中雙方在多邊與雙邊架構下實施多次聯合軍演，尤其是2018年的「東方-2018」（Vostok-18）俄國年度軍演，此次規模爲冷戰以來之最，爲期五天，共計有1,000架戰機、80艘戰艦及36,000輛軍車、中方3,200名士兵、俄方30萬名士兵參與。[40]是以美國對俄國新地緣戰略的提出，必定嚴陣以待，印太區域的強權戰略競逐正複雜與白熱化。

---

[40] "Indo-Pacific Strategic Report: Preparedness, Partnerships, and Promoting a Networked Region," *The Department of Defense*, https://media.defense.gov/2019/Jul/01/2002152311/-1/-1/1/DEPARTMENT-OF-DEFENSE-INDO-PACIFIC-STRATEGY-REPORT-2019.PDF, pp. 11-12；〈冷戰後俄最大規模軍演開始中國稱「聯合戰役演習」〉，《BBC News》，2018年9月11日，https://www.bbc.com/zhongwen/trad/chinese-news-45481126。

第⑤章 國際關係平衡理論研究在後冷戰時期的發展趨向與轉型

張凱銘

壹、前言

　　平衡理論（Balance Theory）是國際關係現實主義（Realism）學派的核心研究區塊之一，其研究主軸係探討國家如何在國際政治中遏制安全風險，阻止他國危害本國的安定生存。現實主義的思維可上溯至東西方古代哲人的思想著作，在中國春秋戰國諸子百家的論著中，不乏體現平衡思維的觀點，如蘇秦、張儀等人提出的合縱、連橫等策略，即帶有厚重的現實主義色彩與平衡概念。在西方文明中，則以修昔底德（Thucydides）的《伯羅奔尼撒戰爭史》（*History Of The Peloponnesian War*）、馬基維利（Niccolò Machia-velli）的《君王論》（*Il Principe*）等著作最具代表性。

　　第一次世界大戰後，出於對理想主義（Idealism）的批判，卡爾（Ed-ward H. Carr）、摩根索（Hans J. Morgenthau）等學者的研究逐步建構起了國際關係學界的古典現實主義（Classic Realism）。其中摩根索指出，對於權力與利益的追求是人類與生俱來的天性，由人類聚集而成的主權國家亦然，國家之間爲了爭奪權力及維護各自利益而發生衝突實屬人性映射下的合理現象；而在充滿風險與挑戰的國際環境中，對於權力平衡（balance of power）的操作，是維繫局勢安全穩定的關鍵要素：爲了維護本國的獨立與生存不受侵害，國家應保持警惕，並綜合應用外交結盟、軍事行動等舉措，阻止任何國家在國際體系中占據統治地位。[1]

---

[1] Hans J. Morgenthau著，李暉、孫芳譯，《國家間政治》（海南：海南出版社，2008年），頁216-230。

　　現實主義學派與平衡理論在第一次世界大戰後的國際關係研究中長期居於主流地位，對於許多國家的外交政策規劃發揮了重要指導作用。在冷戰（Cold War）期間，平衡理論則伴隨著現實主義轉型，在繼而興起的新現實主義（Neorealism）學派中得到更清晰簡約的論述，隨後更對應國際政經的劇烈變化而持續演進，發展出多種變體。爲了解該理論近代以來的發展脈絡，以及在後冷戰時代的自我改造，本文在以下篇幅中，將逐次探討新現實主義學派論述下的權力平衡理論、威脅平衡理論（Balance of Threat Theory）的研究創新，以及新型平衡理論的出現與主要內容。

貳、新現實主義學派論述中的權力平衡理論

　　國際關係理論研究在1970年代晚期出現重要進展。加州大學柏克萊分校政治學者華爾茲（Kenneth N. Waltz）於1979年發表的《國際政治理論》（*Theory of International Politics*）一書，向學界提出了新現實主義論述，在延續以摩根索等學者爲代表的古典現實主義研究傳統的基礎上導入經濟學概念，將現實主義由一門帶有高度哲學意涵的抽象知識，轉化爲簡約且具備高度可操作性的學理模型。

　　華爾茲將國際關係理論研究取向區分爲系統（systematic）層次與還原（reductionistic）層次兩類。他指出傳統的理論研究與現實主義論述，都錯誤地聚焦於還原層次之上，過度強調國家內政、領導人特質與社會文化等個體要素的作用。這樣的研究取向即使精切深入，也無法建設出放諸四海皆準的理論框架，華爾茲因而主張由系統層次進行理論探索才是正確的方向。

　　新現實主義研究所稱的系統是結構（structure）與單元（unit）的組合：在單元方面，雖然國際政治中存在著各式各樣的行爲體，但華爾茲認爲一如經濟學研究將公司設定爲代表性的單元，國際政治的基本單元設定也應以主權國家爲主，國際組織、跨國公司乃至個人等其他行爲體在系統研究的觀照下可暫且不論。在結構方面，華爾茲指出結構通常有三種定義途徑，包

括單元的排列原則、單元的基本功能及單元之間的能力分配。在國際政治研究中，國家單元間的排列不似國內政治單元間一般存在著明確垂直層級規則，而是處於混沌的無政府狀態（anarchy）；而國家的類型雖可依地域或政體等不同標準進行多樣劃分，但追求生存與發展等基本功能本質上也是一致的，故國際政治的結構只能按照單元之間的能力分配這一途徑進行界定。換言之，國際社會中的權力分配狀態形成了結構，結構與國家單元共同構成了系統，而權力分配狀態的變化將造成系統環境變化，進而帶動其下的國家單元做出相對反應，也就是所謂的權力平衡。

　　在新現實主義的視角下，主權國家作為國際政治系統的基本單元，被化約為相同而理性的單一行為體。正如經濟學研究中各種類型的公司本質上皆以獲利為主要營運目標一般，主權國家的政體特徵、歷史背景與地緣條件雖各不相同，但在共通的理性驅動之下，設法在國際無政府狀態中維護自身安全以確保生存無虞，理應是所有國家的一致顧念和追求。由於不存在任何超越國家的更高權力單位可維護國際秩序與各國安全，所有國家都只能依靠自助（self-help）。在這一脈絡下，當國際社會權力分配失衡，致使某一國家持有的權力增大到足以危害他國安全時，權力平衡效應便會自動出現，這與國家性質、意識型態或領導人性格等還原層次因素無關，而是系統變化導致的自然效應。[2]華爾茲指出，國家面對他國權力過度增長時，通常有兩項最為基本的政策選擇，分別是扈從強者（bandwagoning）與權力平衡，而理性的國家行為體通常會更傾向於後者，原因是確保安全比擴大權力和追求利益更為重要，國家一般會選擇平衡其他強國而非選擇追隨之。

　　在古典現實主義研究中，權力平衡常被勾勒為一種基於政治權術和外交手腕的複雜鬥爭策略，內容上具有高度的模糊性與哲學意涵。歷經摩根索和卡普蘭（Morton A. Kaplan）等學者的歸納整理，方逐漸演化為較為清晰的外交活動指南。而華爾茲對權力平衡的闡述則較過往論著更為簡明清晰：權力平衡是一種對於國際權力分配態勢的調整手段，國家可以透過兩種途徑達

2　Kenneth N. Waltz, *Theory of International Politics* (New York: McGraw-Hill, 1979), pp. 79-128.

成目標：第一是內部平衡（internal balancing），即藉由自身努力加強國家實力與軍備建設以恢復國際權力配置的平衡狀態；第二則是外部平衡（external balancing），即利用組建對抗性國際同盟等外交方案，結合多國力量以抵銷其他強國的權力優勢。華爾茲指出，權力平衡作為國際政治系統的自然反應，會在系統變遷中周而復始地出現，從而確立了國際社會恆常的競爭本質。[3]

　　新現實主義簡約而易於理解的論述架構為國際關係學界帶來重大啟發，後續興起的主流學說如基歐漢（Robert O. Keohane）等學者提出的新自由主義理論（Neoliberalism），與溫特（Alexander Wendt）提出的建構主義理論（Constructivism）等皆深受其影響。相關研究在挑戰新現實主義立論基礎的同時，也不同程度地繼受其研究假設如理性主義（Rationalism）和國家中心論（State-centrism）等。而涵蓋內部能力建設與外部盟約締結的權力平衡理論，也因深刻切合冷戰時期的大國角力形勢而廣獲各界認可，被視為解讀國家外交動向的有力指標。

參、威脅平衡理論的研究創新

一、對於權力平衡理論的質疑與反思

　　隨著冷戰於1980年代後期走向尾聲，一度備受學界認可的新現實主義學派受到越來越多的質疑。如上文所述，新現實主義嘗試將國際政治化約為簡單的結構模型，並以權力平衡的邏輯解釋其運作型態。權力平衡理論強調國際權力分配失衡是觸動國家平衡反應的主因，當特定國家持有權力過於龐大時將招致他國反制。部分批評意見指出，如果這些基本論述真的成立，那麼一個最為基本而明顯的問題將是，為何冷戰後期以迄1990年代的美國，

3　Kenneth N. Waltz, *Theory of International Politics*, pp. 123-128.

在政治、軍事與經濟實力皆冠絕一時的情況下，似乎並沒有觸發國際社會的平衡反應？回顧歷史軌跡，世界上的主要國家並未針對美國進行軍備競賽以求抵銷其國防優勢，國際間也並未出現以美國為對抗目標的同盟體系。換言之，新現實主義的權力平衡理論隨著冷戰邁向終結，似乎出現了明顯的失靈現象。

　　對於這一情形，許多國際關係學者紛紛參與討論，並嘗試由不同角度提出解釋。作為新現實主義學派代表學者，華爾茲的看法是新現實主義的權力平衡論述並沒有問題，只是平衡效應的成形並非一蹴可幾，往往需要相當時間醞釀。華爾茲強調權力平衡是對於整體國際趨勢走向的評估，研究者可以透過理論性推導判定理性的國家行為體必定會對外部環境中的權力配置失衡狀態做出反應，但畢竟無法精確地計算出平衡反應究竟會在哪個時間點具體出現。因此美國霸權未在後冷戰時期遭遇平衡，並不代表權力平衡理論失靈，國際社會對美國的平衡反應只是處於醞釀階段，尚未正式成形而已。[4]

　　另一位現實主義學者沃佛思（William C. Wohlforth）的看法略有不同，他認為權力平衡邏輯固然正確，但權力水準高低的問題也有必要被一併納入考量。美國在後冷戰時代未受到國際社會平衡的原因，很可能是因為其持有的權力已然強大到超越可被平衡的門檻。在國力落差極為懸殊的情況下，對於一般國家來說，任何外部平衡或內部平衡努力都是艱難且不易達成目標的。當締結同盟與展開軍備競賽都無助於扭轉嚴重失衡態勢時，理性的國家行為體在節約成本、避免衝突與拓展利益等其他考量影響下，將會選擇捨棄平衡而另覓他途如選擇保持中立或是扈從強者等。[5]

　　也有部分學者援引新自由主義和建構主義的學術資源解釋權力平衡理論的失靈現象。例如喬菲（Josef Joffe）指出問題可能在於國家權力本身的性質出現了轉變——與歷史上的傳統霸權主要仰賴軍事力量等硬性權力（hard

---

4　Kenneth N. Waltz, "Structural Realism after the Cold War," *International Security*, Vol. 25, No. 1 (Summer 2000), pp. 5-41.

5　William C. Wohlforth, "The Stability of a Unipolar World," *International Security*, Vol. 24, No. 1 (Summer 1999), pp. 23-32.

power）壓制他國的情況不同，美國在後冷戰時代持有的優勢權力以柔性權力（soft power）為主要成分。雖然美國確實擁有舉世無雙的軍事力量，但比起使用武力威脅逼迫他國，美國更擅長的是透過其優越的社會文化、經濟活力和政治價值觀尋求他國的認同與自發追隨，由於這種訴諸說服與吸引的柔性權力，比起依靠強制的硬性權力更不易引起他國反彈，國際社會因而未出現針對美國的平衡反應。[6]

埃肯伯里（G. John Ikenberry）著眼於國際制度在其間的功能，指出美國於冷戰及後冷戰時代中構築了龐大複雜且層次多元的國際機制網絡。對於其他國家來說，融入這一網絡不但得以在其中更有效地拓展國際合作以獲取各類利益，也可在集體安全框架與制度性協調之下得到更多安全保障。更重要的是，美國固然在制度網絡內居於主導性的優勢地位，但其強大國力同時也受到機制規範的嚴格約束，不致對他國產生危害，國際社會因而在制度網絡的中介調和之下形成了穩定而和諧的不平衡狀態。[7]

歐文（John M. Owen IV）和里斯（Thomas Risse）等學者注意到認知因素的作用，他們指出隨著共產主義陣營的崩解，美國及其歐陸友邦長期推行的民主政治和自由主義等理念儼然成為當代國際社會的主流價值，獲得大部分主要國家的認可支持。由於持有相同的價值立場，這些國家不但無意挑戰美國霸權，甚至對於美國的國力增長樂觀其成。雖然國際間的確存在部分有意對抗美國及其盟友的專制國家，但這些國家或是受限於自身國力不足，或是難以在國際間取得足夠支持，終究無法帶起有力的平衡反應。[8]

[6] Josef Joffe, "Defying History and Theory: The United States as the 'Last Remaining Superpower'," in John G. Ikenberry ed., *America Unrivaled: The Future of the Balance of Power* (Ithaca, N.Y.: Cornell University Press, 2002), pp. 155-180.

[7] John G. Ikenberry, "Institutions, Strategic Restraint, and the Persistence of American Postwar Order," *International Security*, Vol. 23, No. 3 (Winter 1998-1999), pp. 67-78.

[8] John M. Owen, "Transnational Liberalism and U.S. Primacy," *International Security*, Vol. 26, No. 3 (Winter 2001-2002), pp.117-152; Thomas Risse, "U.S. Power in a Liberal Security Community," in John G. Ikenberry ed., *America Unrivaled: The Future of the Balance of Power*, pp. 260-283.

二、威脅平衡理論的主要觀點

　　在上述的相關學術論辯之中，哈佛大學教授華特（Stephen M. Walt）提出的看法別具創見。華特首先透過考察冷戰時期的中東地緣政治案例，指出平衡理論的看法確實有其道理，歷史經驗顯示大部分國家在遭逢外部安全壓力時，出於理性評估皆傾向於選擇平衡對手而非屈從強者，藉以避免使本國的安全和獨立受制於人。但華特同時也承認，以權力平衡邏輯解讀國際政治現實的確會發現許多反常案例。除了冷戰後期以降日趨強大的美國未曾遭遇國際平衡之外，第二次世界大戰期間非屬超級強權的納粹德國卻引起許多國家強力對抗亦是顯著的反常情況。之所以如此，華特認為原因可能在於權力平衡的傳統論述邏輯存在盲點，權力配置多寡並非牽動平衡反應的直接原因，國家是否對他國造成了安全威脅才是真正關鍵所在。[9]

　　如果從威脅的角度進行觀察，過往被權力平衡理論界定為反常現象的許多案例皆能得到合理解釋：由於物質權力多寡不直接等同於威脅程度的高低，一個權力強大的國家因為未對他國構成安全威脅而不曾遭受國際平衡，便是可以被理解的正常情況。反面而言，一個國力有限卻被他國視作嚴重威脅的國家，即使並未造成國際社會權力配置的明顯失衡，也可能遭遇強力抵制。華特指出，所謂的威脅源自於下列四項基本要件的交互作用：[10]

（一）綜合國力（aggregate power）：包含人口數量、領土面積大小、持有的天然資源多寡、經濟發展水準與國民教育水準等多重元素在內的複合式國家實力評估，綜合國力越強大的國家越有能力對他國造成威脅。

（二）進攻實力（offensive capabilities）：意指國家將綜合國力轉化為可用以對他國發動攻擊的具體能力。進攻實力通常和軍事防務有較直接的關連，例如國家的軍隊規模、戰備水準與部署態勢等皆是常見的判讀指標。

9　Stephen M. Walt, *The Origins of Alliances* (New York: Cornell University, 1987), pp. 263-266.
10　*Ibid.*, pp. 22-28.

（三）地緣鄰近性（geographic proximity）：雖然存在洲際彈道飛彈等超越地理限制的武器，但國家欲對他國進行全面侵略仍須仰賴陸海空軍部隊等傳統軍事力量的大量投射。考慮到軍力投射範圍有其極限，一般來說地理距離較近的國家比起相距遙遠的國家，更有可能對他國造成安全威脅。

（四）侵略意圖（offensive intentions）：擁有強大的綜合國力與進攻實力，同時符合地緣鄰近性條件的國家，未必會將相關力量應用於攻擊他國，重點在於該國政府在主觀上是否確實具備運用物質性實力對外發動侵略的意向。

　　區隔威脅要件的意義在於可突顯權力平衡理論過去關切的物質性權力高低，僅僅是威脅構成的一部分而非全部，是以權力強大的國家並不必然會遭遇其他國家的平衡。在上述四項要件之中，最為重要者當屬侵略意圖一項。雖然主觀的意圖思維在判讀上必然存在模糊空間，但外界透過蒐集特定國家的領導人和高階官員發言，佐以對其政策文件的分析歸納，仍可對其意圖進行概要研判。一個擁有龐大綜合國力與進攻實力，同時和他國之間地理距離接近的國家，如果未曾對外界展現出明顯的侵略意圖，則他國可能並不會視其為安全威脅，例如墨西哥與加拿大兩國與美國之間的關係便是一例。相對地，一個國家在綜合國力、進攻實力與地緣鄰近性等條件方面縱非全然齊備，若其向國際社會展露強烈的侵略野心，也很有可能會激發周邊國家的戒懼，進而採取內部或外部平衡作為加以制約。

　　華特的威脅平衡理論是國際關係平衡理論研究又一次的重大進步，其精確地點出傳統研究過於偏重物質性權力的盲點，轉而將安全威脅設定為觸發國際平衡反應的主要動因所在，並具體劃分威脅的四大構成要件，從而使平衡理論的研究論述更趨周延，得以貼切地解讀國家外交活動真實考量，許多過去被視為反常情況的事例也得到了合理解釋。此外，威脅平衡理論的另一項重要價值在於間接論證了國際平衡效應的可迴避性，說明國力強大的國家並不一定會受到他國抵制，只要能夠學會在國際互動中保持溫和節制的行事

作風，避免使其他國家感知其侵略意圖，仍然可望在國力增長的同時，與周邊各國和睦共處。

肆、平衡理論研究在後冷戰時期的發展與轉型

進入二十一世紀後，受到全球互賴格局日益深化及美國發起全球反恐戰爭（global war on terrorism）等重大事件影響，國際關係學界的平衡理論研究呈現持續演進的趨勢。與過去偏重探討國家平衡反應動因不同，晚近的理論發展主要聚焦於平衡策略態樣的擴充。

一、柔性平衡：平衡理論的再次反思與改造

經歷過1990年代的經濟榮景與政治巔峰時期後，美國的霸權地位在進入二十一世紀後遭受了重大挑戰。由「蓋達組織」（Al Qaeda）主導的九一一恐怖攻擊事件，造成大量人員死傷與財產損失，嚴重衝擊美國的國土安全。小布希政府在恐攻事件後接連向阿富汗與伊拉克發動戰爭，意圖掃蕩恐怖勢力並藉機重塑中東地緣政治格局。然而從結果來看，美軍雖然迅速推翻了兩國原有的專制政權，卻未能有效蕩平飄忽不定的恐怖勢力，在當地開展的國家重建（nation-building）工作也進展遲緩，未能順利完成樹立民主楷模的任務，反使大量美軍部隊被迫長期留駐以維持安全環境，導致國防開支迅速增長。

除此之外，美國的國家形象在這場漫長的反恐戰爭中深受傷害，尤其是2003年後針對伊拉克的戰事未能獲得德法等傳統盟邦和聯合國安全理事會（UN Security Council）等國際機制支持，戰爭正當性因而備受外界質疑。而美軍作戰過程中不時傳出殺害平民、虐待囚犯與肉刑逼供等事件，更引來國際輿論的嚴厲批評。整體而言，國力強大且握有明顯軍事優勢的美國，在反恐戰爭中顯得左支右絀且動輒得咎，許多軍事行動及外交工作的推進顯得艱難且緩慢。

　　正如冷戰的結束帶動了平衡理論的進化一般，九一一恐怖攻擊事件的發生、全球反恐戰爭帶來的複雜國際影響，以及美國在這一期間遭遇的諸多挫折，也使許多國際關係學者從中獲得啓發，爲平衡理論的再發展創造了新契機。傳統平衡理論研究著重於動因層次的探討，關注國際間的權力分配失衡或是安全威脅升高等情況，如何觸發國家針對他國的平衡反應。相對於此，學界對於平衡策略的關注顯得較爲稀薄，相關研究大抵皆沿用了內部平衡與外部平衡的二分觀點。但是若以此爲標準檢視國際政治環境，觀察者將會發現進行軍備競賽或組建對抗性同盟等標準的內外部平衡作爲在後冷戰時代中皆極爲少見，進而得出平衡效應未曾發生的判斷結論。但這些學者透過檢視許多國家在反恐戰爭中對美國的種種抵制行動，注意到現代國家在威脅程度有限、利益互賴深厚與權力不對等等因素交錯作用下，面臨外部安全壓力時所採取的平衡策略已和過往有所不同，展現多元、隱晦與間接等特質。換言之，平衡理論的邏輯與國際平衡效應在當前的世界中仍然成立，只是國家用以平衡他國的手段逸出了內外部平衡的傳統思路。

　　例如威脅平衡理論的倡議者華特便在《馴服美國權力：對於美國首要地位的全球回應》（*Taming American Power: The Global Response to US Primacy*）一書指出，許多中小型國家在面對美國造成的安全壓力時，雖然因爲國力落差而無力以強化軍備或締結同盟等傳統策略進行平衡，卻可以使用各種迂迴手段暗中牽制美國的行動自由並擴大其國力消耗。例如所謂的平衡不一定只能經由軍事或外交途徑達成，在國際機制遍布全球的今日，利用制度規範來約束他國的行動空間也是一種隱蔽的平衡手段。隨著相關研究逐漸增多，此類論點逐漸匯聚整合，形成所謂的「柔性平衡理論」（Soft Balancing Theory）。[11]該理論在華特與派普（Robert Pape）等學者的大力推動下，近年漸受國際關係學界矚目，許多學者紛紛投入研究工作，使其學理內涵日趨充實。

---

11 甘逸驊，〈歐盟與美國的權力關係：「柔性平衡」的適用性〉，《問題與研究》，第47期第2卷（2008年6月），頁7-8。

二、柔性平衡理論的主要內容與策略型態

　　觀察學界現行研究，可發現柔性平衡理論在論述基礎上延續了傳統平衡理論，尤其是威脅平衡理論的研究成果，主張理性國家行為體面臨威脅時會採取行動試圖平衡對手，以保障自身的安全與生存。但考慮到威脅程度並不強烈、本國與造成安全壓力的他國間可能存在共同利益，或是彼此國力落差巨大等因素，傳統平衡手段如訴諸軍備競賽的內部平衡，或是組建對抗性同盟的外部平衡在此皆非合宜的應對之道，採用較為「柔性」的做法適度制約他國似乎是較為可行的途徑，以期能削弱對手權力或對其形成約束，同時避免造成過於強烈的對立衝突，以免危害本國安全或損害國家利益。[12]參與柔性平衡理論研究的學者們由此發衍出各種策略構想。雖然不同學者提出的策略項目與名稱多有差異，但是透過梳理相關文獻，可將柔性平衡的執行策略概要整合為以下三種主要類型：

　　第一類策略型態是「有限度的傳統平衡」：過往平衡理論研究關於內部平衡與外部平衡的策略論述雖然有其道理，但是在當前利害交錯的國際局勢中，與他國進行激烈的軍備競賽，或是如美蘇冷戰競逐一般組建壁壘分明的對抗性同盟體系都不甚可行。是故國家在試圖平衡他國時，可對傳統的內外部平衡策略稍加調整，以有限而節制的方式加以執行。

　　在內部平衡策略部分，國家面對他國造成安全壓力時，仍然可以加強建設國防戰備的方式作為回應，但目標不應當是與其進行軍備競賽，而是藉由防務強化的舉措向對方釋放警告訊息，同時提高其發動軍事侵略的成本與難度以為嚇阻。[13]在外部平衡策略部分，雖然相互依賴的全球化格局導致組建抗衡特定國家的同盟體系變得困難重重，國家仍然可嘗試和其他存有相

[12] 請參考：Robert A. Pape, "Soft Balancing Against the United States," *International Security*, Vol. 30, No. 1 (Summer 2005), pp. 7-45; Stephen M. Walt, *Taming American Power: The Global Response to U.S. Primacy* (New York: W. W. Norton, 2005), pp. 126-132.
[13] T. V. Paul, "The Enduring Axioms of Balance of Power Theory," in T. V. Paul, James J. Wirtz, and Michel Fortmann eds., *Balance of Power: Theory and Practice in the 21st Century* (Stanford: Stanford University Press, 2004), pp. 1-28.

同安全顧慮的國家，以不刻意突出針對性的方式強化彼此之間的非正式安全合作，透過外交協調向對手施加壓力。[14]例如越南與菲律賓等東南亞國家於2010年後為因應中國在南海地區的勢力擴張，紛紛加強建設海軍與海警部隊，同時增進與美國及日本的海事安全合作，種種作為便在一定程度上體現出這種有限度的傳統平衡思維。

　　第二類策略型態是「規範性的平衡手段」：相較於冷戰時期，當前國際形勢的一項主要特徵是國際組織與國際法的影響力更加突出。國家的外交活動如果任意違反多邊機制規範或國際法規，則必將受到輿論的嚴厲批評，亦難以得到其他國家的認可與協助。由此，部分學者認為國家可設法利用機制與規範的影響力箝制對手。第一種可能的做法被稱為「制度平衡」（institutional balancing）或「糾纏外交」（entangling diplomacy），即利用多邊機制對其成員的規範，或是複雜的內部決策流程，牽制他國外交活動的發起和執行效率。[15]第二種做法被稱為「去合法性」（delegitimation），即透過媒體宣傳、外交發言或政策文件發表等途徑，公開質疑、批評他國的外交或軍事活動與國際法規有違，藉此將國際輿情風向導引至對其不利的方向。[16]

　　華特指出，規範性平衡手段雖然未必能直接而有力地阻止國家的對外活動，看似柔弱無力而不具備明顯平衡效果，但若長期施行將可漸進削弱對手的國家形象，並弱化其相關活動的正當性，使其在國際社會中無法取得必要的外交支持，必須耗費更多時間與資源方能達成目標。[17]美國在2003年3月向伊拉克發起的戰爭行動，在過程中便曾遭遇這類平衡策略的反制。許多國家公開質疑美國以因應大規模毀滅性武器（weapon of mass destruction, WMD）作為開戰理由缺乏有力證據支持，從而在聯合國（United Nations,

[14] Robert A. Pape, "Soft Balancing Against the United States," p. 37.

[15] *Ibid*., pp. 36-37; Kai He, *Institutional Balancing in the Asia Pacific, Economic Interdependence and China's Rise* (New York: Routledge, 2009), pp. 9-10

[16] Daniel Flemes and Rafael Castro, "Institutional Contestation: Colombia in the Pacific Alliance," *Bulletin of Latin American Research*, Vol. 35, No. 1 (2016), pp. 81-85.

[17] Stephen M. Walt, *Taming American Power: The Global Response to U.S. Primacy* (New York: Norton, 2005), pp. 109-179.

UN）內部阻止美國取得發起軍事行動的授權，導致美國國家形象及外交處境受到削弱。

第三類策略型態是「間接性的平衡手段」：這類策略的共通特點是國家選擇以建設軍力或推進外交聯合以外的手段試圖削弱對手，常見做法包含以下三者：

第一是拒絕他國的合作請求，即國家雖不與帶來安全壓力的國家正面對立，但在其要求本國提供某些協助時托辭拒絕，以圖提高其外交或軍事行動的成本和困難度。[18]美國在伊拉克戰爭期間曾向土耳其等國家請求開放軍事基地供美軍進駐卻遭到推拒，部分國家甚或禁止美軍使用其領土作為運輸路徑，相關作為便具有以拒絕合作消極制約美國的潛在意涵。[19]

第二是採取戰略性援助，即提供與對手對立的國家安全或經濟方面的援助，藉由強化對手的對手以達到間接抗衡功效。[20]例如2010年後在中國與東南亞國家因南海爭端迭生摩擦之際，同樣與中國間存在海洋主權爭端的日本，著手向菲律賓等國家提供巡邏艦艇等海事安全資源，便呈現出間接抵制中國海權擴張的策略考量。

第三是經濟性對抗，即以經貿爭議等專業議題為由，刻意向對手發起制裁措施，透過對經濟體系的打擊，間接削弱其拓展勢力或對外發起侵略的能力。[21]例如中國在處理周邊領土爭端與國際紛爭時，曾多次以稀土出口作為操作工具，向對手施加壓力以迫使其讓步。此外，美國近年在遏阻中國崛起時，著重打擊其科技產業與經貿體系，似乎也有類似的策略意圖。

---

[18] Kai He and Huiyun Feng, "If not Soft Balancing, Then What?," *Security Studies*, Vol. 17, No. 2 (April 2008), p. 373.

[19] Robert A. Pape, "Soft Balancing Against the United States," p. 36.

[20] Ilai Z. Saltzman, "Soft Balancing as Foreign Policy: Assessing American Strategy toward Japan in the Interwar Period," *Foreign Policy Analysis*, Vol. 8, No. 2 (April 2012), pp. 134-136.

[21] Robert A. Pape, "Soft Balancing: How States Pursue Security in a Unipolar World," paper presented at the annual meeting of the American Political Science Association, Chicago, USA, September 2-5, 2004.

伍、結語

作為國際關係現實主義學派的核心研究組成，平衡理論不僅具有重要學術價值，對於國際政治與各國外交政策動向的解釋能力亦頗為突出。回顧歷史進程，早期的平衡理論研究偏重於探究人性自利本質對於國家外交活動的影響，具有濃厚的哲學色彩。但在1980年代後，以華爾茲為代表的新現實主義學派，著手引入經濟學領域的知識資源，使現實主義與權力平衡理論得以成功轉型，藉由歸納體系與結構變化產生的影響效用，將其改造為高度簡明且易於操作的學理模型。

進入後冷戰時代，平衡理論隨著國際局勢的演變持續進化，華特在傳統權力平衡論述的基礎上提出威脅平衡理論，有效解決了過往研究遭遇的阻礙，也使理論解釋力進一步提升。而全球反恐戰爭的經驗，則帶動了學界對於平衡策略問題的再思考，促成柔性平衡理論研究興起，使許多學者注意到現代國家在傳統內外部平衡策略之外，還可能運用外交協調、輿情操縱與經濟援助等新型手段設法制約造成安全壓力的他國。

平衡理論近年依然呈現持續進化的趨勢，部分學者透過參考延伸柔性平衡理論研究成果，集中探討國際機制的平衡效用，使得制度平衡研究隱然有自成一格的趨勢，探討國家如何在機制平台內部運用繁複的議事規範和決策程序約束競爭對手，與當前全球經貿整合及機制網絡持續擴散的情勢密切對應。[22] 由此當可預見平衡理論在未來的國際關係研究中仍將占有舉足輕重的地位，為各國學者與政治菁英觀測評估國際政經局勢脈動時提供指引。

---

[22] 請參考：Seungjoo Lee, *The Evolutionary Dynamics of Institutional Balancing in East Asia* (Seoul: The East Asia Institute, 2012); Lukas Gajdos et al., "The Trans-Pacific Partnership and its Impact on EU Trade," *Directorate-General for External Policies Policy Briefing* (February 2013), pp. 1-29.

第(六)章　理性選擇論

楊三億

壹、理性主義緣起

理性（rationality）是人天生下來就具有的能力之一，嬰兒出生後不久就有求生本能，知道食物是生存的第一要件；年紀更長時，個人對於環境的感受力也就越強，越能了解各式環境條件對本身的生存是幫助還是挑戰。由於趨吉避凶的思維是人類與生俱來的基因，所有人對此能力也了然於胸。此種理性概念雖存在於我們的腦海裡，但要直接運用於國際關係研究仍需要一些方法與步驟。

歐洲政治發展過程中早期受到神權政治的影響，所以社會各層面發展不容易擺脫神權陰影壟罩，神權政治最重要的概念就是上帝統治，由於教會是上帝在人間的代言人，所以教會具有無上的崇高地位，上至國王加冕或皇室婚姻、下至重要官員任命與賦稅等，教會都擁有極高的影響力。拿破崙1804年稱帝時，他在巴黎聖母院舉行加冕儀式，由教皇為拿破崙佩戴皇冠，因當時最重要的政治權力基礎為君權神授。不過這套君權神授的學說不斷受到主權國家的挑戰，從而揭開了近代國際關係史的發展。

從國際關係角度來看，現代國家興起始於西方定義的1648年《西發里亞條約》（*Peace of Westphalia*）簽定後的國際體系，由於該年結束了歐洲大陸長達三十年的神聖羅馬帝國內戰、從而確立了各國主權概念。1648年前，多數國家受限於神權與君權之爭，國家走向未能完全自主；1648年後，歐洲各國逐步擺脫神權統治，走向獨立自主的發展道路，來自梵蒂岡的神權壓力逐漸退居各國政府決策環境之外。

雖然歐洲政治很早就有對神權反省的討論，但反對神權、以哪種思維取

而代之是另一個討論。歐洲不僅政治系統在很長一段時間內受神權影響，經濟、社會、文學、藝術、教育等各層面也都以神權為主要依歸，因此早於《西發里亞條約》簽署前，文藝復興便先於南歐的義大利開始萌芽，十四世紀開始便有學者、劇作家、文學家開始拋棄封建社會的宗教思維，重尋與重新建構了古希臘羅馬時期以人為主的古典文明。詩人佩托拉克（Francesco Petrarca, 1304-1374）便是其中一位代表，他收藏了許多古希臘書籍並公開陳列給有興趣的民眾閱讀，以此提倡古典文明對人頌揚的精神理念。

延續文藝復興時期的精神，十八世紀開始的工業革命則是另一個推動理性主義的重要事件，隨煤、鐵、蒸氣設備等工業知識的運用讓人類生活獲得前所未見的便利後，人類經濟、社會、政治領域便相當依賴科技，科技背後的理性主義觀點也就逐漸侵入人類的政治生活、經濟生活和社會生活各個層面。

從時序上看，文藝復興、《西發里亞條約》、工業革命等重要歷史事件將人類物質生活不斷往科技方向推進，在這個過程中，人類的精神生活也受到科技進展的影響而漸趨理性化，這個演進過程的主要特徵是人類生活從原先對神的關懷逐步轉向為對人世間的關懷，並且以理性作為解決生活各式挑戰的基本原則。

貳、理性選擇論基本概念及其運用

理性、理性主義（Rationalism）與理性選擇論（Rational Choice Theory）分別代表幾個相似卻又不同的核心概念，理性是一個名詞，多數使用在與其對立面（也就是感性）交互討論時的用語。理性多半指涉個人以推理的方式探索未知世界，以理性思考人與外界環境的互動。我們經常會說某人是理性或感性成分居多，其實指的是分析這個人的行為是多以理性為決策考量，還是多半以感性來決定行為舉止。

　　理性主義則是一種學術上特定研究途徑的分類，這與科學哲學的發展過程很有關連。近代社會科學研究朝科學主義方向發展，對社會科學來說，科學研究的各種典範，如邏輯實證（logical positivism）、可證偽性（falsifi-ability）等，皆屬於科學哲學的研究範疇。在科學哲學的大框架下，理性主義則是實踐科學研究的重要途徑，理性主義強調透過理性、推理、評估的方式可獲得真實世界解答，從這個角度來看，理性主義強調推理的概念與數學邏輯有著某種程度的相似性。

　　理性選擇論是政治學與經濟學的重要理論基礎，在政治學研究範疇中指的是一種特定的理論框架，該理論假定每個人行為依據都是根據成本效益計算而來，做出決策前，每個決策者都會盡可能的蒐集資訊，並且以理性作為計算標準，最終根據效益大小做出選擇、完成決策，後續本文將以理性選擇為主軸，介紹各次級理論的發展現況。

　　從上述的基本概念出發，以下幾個是衍生性的次級概念：

　　根據韋伯的觀察，由於社會分工越發精細、組織程序越發複雜，遵循一套合乎組織流程的規則成為當代社會的重要規範，那些為達成特定目標的手段、方法更為重要，因此程序理性（procedural rationality）試圖解答如何才能找出最有利與最合理的解決方案，遵守程序成為探索世界面貌的重要基石。實質理性（substantial rationality）目的在於提出什麼才是正確的決策，這與主觀價值很有關聯，實質理性對結果的重視超越其他，行動的意義來自於價值理念的判斷，所以有了評斷標準，行動也就被賦予了意義，理性也就因此被建立。[1]

　　個人理性（individual rationality）是另一層次的理性探討，個人理性強調個人決策過程，決策考量為個人偏好與利益獲得，所以影響決策的變因也就僅限於個人層次。集體理性（collective rationality）的決策過程參與者較多，因此部門觀點或部門利益的官僚主義、本位主義也就隨之產生，這就增

[1] Anthony McGrew and M. J. Wilson, *Decision Making: Approaches and Analysis* (Manchester: Manchester University Press, 1982), pp. 87-96.

加了集體決策的難度。政府部門間對偏好順序不一致連帶影響部門的競爭、協商與妥協，更高一層次的政府單位最終需要統籌各部門意見。集體理性的決策過程顯示，不同部門在決策過程中，要整合在成套的政策偏好（set of policy preferences）順序下是極其困難的。[2]

　　與理性相關的還有效率（efficiency）與形式（formality），效率與實質理性較為相關，著重政策能否被快速、嚴格地執行，對採取何種手段獲致目標的達成較不關心；民主是決策形式的一種，也就是程序理性的表現方式，民主的決策形式可提供不同屬性個人或群體表達意見管道。效率與民主兩種概念未必相互排斥，但多數民主國家決策時需要顧及到內部不同民意，同時也需要檢視政策制定是否合乎法治手段的要求。例如透過公民投票方式決定政策走向是民主制度的表現，但並非所有公民投票的結果都會讓政府滿意，公民投票的結果也可能會成為政府施政的絆腳石。[3]

參、理性主義的運用與次類型

　　由於理性主義是一項與人性趨吉避凶、且簡潔明瞭的研究途徑，因此許多相關理論都可以看到理性主義的脈絡，接下來本文就理性主義如何運用及各次類型理論做一介紹：

一、理性選擇

　　理性選擇論有時又會稱為理性抉擇理論，主要是探索個人決策時所為決定。在國際政治相關理論的運用中，艾里遜（Graham T. Allison）所著《決策本質》一書有其歷史經典地位，該書所提的幾個重要模型，如「理性模

---

[2]　Richard Little and Steve Smith, *Belief Systems and International Relations* (Oxford: Basil Blackwell in association with the British International Studies Association, 1988), pp. 37-56.

[3]　Kenneth N. Waltz, *Foreign Policy and Democratic Politics: the American and British Experience* (Boston, Mass: Little, Brown, 1967).

型」（rational model）、「組織程序模型」（organizational process model）以及「官僚政治模型」（bureaucratic politics model）等，爲後世據以爲一國外交決策分析重要基礎。該書分析1962年美國與古巴間爆發飛彈危機，美國當時以總統甘迺迪爲核心的決策圈是如何回應此一危機。[4]儘管1999年艾里遜與哲利考（Philip Zelikow）重新就該書進行編寫，並將前述三個模型稍稍調整爲「理性行爲者模型」（rational actor model）、「組織行爲模型」（organizational behavior model）與「政府政治模型」（governmental politics model），但基本上這三個模型仍爲理解國內決策的重要基石。在這些模型中，理性模型（理性行爲者模型）與本文討論最爲相關，該模型的重要基本概念如下：

（一）擇定目標：理性選擇第一步驟乃是建立決策目標，這個目標需要能反映出決策者或團體組織的偏好，有了目標，其後所有的行動步驟才能展開。

（二）建立選項：理性選擇的第二步驟乃是盡可能找尋所有相關資訊，並透過這些資訊以評估利益得失。蒐集資訊的主要任務乃爲建立選項，將所有設想納入可能的選項之列。

（三）選擇選項：理性選擇的第三步驟則是在一連串的選項中選擇對自己利益最大、損失最小的選項。

（四）反饋與進行下一輪的理性選擇：理性選擇的迴路持續進行，每次環境出現新的變數，決策者便依前次選擇後的結果進行分析，並作爲下一輪選擇的基礎。

　　上述理性選擇的決策步驟爲當代政治決策經典途徑，政治菁英透過各種不同情境建立各種可能方案，並最終找出符合自身利益的方式，即稱爲理性選擇論。

4　Graham Allison, *Essence of Decision: Explaining the Cuban Missile Crisis* (Boston: Little, Brown and Company, 1971); Graham Allison and Philip Zelikow, *Essence of Decision: Explaining the Cuban Missile Crisis* (New York: Longman, 1999).

二、其他相關理論

與理性選擇論相近、一樣採取理性主義思維的國際政治理論，本文挑選了以下幾個相類似的理論進行介紹：

（一）戰略三角理論

將具有互動意義的三個行為者放在一起，觀察他們三者互動模式的理論稱為戰略三角。這個理論的代表人物為羅德明（Lowell Dittmer），他很早就將美國、蘇聯、中國三方放在同一組的框架下進行分析，認為在這一群組的三個行為者任一方行為出現改變，將會對其他兩方產生影響。有鑑於此，羅德明將三行為者間的友好或敵對關係區分為下列幾種型態：[5]

1. 三邊家族型：三方都處於友好的互動關係（三方皆為朋友）。
2. 羅曼蒂克型：三方中僅一方能與其他兩方保持友好、但剩下兩方則相互為敵對狀態（一方為樞紐、另兩方為側翼）。
3. 結婚型：三方中有兩方保持友好、但剩餘一方卻與其他兩方交惡（一方為孤雛、另兩方為夥伴）。
4. 單位否決型：三方皆相互敵對、無任何一方保持友好狀態（三方皆為敵人）。

戰略三角理論是一個很容易為大眾理解的理論，觀察者可以透過該理論很清楚地了解這一組行為者過去到目前為止的互動演進狀態，同時也蘊含了高度理性的選擇判斷，因為這一組三方行為者的任一方，都希望成為樞紐（另兩方競相示好），但卻不希望落入孤雛者（被另兩方所拋棄），此種理性的區辨方式很適合對理性主義者感興趣的讀者們多加深入理解。[6]

（二）雙重賽局

雙重賽局理論（Two-level Games）與國際行為者互動角度的分析方式

---

[5] Lowell Dittmer, "The Strategic Triangle: An Elementary-Theoretical Analysis," *World Politics*, Vol. 33, No. 4 (1981), pp. 485-515.

[6] 包宗和、吳玉山主編，《爭辯中的兩岸關係理論》（台北：五南出版社，1999年），第八章，頁337-364。

不同。該理論的學者以普特南（Robert D. Putnam）為代表，他所提出的理論連結了國際與國內政治兩大層次，以此作為分析國際談判與國際共識如何可能被達成。普特南主張國家間的談判會同時在國際與國內兩層次間進行，談判兩造各由一位首席談判者為代表（chief negotiator），談判目的在於尋求達成一個能讓國內團體（如官僚機構、利益團體、或社會各不同階級人士）同意的協議，雙重賽局認為這些團體才是決定國際協議能否達成的主要契機。[7]

談判者一方面代表國家對外進行談判，因此需要與其他國家的談判代表進行議價，但另一方面談判者又可能是國內行政體系或政黨代表，因此也受到國內政治體系的拘束，談判者必須在進行談判過程中同時處理國際與國內的兩個賽局，如能在兩個賽局皆順利取得平衡，即所謂達成「勝利組合」（win-sets）。白話來說，當「勝利組合」範圍越大，即是兩造談判代表的妥協空間也就越大，進行談判時各自所持的底線也較寬鬆，這似乎就能讓國際協議更能順利達成；但反過來說，妥協空間大也可能使得議價過程中被對方操縱的可能性隨之增大，協議結果不一定符合最大利益。

總的來說，影響勝利組合大小的因素有三項，分別是：

1. 國內層次中，國內選民的權力分配、偏好與聯盟。
2. 國內層次的政治制度。
3. 國際層次中，談判者的策略運用。

這三項因素交互影響著國內政治與國際政治發展，當國內選民反對協議者較多時，政府傾向採取議題連結（issue linkage）方式，將達成協議可能帶來的好處告訴國內選民，以扭轉國內選民的立場。另外，政府對外談判時會透過操縱國內勝利組合來影響談判，例如採取「綁住雙手策略」（strategy of tying hands），這個策略的意思是釋放消息給另一方國際談判者，表示國內的勝利組合空間很小，且無協議成本也不高，讓對手國知道本國不達

---

[7]　Robert D. Putnam, "Diplomacy and Domestic Politics: The Logic of Two-level Games," *International Organizations*, Vol. 42 (1988), pp. 435-436.

成協議的代價很低。[8]

　　上述這些理性思維很大程度地反映了談判者面對國內外賽局的反應，所以雙重賽局也是理性主義的運用，接下來本文繼續介紹下一個次類型。

（三）中小型國家安全策略選擇

　　多數國際關係安全研究以大國間互動關係為主要研究對象，此種研究設計符合大國需求，而且也很大程度反映了國際現實互動格局。不過國際間中小型國家數目更多，大國的安全策略選擇模式未必符合中小型國家的選擇取向，大國所關心的生存與發展議題也不盡然與中小型國家相仿，所以一個更細緻的中小型國家安全策略選擇模型是非常重要的。

　　傳統上主權國家安全政策的策略選項可以分為抗衡（balancing）、扈從（bandwagoning）、避險（hedging）、中立（neutrality）、轉型。抗衡是中小型國家面對強權壓制時的天然選項，這些國家多以權力平衡（balance of power）方式回應強權壓迫。傳統權力平衡的樣式有許多種，例如分而治之、補償、增強軍備，或採取聯盟形式抵禦外敵等。[9]當前國際關係多見中小型國家採取與其他大國組成聯盟方式抵抗強權。從一般性的角度來看，中小型國家採取抗衡回應強權的主要因素乃是為保存國家獨立、給予國家生存留下餘裕空間的考量。[10]

　　中小型國家也可能採取扈從、順從敵對強權的政策引導，主因可能是因為小國為獲得強權提供的額外利益。「利益」的解釋角度有很多種，例如為求小國國內的政權穩定，所以小國會藉由外部力量來壓制國內反對力量；又或者小國也可以與強權合組聯盟，使本國獲得領土或國際地位優勢等。

　　避險是中小型國家在國際環境尚稱穩定、強權為逼迫小國選邊站時最常見的策略，這個策略的核心是這一群組國家通常不太願意激怒強權，所以降

8　黃瑋婷，楊三億，〈雙重賽局與愛爾蘭批准歐盟里斯本條約〉，《歐洲國際評論》，第8期（2012年7月），頁89-123。

9　Hans Morgenthau, *Politics among Nations: The Struggle for Power and Peace*, 6th edition (New York: McGraw-Hill, 1985), pp. 198-201.

10　Stephen Walt, *The Origins of Alliances* (Ithaca, N.Y.: Cornell University Press, 1987), pp. 5-6.

低與聯盟強權的軍事合作強度、改採其他方式與敵對強權互動。最常見的是方式是中小型國家透過與敵對強權的經濟交往，加強雙邊交流，保持與強權的良性政治互動，確保自身利益，因為這不僅可降低敵對強權的敵意，同時也可能創造本國更多的收益。

　　中立的選項多見於歐洲國家，這些國家或因歷史發展軌跡（如瑞士與瑞典），或因近代第二次世界大戰與民族主義之故（如芬蘭、奧地利與愛爾蘭），這些國家在軍事上採取相對嚴格的做法，不加入任一軍事性組織或與其他國家組成軍事同盟。不過後冷戰時期這一群組國家的外交政策有了改變，由原先不參與區域整合的做法，改為目前僅剩瑞士仍未加入歐洲聯盟，請參閱圖6-1中小型國家安全策略選擇的基本類型與內涵。

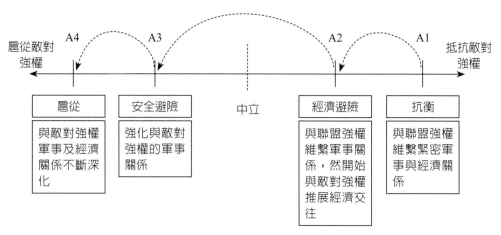

圖6-1　中小型國家安全策略選擇

　　在圖6-1中，光譜各項標點代表國家的不同策略選項，A1在本圖中被假定為原生起點策略，代表的是中小型國家與聯盟強權（allied powers）的緊密軍事與經濟關係，這個選項代表中小型國家採取全然抵抗敵對強權（hostile powers）的抗衡選項，不與敵對強權發展政軍關係。A2、A3分別代表中小型國家因為某些因素而決定從抗衡端開始轉向，開啓與敵對強權交往的各式策略。

　　第一種轉向策略是由A1向A2選項移動，這個移動的意涵在本文中代表中小型國家仍希望在軍事安全層面上維持與聯盟強權的緊密互動關係，藉此提供本國安全保證，但因為國內經濟發展所需或區域整合等因素，中小型國家開始與敵對強權發展經濟交流。這些促使這一群國家與敵對強權強化經濟交流的原因很多，例如敵對強權內部經濟成長快速，本國資金為逐利而向敵對強權國家移動，如此則可使中小型國家同獲經濟發展利益；另外一個解釋面向則是來自於中小型國家的內部因素，因為內部需求不振或進入經濟發展的瓶頸階段，相對敵對強權經濟快速崛起的發展，這一群國家為保經濟發展，因此被迫開啟與敵對強權的經濟交往政策。[11]

　　如果中小型國家不僅由A1向A2移動，同時出現了向A3選項移動，這在本文的寫作脈絡中代表了這一群國家開始重新省思他們與聯盟強權的軍事關係，開始尋求與敵對強權的軍事交往。中小型國家出現與敵對強權發展軍事交往的現象，可能來自於國內政治力量版圖的變動，由較親敵對強權的政黨上台而決定更改安全策略選擇。另外，中小型國家變更策略選擇也可能來自於本國所處的次區域安全局勢出現變動，這些國家因重新浮現的安全威脅（如領土、島嶼或海洋資源）而與區域其他國家出現緊張關係，使得這些國家為阻絕新威脅而與敵對強權進行軍事交往、找尋奧援以解決區域衝突。從次區域的觀點來看，這很類似一種小區域的戰略三角模式，也就是中小型國家回過頭來尋找敵對強權解決當前最重要的安全危機。[12]

　　最後，當中小型國家向A4選項移動時，這個意涵就代表了這些國家向敵對強權採取了全然扈從的選擇。由於中小型國家積極在軍事與經濟各方面強化與敵對強權的交往關係，使得中小型國家逐漸拋棄對抗敵對強權的策略，改採明確扈從敵對強權的做法。假使中小型國家與敵對強權完成軍事與經濟的高度整合狀態，此時即可認為改稱敵對強權為聯盟強權，中小型國家

[11] Randall Schweller, "Bandwagoning for Profit: Bringing the Revisionist State Back In," *International Security*, Vol. 19, No. 1 (1994), pp. 72-107.

[12] David Kang, "Between Balancing and Bandwagoning: South Korea's Response to China," *Journal of East Asian Studies*, No. 9 (2009), pp. 1-28.

已重新定義聯盟或敵對的對象，此時中小型國家或有可能開啓新一輪的線性調整。

　　當中小型國家的策略選擇進行改變、抵達特定位置，這一群國家的策略選擇也就隨之穩固，本文將上述相對位置的變動給予定性描述，也就是給予這些相對策略位置的名稱，藉此說明中小型國家策略選擇的模式。本文將A1視爲「抗衡」，也就是中小型國家與聯盟強權維繫緊密關係的策略作爲，此種作爲顯示中小型國家採取各式政策抵抗敵對強權的表現。在這個階段，聯盟強權無論在政治或經濟關係的表現上都是中小型國家最重要的合作夥伴，本文認爲這即是抗衡的策略選擇。

　　A2是「經濟避險」，也就是中小型國家雖然仍與聯盟強權保持軍事同盟關係，但因經濟因素而採取了避險作爲。在這個階段可發現中小型國家與敵對強權的經濟關係出現變化，一般來說，這些變化可能表現在雙方進出口的貿易增加，或雙邊貿易中出現了特殊的戰略資源項目等。因進出口貿易增加而帶來的市場、技術或資金的依賴度上升，或者因戰略物資貿易的出現使得雙方貿易敏感度提升的現象，本文認爲這即是中小型國家採取經濟避險的策略選擇。

　　A3是「安全避險」，也就是中小型國家開始與敵對強權進行軍事聯繫，以合作的方式解決區域安全挑戰，此項舉動顯示中小型國家安全策略出現變化，視區域安全危機挑戰高於敵對強權威脅，認爲與敵對強權合作可能可以遏制區域危機，此種重新定義安全威脅來源，本文稱之爲安全避險的策略選擇。

　　A4是「扈從」，也就是中小型國家由對抗敵對強權的態度轉化爲扈從敵對強權的策略選擇，決定與敵對強權在軍事與經濟各方面進行深度整合。一旦中小型國家完成此策略階段目標，敵對強權也就轉爲聯盟強權的角色，並且隱含中小型國家策略轉型出現新一輪的可能。[13]

---

[13] 楊三億，〈中小型國家的安全策略及路徑演變：以塞爾維亞、亞美尼亞與烏克蘭爲爲例〉，《政治科學論叢》，第78期（2018年12月），頁105-136。

　　中小型國家所採取的這些策略並非一成不變，這一群組國家可能因為內部環境變遷（如執政黨下台、新政黨上台）或外部環境變遷（修正強權崛起或既有強權衰弱）而調整原先策略選擇。一旦這些國家策略選擇出現變化，我們便認為策略已經出現轉型，中小型國家的安全策略轉型具有重要的研究分量，因為中小型國家不僅是強權間競爭的標的物，中小型國家靠攏哪一方強權亦將影響體系的穩定；更重要的是，台灣也屬於中小型國家之列，理解其他國家的策略選擇變化模式有助於台灣未來的發展。

肆、對理性主義的反思

　　理性、理性主義、理性選擇論與其他依此展開的相關理論可說是當前理解國際政治發展的重要主流之一，這主要是因為決策者制定政策時，成本效益分析是不可或缺的。不過強調理性的決策思維並不代表其他要素（制度、認同、價值等）應該被忽略；相對地，本書其他章節所揭示的重要研究途徑都說明國際政治的是一門複雜多變的學科，因此觀察者有必要從各種不同理論的交互觀察實際政治現象發展。雖然理性主義是理解國際政治運作的重要理論，不過本文仍須指出理性主義存在幾個值得探討的反思議題：

一、理性能否告訴決策者政策目標所在？

　　本文所指理性乃是指透過資訊蒐集、建立選項、分析比較各種選擇的利益與效用後，選擇較高利益選項以此作為行為的根據。換句話說，理性主義屬於工具理性，目的是為建立特定選擇程序，只要符合這個挑選程序，便是理性主義的運用。

　　理性雖然可以協助決策者找出最佳選項，不過理性卻沒辦法告訴決策者目標的所在，理性很難提供決策者不同政策目標的價值取向所在，例如理性能區辨同一政策領域的選項A與選項B相對利益，但假使選項A、B同時與不同領域（如國防安全和經濟發展）相關並相互衝突時，理性便很難告訴決策

者應做何取捨，因為理性無法辨別國防與經濟兩領域何者為重。前文指出實質理性的概念在於協助決策者提出什麼才是正確的決策，此種理性與決策者主觀價值很有關聯，決策者要能建立價值理念才能進行判斷，相關的行動內涵就被包覆在一個更大的意義框架之下，這時候的實質理性也才能被確立。

　　另一個質疑實質理性存在的討論，乃是關於影響決策者的情感或意識型態因素，雖然決策者可透過利益比較法則選出最佳方案，但決策者的情感、價值或認知偏誤（cognitive bias）有可能影響決策內涵，使得決策者產生判斷不精準或解釋利益不合邏輯的後果，這些情況在特定場域可見其效果，例如在憤怒、急迫或極端不友善的環境下，決策者很可能因此忽視利益的重要性，下一段將針對我們運用理性決策時的困境：「真有完全理性的決策過程？」進行討論。

二、真有完全理性的決策過程？

　　從每個人所處的社會環境來看，我們隨時身處在一個不斷變動、資訊瞬息萬變的社會之中，每天接受的資訊何其多，但時間卻甚為有限，所以我們要能在極短的時間內廣泛蒐集資訊是相當困難的，此種因時間或資源不足導致難以全面獲得可能選項的限制，我們稱為有限理性（bounded rationality）。由於現代社會資訊爆炸與外交事務的高度複雜性（例如每一項決策很可能涵蓋了安全、經濟、財政、民意等不同考量要素），決策者很難能有充足時間了解事情來龍去脈後再進行決策，因此有時決策過程是一種「含糊不清」（muddling through）的狀態，也就是在還沒有辦法把所有事情搞清楚前，決策者就因為外界壓力而被迫做決定。從心理學角度看，決策者所選擇的方案其實僅是一個「夠好的」（good enough）而非「最佳的」（perfection）方案，因為最佳方案要不無法達成，要不就是時間不允許。[14]

　　有限理性的決策過程說明了決策並非完美，決策者無法在一個完美的環

---

[14] Charles Lindblom, "Still muddling, not yet through," *Public Administration Review*, Vol. 39, No. 6 (1979), pp. 517-526.

境下進行抉擇。如果再加上決策者原本既有意識型態、情感與偏好，又或者
出現了資訊不足下的認知偏誤，這些既有的價值判斷可能忽略了趨吉避凶的
理性原則，將使得決策者擇定不合理性邏輯的選項，導致決策者出現偏誤行
為。

　　理性選擇雖然有上述挑戰，不過理性選擇論依舊是解釋當前國際關係互
動與決策者決策考量的重要依據，本文相信理性是協助個人或決策者進行選
項擇定時的重要憑藉，透過理性，政府決策將能朝利益極大、損失極小的方
向前進。不過決策者的利益要如何界定，決策者界定的利益是否為多數人所
接受，這就要日後進行更細緻的討論了。

第七章　建構主義*

崔進揆

壹、前言

　　建構主義（Constructivism）於1980年代末在國際關係學科內被提出，Nicholas Onuf和Friedrich Kratochwill是早期提倡建構主義的先鋒，Alexander Wendt則是將建構主義發揚光大成為（新）現實主義和（新）自由主義之外，國際關係另一主流理論的關鍵人物。Wendt關於能動者與結構問題（agent-structure problem），以及無政府狀態是國家所造成（anarchy is what states make of it）的詮釋被視為是建構主義的理論核心，專書著作《國際政治的社會理論》（*Social Theory of International Politics*）更被國際研究學會（International Studies Association, ISA）評選為1990年代國際關係領域最佳書籍，其重要性不言而喻。作為三大國際關係主流理論，建構主義陣營內部流派眾多，在研究方法、研究議題、核心論述等方面呈現出多元化發展的特色，而研究方法的多元性雖是建構主義有趣之處，卻也是其發展受限的關鍵原因。有論者認為建構主義嚴格來說並不是一種理論（theory），而是一種研究方法（method）或分析的架構（framework），而建構主義究竟是一種理論、方法或是分析架構，學者們各有不同的見解與定義，並無定論。此外，建構主義並非是國際關係學者或學科所獨創，而是學者們試圖將社會學的觀點帶入國際關係與國際政治的研究中所發展出來的。建構主義者認為社會與人（或行為者）的關係可以用來理解和詮釋國際社會與國家之間的關係，而國際關係可以視為是複雜社會關係的一種。除了社會學之外，部分建構主義

---

* 本研究為科技部109年專題研究計畫補助案，計畫名稱〈後伊斯蘭國時期中東區域安全：川普政府的政策調整與回應〉，計畫編號109-2410-H-005-024-。

者特別關注語言、文字、論述（discourse）對於構成人類世界和知識體系的角色與功能，因此語言學、語意學、哲學、歷史和文化研究也是此類建構主義者研究的重點。由於研究方法與議題的多元性，建構主義被認爲是學科內少數眞正做到跨學科與科際整合的理論。

貳、建構主義的緣起

　　國際關係理論建構主義主要源起於1980年代末期，該一理論的出現主要反映了學者們對於主流國際關係理論——（新）現實主義和（新）自由主義——所提出的批判與反思。建構主義在被提出後的十年間，其理論的內涵和論點不斷充實、精進，現今已與（新）現實主義和（新）自由主義並列爲三大主流國際關係理論，亦有學者將其視爲是國際關係理論的三大典範（paradigm）之一，重要性不言而喻。[1]當代建構主義的主要代表人物有Nicholas Onuf、Friedrich Kratochwill、Alexander Wendt、John Ruggie、Ted Hopf、Peter Katzenstein和Emmanuel Adler等。

　　1990年代初期國際社會經歷了冷戰的結束和共產蘇聯的解體，而國際政治的劇變，亦連帶影響了國際關係學科的發展，國際關係理論在1990年代朝向多元發展、百家爭鳴的趨勢。除了本文所討論的建構主義外，後結構主義（Post-structuralism）、後殖民主義（Post-colonialism）、女性主義（Feminism）、安全化理論（Securitization Theory）等對於國際關係或是國際政治的詮釋，在後冷戰時期裡漸漸受到學界的關注，並爲國際關係研究注入了新的動能。面對時代的劇變，學者們普遍認爲主流的國際關係理論，不論是（新）現實主義，亦或是（新）自由主義，皆未能準確地預測蘇聯的解體和冷戰的終結，故應有一套理解國際關係和國際政治發展的新方法與新觀點，而這些對於主流國際關係理論的批判與反思，也成爲建構主義和其他國

---

[1]　林碧炤，〈國際關係的典範發展〉，《國際關係學報》，第29期（2010年1月），頁11-67。

際關係理論被提出的主要原因。

　　Nicholas Onuf和Friedrich Kratochwill被視爲是國際關係學界最早提倡建構主義觀點的先驅代表，兩人有關建構主義的著作《我們所製造的世界：社會理論中的規則和原則》（*World of Our Making: Rules and Rule in Social Theory and International Relations*）和《規則、規範與決策：國際關係與國內事務中實踐與法律推理的條件》（*Rules, Norms and Decisions: On the Conditions of Practical and Legal Reasoning in International Relations and Domestic Affairs*），皆在1989年出版問世。[2]Onuf是最早在著作中使用「建構主義」（Constructivism）一詞的學者，爾後國際關係學界在談及建構主義時，亦多使用Onuf的Constructivism一詞，而非社會學界所慣用的Constructionism一字。關於建構主義，Onuf曾表示其最初的構想並非是要創建一套堅實的理論，而是一個可以用來分析各種社會關係的架構，其中當然亦包括了所謂的國際關係。Onuf認爲國際關係可以被理解爲複雜社會關係的一種，只是在國際關係中，國家取代了人，成爲組成國際社會最重要的成員。[3]雖然Onuf和Kratochwill在1980年代末就開始提出建構主義的觀點，但由於兩人最初研究的議題與國際法和政治哲學相關，因此論著寫作總讓人有艱澀難懂之感，自然也就不利於理論的創建和傳述，這一直要到Alexander Wendt的出現，才正式將建構主義發揚光大，而Wendt也被視爲是建構主義成爲主流國際關係理論典範的重要推手。

　　Wendt關於建構主義的主要論點早期發表在期刊《國際組織》（*International Organization*）中的兩篇文章，分別爲1987年出版的〈能動者與結構問題〉（Agent-structure problem），以及1992年發表之〈無政府狀態是

---

[2]　Nicholas Onuf, *World of Our Making: Rules and Rule in Social Theory and International Relations* (South Carolina: University of South Carolina Press, 1989); Friedrich Kratochweill, *Rules, Norms and Decisions: On the Conditions of Practical and Legal Reasoning in International Relations and Domestic Affairs* (Cambridge, U.K.: Cambridge University Press, 1989).

[3]　Nicholas Onuf, *Making Sense, Making Worlds: Constructivism in Social Theory and International Relations* (Abingdon, U.K.: Routledge, 2012).

國家所造成〉（Anarchy is what states make of it）。[4]有別於主流國際關係理論對於國際政治的假設，認為國際體系的特色是無政府狀態，以及體系結構（或是大國權力分配的能力）是影響國家行為和外交政策的決定性因素，Wendt在兩篇文章中提出能動者和結構之間實際上存在有共建和共構的關係，而所謂無政府狀態的現實則是國家彼此互動後所產生的結果。[5]Wendt在1999年進一步將前述兩篇文章擴增為專書的形式出版，而其《國際政治的社會理論》（Social Theory of International Politics）一書更奠定了其在學界的地位，該書亦被國際研究學會評選為1990年代國際關係最佳著作，是了解建構主義和Wendt觀點的必讀經典。[6]Wendt雖然在2018年又出版了《量子心靈與社會科學：物理學與社會科學本體論的統一》（Quantum Mind and Social Science: Unifying Physical and Social Ontology），但新作受重視的程度和討論度並未如《國際政治的社會理論》來得熱烈。[7]整體而言，Wendt對於建構主義的貢獻在於其將社會學的觀點帶入國際關係和國際政治的研究之中，而其接受實證主義國際關係理論的立場，和相對簡潔的寫作風格，讓國際關係研究者較能接受其核心論點與主張，亦促成了思想和理論的流通與傳遞，終在Onuf和Kratochwill之後將建構主義推倡成為（新）現實主義和（新）自由主義之外，另一主流的國際關係理論。現今建構主義和（新）現實主義與（新）自由主義已並列三大主流的國際關係理論，而Wendt也被視為是建構主義的大師。

---

[4]　Alexander Wendt, "The Agent-Structure Problem in International Relations Theory," *International Organization*, Vol. 41, No. 3 (Summer 1987), pp. 335-370; Alexander Wendt, "Anarchy is What States Make of It: The Social Construction of Power Politics," *International Organization*, Vol. 46, No. 2 (Spring 1992), pp. 391-425.

[5]　*Ibid.*

[6]　Alexander Wendt, *Social Theory of International Politics* (Cambridge, U.K.: Cambridge University Press, 1999).

[7]　Alexander Wendt, *Quantum Mind and Social Science: Unifying Physical and Social Ontology* (Cambridge, U.K.: Cambridge University Press, 2018).

參、建構主義的流派與重要主張

一、建構主義的流派

　　建構主義陣營內部的流派眾多，學者們對於建構主義流派的分類方法與標準也不盡相同。John Ruggie以社會科學的哲學基礎將建構主義區分為新古典建構主義（Neoclassical Constructivism）、後現代建構主義（Postmodernist Constructivism）、自然建構主義（Naturalistic Constructivism）；[8]Maja Zehfuss以建構主義的三位代表性學者Alexander Wendt、Friedrich Kratochwill和Nicholas Onuf來闡述三人的建構主義觀點；[9]Ted Hopf則將建構主義分為傳統建構主義（Conventional Constructivism）和批判建構主義（Critical Constructivism），前者關注於國際政治中的認同議題，以及國內政治和文化對於國際關係理論化的影響，後者則受到批判社會理論（Critical Social Theory）的影響甚深。[10]此外，亦有部分學者以廣義的角度將後結構主義、後現代主義也視為是建構主義的流派，只是後結構主義者和後現代主義者可能不見得認同這種分類法。本文從科學哲學與方法論上的差異，以及研究途徑的取向，將建構主義概略區分為傳統建構主義和批判建構主義，並對兩者進行簡要說明。

　　傳統建構主義和批判建構主義的主要差異，反映在學者們對於本體論、認識論和方法論立場的歧異，尤以前兩者最為重要，因為研究者關於本體論和認識論的立場，將會決定研究設計、研究問題的形成和研究方法的選擇。基本上傳統建構主義者和持實證主義（Positivism）的國際關係研究者在本體論上採取相同的立場，亦即接受所謂基礎主義（Foundationalism）關

8　John Ruggie, "What Makes the World Hang Together? Neo-Utilitarianism and the Social Constructivist Challenge," *International Organization*, Vol. 52, No. 4 (Autumn 1998), pp. 881-882.

9　Maja Zehfuss, *Constructivism in International Relations: The Politics of Reality* (Cambridge, U.K.: Cambridge University Press), pp. 10-22.

10　Ted Hopf, "The Promise of Constructivism in International Relationship Theory," *International Security*, Vol. 23, No. 1 (Summer 1998), pp. 171-200.

於世界的預設，主張一個超然獨立於人類心智以外的世界是確實存在的，而研究者則可以透過經驗法則去發掘（discover）和探索（explore）人類所身處的世界。傳統建構主義者也傾向採取解釋型的途徑來研究國際關係（explanatory approach to IR），並試圖去解答所謂「什麼類型的問題」（what-type questions），主張當行為者（actors）、社會規範（social norms）、利益（interests）和認同（identities）形成時，其相互彼此間的關係是可以被觀察和探究的，因此規則（rules）和規範（norms）如何影響國家的外交政策和對外行為，以及什麼因素造成國家出現認同的改變，是傳統建構主義者關切的問題。[11]

　　相較於傳統建構主義，批判建構主義在本體論上採取的是反基礎主義（Anti-foundationalism）的立場，認為並不存在有一個獨立於人類心智以外的世界等待著人們去發掘和探索，且人類對於所身處世界的認識與理解其實是來自於各種不同的論述和詮釋（interpretations），故批判建構主義者對於「如何類型的問題」（how-type questions）較感興趣，例如：能動者（或國家）如何確信某些特定的認同。不同於傳統建構主義者對於認同本身所具有和可能產生之影響的探討，批判建構主義者採取詮釋型的國際關係研究途徑（interpretive approach to IR），並試圖重構所謂的認同，認為語言（language）、文字（word）和論述在認同的建構過程中扮演重要的角色與功能。[12]由於批判建構主義重視語言、文字和論述對於世界構成和知識體系建構等相關議題的關注，這類型的建構主義者除了在研究中納入社會學的觀點外，亦嘗試將語言學、語意學、哲學、歷史和文化研究等領域的觀點帶入國際關係與國際政治的研究，而研究方法與研究途徑的多元性，以及對跨學科、科際整合的重視，是批判建構主義的特色。

---

[11] *Ibid.*

[12] *Ibid.*

二、建構主義的重要主張

（一）能動者與結構問題

　　主流國際關係理論，特別是（新）現實主義，認為國際體系的結構（structure），亦即體系結構的因素，是影響和限制國家行為者對外行動最重要也是最為關鍵的因素。然而，有別於主流的國際關係理論，建構主義認為能動者（國家）與結構（國際體系或國際社會）之間的關係是相互建構（mutually constructed）和相互構成（mutually constituted）的，結構可能影響能動性（agency），亦即能動者行為的能力，而能動性也同樣可能會影響結構。此外，結構或是國際體系的組成並非只有物質元素，亦有非物質的元素。相較於主流國際關係理論認為體系結構是影響國家行為和外交政策最主要的變數，建構主義認為兩者的關係並非只是單向的結構或體系影響行為者，而是一種雙向、互動的關係。簡言之，建構主義雖不否認體系結構會影響國家行為者，但國家行為者對於體系結構的認知和理解也同樣會影響體系和結構的建構。故，能動者和體系、結構兩者之間的關係是一種雙向互動的型態，且這種關係是會變動的。

　　建構主義可以用來理解美國與北韓、伊朗之間的關係。美國與北韓、伊朗彼此間長期存在的敵意（enmity）和敵對關係，可以視為是一種相互主觀的結構（intersubjective structure），亦即，彼此間的敵意是構成美國與北韓、美國與伊朗為什麼會在外交關係上呈現出如此緊張、對峙的原因。然而，美國與北韓、伊朗彼此間相互主觀的認知並非是恆久不變的，一旦這種敵意被雙方所改變，那麼兩國的關係也有可能會趨於和緩，甚至成為夥伴或朋友。建構主義認為行為者的能動性能夠改變或是增強國家間現有的關係，而這種關係可以有多種不同的面貌，國家間雖可能視彼此為敵人，但也可能因為理念、信念的轉變，而成為朋友或是夥伴。

（二）無政府是國家所造成

　　建構主義另一重要論點在於，對主流國際關係理論中所謂國際體系「無政府」（anarchy）特色的反思和再詮釋。國際體系「無政府」狀態的

假設被主流國際關係理論和大多數的國際關係研究者所接受，而體系結構的因素，特別是大國的權力分配（the distribution of power）能力被普遍理解為是影響國家對外行為最重要的決定性因素（determining factor）。（新）現實主義者認為，在無政府狀態下，求生存（survival）是國家最重要的目標，採取自助（self-help）的方式，增強自身的實力，以及追求權力，便是國家確保自身安全和追求生存最為常見和最為可靠的做法。同時，身處於無政府狀態體系中的國家行為者難以確定其他國家的意圖（intention），而這種不確定感（uncertainty）必然會驅使著國家透過採取自助的方式來確保自身的安全，進而達到生存的目標。此外，關於無政府狀態下的國家間互動關係，（新）現實主義者認為在無政府狀態下，國家彼此間具有發生衝突的高度可能性，雖然其並不反對國家間的合作有時也會出現，但主張這種合作關係就算有也僅是臨時性的，並不會持久，因為國家所追求的是所謂的相對利益（relative gains）。相對於（新）現實主義，（新）自由主義雖然也認同國際體系無政府狀態的假設，但（新）自由主義認為國家間的互動並非總是追求相對利益的零和遊戲（zero-sum game），而是對於絕對利益（absolute gains）的追求。國家追求絕對利益的意願，也驅使著彼此間採取合作的態度來交往。

　　相對於（新）現實主義認為國際體系的本質是衝突的，以及（新）自由主義主張國際體系的本質可以是合作的，建構主義認為國際體系的本質既有可能是衝突的，也有可能是合作的，而國家間的互動和彼此相互主觀的認知是決定究竟是衝突還是合作的關鍵。Wendt和部分建構主義者認為國際體系無政府的特質並不是預先給定（pre-given）或是不證自明的（self-evident），而是國家間彼此互動之後所形成的，且國際體系的本質並非如（新）現實主義者所強調的衝突，亦或是（新）自由主義者所主張的合作，一切端視於國家互動之後的結果。Wendt在《國際政治的社會理論》一書中，針對無政府的概念又進一步指出霍布斯、洛克、康德三種無政府的文

化，以及三種無政府文化下國家彼此間的認知和互動關係。[13]在霍布斯文化中，國家視彼此為敵人，亦否定對方的生存權，故衝突與戰爭是常態，也不太可能出現所謂權力平衡或是中立的策略選項。[14]在洛克文化中，國家視彼此為競爭者，雖仍會使用武力來解決彼此之間的問題，但基本上並不否定對方的生存權與主權。衝突與戰爭仍會發生，但權力均勢、中立、不結盟等策略會被國家所採用，亦會被具體實踐在彼此的互動過程中。[15]在康德文化下，國家間的關係由競爭者提升為朋友，不僅相互尊重彼此的主權，亦不傾向透過使用武力或是發動戰爭的方式來解決問題。此外，由於國家間秉持著互惠、互助的原則，故也促使多元安全共同體和集體安全制度的形成與實踐，面對侵略者，國家間會採取共同的行動來對抗之。[16]

（三）身分認同與利益的形塑

　　建構主義對於國際關係、國際政治另一重要的貢獻在於，其對於認同與利益的解釋。建構主義主張身分會決定認同，而認同是構成利益與外交政策形塑與實踐的基礎。認同的核心在於探討「我是誰」（Who am I?）的問題，建構主義認為能動者或是國家行為者在對外採取行動前，必須先釐清「我是誰」的問題，且唯有身分確立了之後，國家行為者才知道要追求什麼樣的利益，以及應該採取何種對應的措施與行動。[17]一般社會中關於老師與學生，以及醫師與病患之間的例子常被建構主義者用來解釋認同與利益及行動間的關係。對於建構主義而言，老師與學生，以及醫師和病患間的關係與互動就是建立在彼此間的身分與認同。老師扮演著傳道、授業、解惑的角色，醫師則秉持醫學的專業，來為患者治病和開立處方。學生遵從老師的教導，病患遵從醫師的醫囑。透過這種方式，師生關係、醫病關係和各種社會

---

[13] Alexander Wendt, *Social Theory of International Politics* (Cambridge, U.K.: Cambridge University Press, 1999), pp. 246-312.

[14] *Ibid.*, pp. 259-278.

[15] *Ibid.*, pp. 279-297.

[16] *Ibid.*, pp. 297-308.

[17] Jutta Weldes, "Constructing National Interests," *European Journal of International Relations*, Vol. 2, No. 3 (1996), pp. 275-318.

秩序便得以確立。同理，在國際政治中，小國與大國的身分認同亦決定了兩者對外行為和對國家利益定義的差別。對於小國而言，其所追求的利益和目標是生存；對於大國而言，其所追求的利益和目標則是主導並掌控國際秩序。

建構主義關於身分與認同的理解，也可以用來解釋國家之間的合縱連橫關係。冷戰時期，政治上的意識型態成為追隨美國或以蘇聯為首的依據，國際秩序亦呈現出東西兩大集團所各自代表的自由民主與共產威權的對抗態勢。2001年九一一恐怖攻擊事件發生後，美國小布希（George W. Bush）政府為推動反恐戰爭（war on terror），要求世界各國必須在正與邪、文明與野蠻、進步與落後的價值上做一清楚的表態，而這些價值亦成為國際反恐聯盟形成與建構的重要依據，其核心的概念就是身分與認同。[18]川普（Donald J. Trump）政府在2017年上任後，為了推動所謂的印太戰略（Indo-Pacific strategy），並圍堵中國的勢力，常常強調美國將結合「理念相近國家」（like-minded nations）來維持國際秩序，而所謂「理念相近國家」的概念其實就是身分與認同的表徵。[19]「理念相近國家」堅信自由、民主、人權的價值，而這些價值正是其競爭對手中國大陸所缺乏和為人所批評的。

（四）社會規範的功能

對於社會規範（social norms）概念的定義和詮釋，也是建構主義對於理解國際關係、國際政治的另一重要貢獻。所謂的規範可以理解為是一套限制或是規範國家行為者對外行動的機制，該一機制指導國家行為者什麼樣的行為被視為是合宜的，以及什麼樣的行為會被認為是不合宜的。[20]國家行為

---

[18] George W. Bush, "Address Before a Joint Session of the Congress on the United States Response to the Terrorist Attacks of September 11," *The American Presidency Project*, September 20, 2001, https://www.presidency.ucsb.edu/documents/address-before-joint-session-the-congress-the-united-states-response-the-terrorist-attacks.

[19] The US Department of Defense, "Indo-Pacific Strategy Report: Preparedness, Partnerships, and Promoting a Networked Region," June 1, 2019, https://media.defense.gov/2019/Jul/01/2002152311/-1/-1/1/DEPARTMENT-OF-DEFENSE-INDO-PACIFIC-STRATEGY-REPORT-2019.PDF.

[20] Michael Barnett, "Social Constructivism," in J. Baylis and S. Smith eds., *The Globalization of World*

者在確立其身分、認同的同時，其實也確立了伴隨這些特定身分、認同的規範，而這些規範促使著某些國家願意採取相同的行動和政策，因為國家行為者們認為符合這些規範的行為是合宜的，也是受到其他國家行為者或是國際社會所認可的。建構主義者常以生命週期（life cycle）的概念來解釋規範的概念，認為只有當國家集團願意採取、遵守、內化和具體實踐某個規範時，這個規範才能發揮預期的效果，並影響個別國家或是國家集團的行為。[21]

　　舉例而言，在氣候變遷的議題上，建構主義者可能指出在國際社會中的某些國家，出於對氣候變遷議題的共同關懷而形成一個集團，並進而制定共同的政策，採取相同的行動，以因應氣候變遷的問題，因為他們相信這麼做是對的事。然而，前述這些國家在氣候變遷議題上所做的努力，包括政策的制定和具體的行動，可能要歷經一段長時間的外交實踐和提倡，才能形成一套規範，並為相關國家所遵守和推動，進而發揮其影響力。除了氣候變遷議題，國際社會對於核能的使用和反核子擴散亦有一套明確的規範，這套規範被大多數的國家所遵守和採用，而違反這些規範可能就會被視為是國際秩序的破壞者，或是被標籤化為所謂的流氓國家（rogue states）。

肆、反思與總結

　　建構主義自1980年代末、1990年代初被提倡後，歷經了近十年的發展，終被接受成為三大主流的國際關係理論之一。然而，回顧理論的發展史，建構主義成為主流國際關係理論的歷程其實並不順利，主要原因可以歸納為陣營內部與外部的限制與挑戰。首先，就內部因素而言，早期的建構主

Politics: An Introduction to International Relations, 3rd edition (Oxford, U.K.: Oxford University Press), pp. 264-268.

21 Martha Finnemore and Kathryn Sikkink, "International Norm Dynamics and Political Change," *International Organization*, Vol. 52, No. 4 (2005), pp. 887-917; also see Jeffrey T. Checkel, "The Constructivist Turn in International Relations Theory," *World Politics*, Vol. 50, No. 2 (January 1998), pp. 324-348.

義學者Nicholas Onuf和Friedrich Kratochwill，其研究主要關注的焦點在於原則、規範和國際法，論著內容亦蘊含豐富的政治哲學思想與歷史，雖然在學術上的價值很高，但卻也同時造成了研讀者在學習和閱讀上的障礙，而艱澀、抽象的論點與文字，更使得讀者不容易通透、明瞭學者們的核心論述，自然也連帶影響了思想的傳遞和在學界的重視程度，這一直要到Alexander Wendt出現之後，建構主義才漸能克服前述理論發展的困境。相較於Onuf和Kratochwill，Wendt的寫作相對平易近人，而其理論亦基本上接受了主流國際關係理論的論點，如：國際體系的「無政府」狀態特色，以及「國家」是最主要的行為者。另外，在方法論上Wendt實際上採行主流論者的實證主義取向，此點雖遭受部分建構主義內部學者的批評，但卻也是其理論之所以能夠被絕大多數的國際關係研究者所接受的重要原因。建構主義在Wendt的努力之下，終於獲得學界的重視和討論，且在理論推廣上，Wendt的成就其實超越了Onuf和Kratochwill。

　　此外，相較於主流的國際關係理論，建構主義陣營內部流派眾多，彼此間在本體論、認識論和方法論上亦各具特色，且各流派所關注的議題和焦點又不盡相同，這一因素也是建構主義在理論傳遞和知識流通上並不容易的原因。舉例而言，批判建構主義者在本體論上抱持著反基礎主義的立場，認為人類所身處的世界是由各式各樣的論述所構成和建構的，故其研究除了本身所關注的國際關係與國際政治議題外，亦特別重視語言學、語意學、哲學、社會學和文化研究，並嘗試將這些學科的觀點帶入國際關係與國際政治的研究之中。然而，並非所有的建構主義者或是國際關係的研究者皆對於語言、論述和跨學科的知識具有濃厚的研究興趣，且學者們本身對於本體論的重視程度亦各有差異，而這些差異點會具體表現在研究議題、研究方法和研究問題的形成上。相對於批判建構主義者對於本體論和世界預設立場的強調，傳統建構主義者更重視知識論和方法論，並試圖找出與非物質條件相關議題的邏輯與相關性，如：認同與規範如何具有限制性與規範性，並實際影響國家的對外作為。建構主義內部關於方法論的歧見與流派的分別確實影響了理論的推展，但亦有論者認為這也是建構主義有趣和好玩之處，因為建構主義鼓

勵以多元的研究途徑和方法來探討國際關係、國際政治相關的議題。

　　除了前述內部的限制與挑戰外，建構主義也遭受了來自外部以及其他主流國際關係理論學者的批評。首先，就理論本身而言，許多學者認為建構主義嚴格來說並不算是一個「理論」，而比較像是一種研究「方法」或是研究分析的「架構」，因為受實證主義影響的學界普遍認為一個「好理論」是必須建構在嚴謹的假設和推論之上，並可為研究者或是政治實務工作者所採用來進行政策或國際情勢的判斷，甚或要能夠預測未來。然，若以實證主義對於所謂「好理論」的主張和構成要素作為評判的依據，建構主義確實是很難符合這些要件的，因為建構主義在世界的預設、本體論和認識論上不僅內部本身就存有分歧，部分流派對於前述議題的立場更與實證主義研究者截然不同，但或許就如Onuf所言，其最初提出建構主義的動機，本就不在於創建一個理論，而是試圖去提出一個可用於分析各種社會關係的「架構」，且即便是（新）現實主義亦或是（新）自由主義，兩者也很難能夠做到精確地研判國際情勢，更遑論要能預測未來了。

　　此外，在理論和政策實務的連結與運用上，建構主義往往被批評者認為其學術價值雖高，但是應用程度甚低，亦或是以「曲高和寡」來評論建構主義學者的論點，認為該理論並不能為決策者或是政策執行者提供建言和解決問題，忽略了國際關係學科本身設立的目的，以及「解決問題」（problem-solving）的重要性。相較於建構主義，（新）現實主義和（新）自由主義做到了理論的純淨化和簡潔化，且受過國際關係、國際政治訓練的決策菁英基本上對於兩大主流理論皆有一定程度的認識與理解，即便是非學術出身的政治人物亦能夠輕易理解兩理論，並將其運用在國際情勢的分析與政策實踐上。但亦有論者認為，在政治場域中，建構主義其實已在政策的形塑、規劃與執行中被默默實踐了，只是政策規劃者和執行者並未意識到自己正巧妙地運用和實踐建構主義於現實世界的國際政治中。[22] 舉例而言，在評析美國的亞太再平衡（rebalancing）政策和印太戰略時，除了可用（新）現實主義來

22　林碧炤，〈國際關係的典範發展〉，《國際關係學報》，第29期（2010年1月），頁22。

分析兩者對於軍事、安全層面的影響和美國主導下的大國權力關係與互動，以及運用（新）自由主義來探討亞太（或是印太）地區國家彼此間於國際經貿議題上的競合關係，更可用建構主義來分析美國政府如何透過強調共有理念與價值的方式，結合所謂「理念相近國家」來共同建構一個由美國所主導的世界秩序。在國際政治場域的實踐中，建構主義強調物質條件與利益的意義（meaning）與重要性（significance）需在非物質條件與利益的脈絡中去思考，而一項政策的成敗，如何取得國內群眾、國際社會成員和盟友的支持是建構主義關注的焦點。

第八章　國際社會化理論與歐盟整合

王啟明

壹、前言

　　如何理解歐盟整合（Europe Union integration）？在學術界形成區域研究的重要脈絡之一，其中，國際社會化（international socialization）理論的研究，立基於國家學習國際環境所建構的信念與規範的過程，當然，歐洲整合的理論脈絡有源自政治科學領域的功能主義（Functionalism）、新功能主義（Neo-functionalism）和自由派政府間主義（Liberal Inter-governmentalism），以及經濟學領域的關稅同盟理論（Theory of Custom Union）、最適貨幣區域理論（Theory of Optimum Currency Areas, OCA）和財政聯邦主義（Fiscal Federalism）等，這些都鑲嵌國際社會化的過程。

　　本文希冀透過梳理國際社會理論的內涵與發展，連結歐盟整合的議題，藉以理解理論與歐盟整合政策的分析。

貳、相關文獻分析

一、國際社會化理論的起始研究

　　何謂國際社會化？根據學者Frank Schimmelfennig的定義，「國際社會化是一種過程，亦即，引導一個國家朝向將國際環境所構築的信念與規範予以內化（internalization）的過程」。[1]Waltz認為「結構」（structure）是一套

---

[1]　Frank Schimmelfennig, "International Socialization in the New Europe : Rational Action in an Institutional Environment," *European Journal of International Relations*, Vol. 6, No. 1 (2000), pp. 111-112.

限制的條件，間接地影響體系內的行為，「結構」透過行為者的社會化以及行為者之間的競爭態勢來形塑，藉由社會化的作用，一方面降低多樣性（variety），另一方面則是促使團體中成員藉由規範達成一致性的標準，亦即，透過社會化使得國家行為者「涉入體系的範疇」。[2]John G. Ikenberry與Charles A. Kupchan將社會化概念化為一種學習的過程，亦即，行為者將規範與理念傳遞給其他行為者的過程。至於如何傳遞，他們提出三個假設來解釋上述信念與規範的傳遞方式，[3]其媒介主要是霸權國透過次級國家（secondary states）的菁英社群（elite communities）來達成此一歷程。

Martha Finnemore與Kathryn Sikkink則將國家社會化定義為積極的機制，藉由國際體系所建構清晰的規範、結合的實質懲戒機制與象徵國家間同儕壓力的驅使來達成。[4]Jeffrey T. Checkel認為社會化是一種學習的過程，而規範與理念在此一過程中傳遞，最終形成規範的內化。[5]Ann Kent認為國際組織能形成制度性的規範，使得成員國之間服膺於其下，並藉此提供國家間進行交流與互賴關係開展的場域。[6]

Kai Alderson認為「國家社會化」意指國家在國際體系中內化規範的過程，分為三個不同的過程：[7]第一，國家社會化是行為個體信念的轉變，含括法官、企業領導人、政客、學生以及公眾成員基於認知與社會心理學途徑所衍生的態度轉變。第二，社會化的過程是政治性的，透過國家內部行為者施展政治壓力與勸服（persuasion）的效果，迫使政府服膺特定的國際規範

[2]　Kenneth N. Waltz, *Theory of International Politics* (New York, NY.: Random House Press, 1979), pp. 73-75.

[3]　John G. Ikenberry and Charles A. Kupchan, "Socialization and Hegemonic Power," *International Organization*, Vol. 44, No. 3 (Autumn 1990), p. 284.

[4]　Martha Finnemore and Kathryn Sikkink, "International Norm Dynamics and Political Change," *International Organization*, Vol. 52, No. 4 (1998), pp. 901-904.

[5]　Jeffrey T. Checkel, "International Institutions and Socialization in the New Europe-Chapter 1: Introduction," *ARENA working papers*, WP 01/11 (2001), pp. 2-3.

[6]　Ann Kent, "China's International Socialization: The Role of International Organization," *Global Governance*, Vol. 8 (2002), pp. 343-364.

[7]　Kai Alderson, "Making Sense of State Socialization," *Review of International Studies*, Vol. 27 (2001), pp. 415-433.

來進行。第三，規範的內化（normative internalization）主要取決於規範能為國家內部制度結構提供的獲益大小，包含法律的內化以及官僚行為者被委以戮力與推動特殊規範創建的制度化工作。

Judith Kelley則是透過分析拉脫維亞、愛沙尼亞、斯洛伐克、匈牙利與羅馬尼亞等東歐國家通過少數種族立法政策，來分析國際組織包括歐盟與歐洲安全會議如何對上述國家的政策形成影響，進而使得這些東歐國家透過國際制度的運作來形塑成員的一致性與社會化歷程。Kelley進一步闡釋國際制度如何藉由社會化基礎的效果——勸服與社會影響力來引導東歐國家國內政策的轉變。[8]

總結上述學者的論點，所謂的國際社會化是指將國際規範與信念內化至國家內部結構的過程，如何內化？霸權國的勸服、內部菁英階層的要求、同儕間的壓力都是動力，並藉以研究國家行為者之間透過國際規範的建立、散布與內化的歷程，凝聚信念與理念的共識與認同，強化共同利益的認知，藉由合作的動力來強化國際社會化的歷程。

二、複雜國際社會化之分析

所謂複雜的國際社會化（complex socialization）模型，是由Trine Flockhart首先提出，其認為研究國際社會化首先要探討的是：[9]（一）為何有些個人或集體的社會團體經常會因為認同的改變，而產生行為的轉變？（二）應該如何解釋某些規範之所以被接受或內化為國內政策的原因，但又是什麼樣的原因導致其不被接受？這個模型的重點在於將能動者（agent）以及既存的結構與過程（process）三個要素進行結合，藉此來探討為何同樣的規範對於同樣的能動者會卻可能造成不同的結果（可能因為受到國內結構環境不同的影響），如：民主制度在相似的結構與歷史環境中，為何有些國家能接受有些則不行？

8　Judith Kelley, "International Actors on the Domestic Scene: Membership Conditionality and Socialization by International Institutions," *International Organization*, Vol. 58, No. 3 (2004), pp. 425-457.

9　Trine Flockhart, "Complex Socialization: A Framework for the Study of State Socialization," *European Journal of International Relations,* Vol. 12, No. 1 (2016), pp. 89-90.

　　規範傳遞在國際社會化的過程中扮演相當重要的角色，其傳遞的過程是複雜且多元的，並且可能在社會化的過程中被不同的因素所阻礙，而且大部分的案例研究都著重在菁英層次，因此Flockhart希冀能透過規範傳遞過程來建立一個結合了上述三個因素的複雜國際社會化模型，並且著重於社會化過程中的特定要素與層次（菁英和大眾）。

　　在穩定的結構下，規範會透過認同和利益對行為者的行為造成影響，也為能動者對這個複雜世界的定義提供一個認知網絡；而認同會對利益和偏好造成影響，行為者的行為會與結構（規範）和特定認同相連結。能動者對於規範傳遞來說是非常重要的，個人通常會賦予他們所屬的社會團體很高的價值，並且會用自己習慣的規範和價值去評估那些與他們自身價值不同的「社會團體」（至於被接受的就會被歸類為"significant we"）。本研究將複雜的國際社會化發展過程歸納為兩階段（如圖8-1所示）：

（一）第一階段（國際層次到國內層次）

　　人們在面對一個新的外來規範或信念價值，會先進行評估以區別那些願意接受與不願接受的規範與價值，這是複雜社會化中最重要的一個步驟，因為透過這樣的區分過程可以持續地過濾「我族」（self group）和他族（other group），才能確定哪些規範相較於其他是較為重要的。每個個人或團體都有一個濾鏡（filter）並以此進行自我評估。如果延伸到國家層次，便是國內的政府（代表菁英）與國家（代表大眾）這兩個國內層次會對施予社會化者所提出來的規範進行判斷是否認同（如果行為者產生認同，該項規範才有可能繼續傳遞下去）。

　　典型的社會化策略包括兩種：1.社會的影響（social influence，簡稱為si）：透過獎懲的分配引導行為者遵守規範，例如：法制化；2.說服（persuasion，簡稱為P）：鼓勵透過互動的社會過程使規範與行為一致，不使用物質上的因素使行為發生改變。此外，要理解國際社會化，就無法在沒有考量菁英與大眾這兩個層次的情況下達成，而要影響國內層次的政策就必須要有接近政治系統的管道，以及多數黨的菁英作為夥伴，否則並不易成功。而

┌───┐
│　　Socializin gagent (socializer)　　│
└───┘

◎Filter 1: self- and other categorizations
在複雜的國際社會化中最重要的步驟，透過這個filter可以判斷：
1. 政府（nation）和大眾（people）這兩個國內層次對施予社會化者所提出
　　的規範是否認同？亦即先區分出"in-group"與"out-group"，這兩者可以決
　　定達成社會化的難易度。此外，若國內層次對新的規範形成認同，此一
　　規範即為"significant we"。
2. 究竟應該使用何種社會化策略（social influence or persuasion）才能達到
　　正面的效果？

國際層次

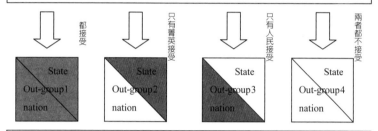

都接受　只有菁英接受　只有人民接受　兩者都不接受

State Out-group1 nation　State Out-group2 nation　State Out-group3 nation　State Out-group4 nation

國內層次

◎Filter 2: 菁英→ political structure & process（包括政府、行政部門）
　　　　　　大眾→ political culture and participation tradition
1. 國家的發展程度會對社會化的速度造成影響。
2. 要將規範傳遞到國家層次通常比較容易達成，因為菁英通常較願意聆聽
　　與接受新觀念，相較之下國家層次的人民較易受到既有的特定文化或傳
　　統的影響，因此較難改變。

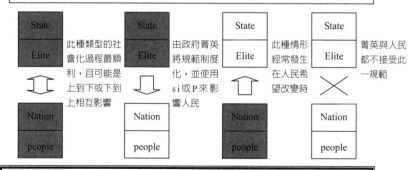

此種類型的社會化過程最順利，且可能是上到下或下到上相互影響　　由政府菁英將規範制度化，並使用si或P來影響人民　　此種情形經常發生在人民希望改變時　　菁英與人民都不接受此一規範

┌───┐
│ ＊「複雜社會化」模型的主要功能是指出規範成功擴散的先決條件：　│
│ 1. 先形成一個大家都接受的規範（significant we），國家或人民其中一個接受即可。│
│ 2. 將在 filter 中可能遇到的障礙與社會化的代理人預先概念化。　│
│ 3. 選擇一種可利用的社會化策略。　│
└───┘

圖8-1　複雜社會化結構圖

國際社會化可能被接受與不被接受的情形有四種：國家和政府層次都接受、只有政府接受、只有大眾接受、兩者都不接受。

（二）第二階段（國內層次中菁英與民眾的互動）

在國內層次中，社會化傳遞的速度會受到國家發展程度高低的影響，例如菁英接受社會化的程度主要受到政府與行政部門的影響，因此要將規範傳遞到政府的層次是比較容易達成的，因為菁英通常較願意聆聽和接受新觀念；相較之下，國家層次的人民較易受到既有的特定文化或傳統的影響較多，因此透過說服的方式較難改變，且需要花費較長的時間。至於社會化的策略，一般認為物質的獎懲對國內層次的民眾會產生比較積極的影響，但是有些國家因為本身經濟或政府腐敗的問題，反而成為執行強制手段時的阻礙。

規範傳遞的結果可歸納為四種情形：

1. 政府（接受）→民眾（接受）：此種類型的社會化過程最為順利，可能是由上到下或由下到上相互影響；（I）
2. 政府（接受）→民眾（未接受）：此種情形必須透過政府菁英將規範制度化，以及透過獎懲與說服的方式來改變人民的認同；（II）
3. 政府（未接受）→民眾（接受）：此種情形經常發生在人民希望改變現狀時，並可能會對政府政策造成挑戰；（III）
4. 政府（未接受）→民眾（未接受）：規範完全無法傳遞。（IV）

綜上所述，可以發現在複雜的社會化模型中，要建立一個成功的規範傳遞過程的先決條件為：[10]（一）必須有一個關鍵性的規範，並且被菁英或大眾其中一個層次接受即可；（二）將社會化過程可能遇到的障礙與社會化的代理人預先概念化；（三）選擇適合的社會化策略。傳統的國際關係通常對國家之間的興趣大於對國內的特定情況，但是通常國家政策的改變是來自於

---

[10] Trine Flockhart, "Complex Socialization: A Framework for the Study of State Socialization," *European Journal of International Relations,* Vol. 12, No. 1 (2016), p. 109.

國內的改變，因此「國際」和「國內」相互構築的關係成為影響社會化成敗的關鍵。

三、垂直與水平社會化之分析

根據相關學者對於國際社會化概念的論述可以發現，學者針對此領域的論述經常以闡述概念為主，並且主要分為兩種類型：第一種類型是將國際制度視為影響和規範國際行為者的主要媒介，並經常提及國際組織在成員國內化制度上所扮演的重要角色；第二種則是以霸權國為加諸社會化的主要行為者，這種類型的社會化主要是以權力結構的不均衡為出發點，強調霸權以物質力量作為勸說的威嚇能力，透過利誘甚至是直接干涉的方式來影響其所欲同化的國家。

本文則將所謂的「水平社會化」歸類為兩種情形。首先，國際組織或國際規範內的成員國可能會因為受到入會條件的限制而不得不接受新的制度和規範，甚至有些國家在進行協商和對話的過程中會產生國家學習的歷程而自願進行國家內部的政策調整，然而這也意味著這些成員國通常是在衡量過加入組織的成本與利益之後所做出的選擇。另一種情形則是，國際制度所形成的規範得到了國際社會上大多數國家的普遍認同，雖然國際規範的形成與作用不能排除權力因素，但是一旦能讓國家成員改變其認同與信念，決策者便會願意接受該規範的約束，甚至進一步將國際制度內化為國家政策。

準此，國際制度則為水平社會化的主要影響媒介，身處國際制度中的特定國雖然不能僅以單一行為者之所欲來強迫其他國家接受他所提出來的政策，但卻仍具有主導議題的能力，並可以利用社會化的途徑來將其所倡導的理念水平擴散（例如反恐主義），一旦特定國提出的議題通過且成為新的制度，所有的成員國便必須完全遵守。制度化所帶來的正當性使得特定國能透過國際組織這個場域來擴張其影響力，一方面對其他強權國家施加壓力，另一方面藉由與其他國家合作來展現出其善意霸權的面貌。

至於本文所謂的「垂直社會化」則泛指特定國家對單一國家所採用的社會化途徑。通常特定國家會採用勸服、物質誘因或直接干涉內部再造的方式

影響國家內部的菁英社群或民意，一旦主要的決策者或壓力團體開始對特定
國家的觀念產生認同，便會回頭著手針對內部的政策進行調整，抑或政府在
已接受特定國家理念的前提下，改變國家內部菁英社群與民意的意向，如此
便能達到特定國家所希冀的目的。

參、區域整合脈絡分析

　　根據Bruce M. Russett的說法，區域主義乃指地理位置具有鄰接性（geo-
graphic proximity）、人文傳統相近以及歷史上交往密切的國家所構築的自
然地區，亦可指由某一地理界線所劃成的地區，甚至是指透過政治、軍事結
盟所形成的區域概念。[11]亦即，地緣關係並非為區域主義的必要標準，構築
區域主義亦可由經濟層面、政治領域甚或軍事安全上的互賴，以及文化層次
等非地緣關係作為衡量的標準。以下便從歷史與理論的脈絡來分析區域主義
的實質內容。

一、歷史的脈絡

　　若從歷史的脈絡分析二十世紀以來的區域主義，根據堤羅（Mario
Telo）的見解，大致可將區域主義區分為三個階段：第一階段乃是指從第
一次世界大戰後至50年代，第二階段則在60年代到80年代，第三階段則是
90年代後迄今。[12]在第一個階段，區域主義所展現的議題在於戰後秩序的
重整、安全體系的建立，以及經濟情勢的復興。國際聯盟（League of Na-

---

[11] Bruce M. Russett, "International Regimes and International System," in Richard A. Falk and Saul H. Mendlovitz eds., *Regional Politics and World Order* (San Francisco: W.H. Freem and Company Press, 1973), pp. 181-187；相關概念亦可參考Edward D. Mansfield and Helen V. Milner, "The Political Economy of Regionalism: An Overview," in Mansfield and Milner eds., *The Political Economy of Regionalism* (N.Y.: Columbia University Press, 1997), pp. 3-4.

[12] Mario Telo, "Introduction: Globalization, New Regionalism and the Role of the European Union," *European Union and New Regionalism—Regional actors and global governance in post-hegemonic era* (N.Y.: Ashgate Publishing Company, 2001), pp. 1-5.

tions）的成立，代表著戰後安全與秩序的重建，而英國所扮演的霸權（he-gemony）角色，也提供經濟制度的建立與維繫。

在第二階段，以美國為中心的霸權穩定理論，更奠定經濟區域主義的延展，其中，歐洲共同體（歐盟的前身）所推動的經濟暨貨幣政策，加速區域整合的契機。其中，包括亞洲、非洲與拉丁美洲等地區，也逐步開展區域整合的態勢。亦即，在此一階段，區域整合的歷程展現出區域主義的實踐。

在後霸權時代（post-hegemonic era）的第三個階段，區域主義已成為新世界體系中不可或缺的組成要素，尤其是區域組織的發展，偏重於整合功能的歷程，成為區域整合的象徵。包括歐盟、北美自由貿易區（NAF-TA）、亞太經和會（APEC）、安地斯共同體（Andean Community）以及南錐共同體（MERCOSUR）的成立等，都顯示出區域主義深化與廣化的軌跡。

準此，區域整合（regional integration）運動的開展，則是代表著區域主義逐步地國際組織化。其實，早在1828年，普魯士就已建立關稅同盟，更逐步促使巴伐利亞邦的關稅同盟、中德的消費聯盟、德意志關稅同盟、北德稅務聯盟的建立，最後成為德意志統一的重要關鍵。此波的整合效益在1848年擴溢至瑞士，並促成瑞士的市場與政治聯盟的整合，[13]茲將區域整合在各區域成形的歷程，表列於後。

由表8-1可知，早在十九世紀初，歐洲就已經展開區域整合的模式，大都以關稅同盟為主，透過關稅、配額限制與匯率議題的功能性合作，強化成員間在實質政策層面的趨同，藉以形塑共同市場甚至建立單一貨幣的基礎。

表8-1　歐洲區域整合方案歷程

時間	整合的方案	目的
1823-1833	Bavaria-Wurttemberg Customs Union	共同關稅

---

[13] Walter Mattli, *The Logic of Regional Integration—Europe and Beyond* (N.Y.: Cambridge University Press, 1999), p. 1.

表8-1　歐洲區域整合方案歷程（續）

時間	整合的方案	目的
1828-1831	Middle German Commercial Union	緊密的消費聯繫（無共同關稅）
1834	German Zollverein	作為德國政治統一的經濟基礎
1834-1854	Tax Union (Steuerverin)	具有共同關稅的組織
1838	German Monetary Union	固定稅率
1847	Moldovian-Wallachian Customs Union	建立羅馬尼亞的基礎
1848	Swiss Confederation	形成瑞士的經濟與政治統一
1857	German Monetary Convention	維繫普魯士各邦固定匯率的穩定
1865	Latin Monetary Union	法國法郎區的聯盟
1875	Scandinavian Monetary Union	克郎區的貨幣聯盟
1944	Benelux (Customs Union between Netherlands and the Belgian-Luxemburg Economic Union)	荷、比、盧三國間的關稅協定
1952	European Coal and Steel Community	建立煤與鋼鐵的聯營共管
1958	European Economic Community	移除關稅與配額限制、共同對外關稅、共同農業政策
1960	European Free Trade Agreement	消除非農產品的所有關稅
1979	European Monetary System	建立成員國間的穩定匯率
1993	European Union	共同市場的建立
2002	Euro	使用單一貨幣

　　在美洲區域整合的發展上，二十世紀中期的「大哥倫比亞經濟關稅聯盟」是建立區域整合的開端，帶動中美洲共同市場、自由貿易與共同工業計畫的實施，成為北美自由貿易區建立的基礎，此部分可參考表8-2。

表8-2　美洲區域整合方案歷程

時間	整合的方案	目的
1948	Gran Colombia	建立大哥倫比亞經濟關稅聯盟計畫
1960	Central American Common Market	關稅同盟與共同工業計畫

表8-2　美洲區域整合方案歷程（續）

時間	整合的方案	目的
1960	Latin American Free Trade Association	自由貿易聯合帶動共同工業計畫
1969	Andean Pact	關稅同盟與共同工業計畫
1973	Caribbean Community	關稅同盟與共同工業計畫
1989	Canada-US Free Trade Agreement	移除所有貿易壁壘
1991	Mercado Comun del Sur (MERCOSUR)	建立貨物、資本與勞力的單一市場
1994	North American Free Trade Agreement	消除區域貿易內關稅與非關稅壁壘

　　由表8-3分析，1967年成立的東南亞國協是開啓亞洲自由貿易與共同工業計畫的重要機制，「南非關稅同盟」則是帶動非洲地區貨物市場整合的場域，包括其後開展的「西非貨幣同盟與經濟共同體」、「西非國家經濟共同體」與「東南非國家間的關稅貿易區」等，皆是基於關稅層面的合作所形塑區域整合的態勢。而在中東地區方面，1981年的「海灣合作委員會」則是啓動關稅同盟的機制，此外，澳洲與紐西蘭也透過貿易協定的簽訂消除所有貨物的關稅，作爲區域經濟合作的基礎。

表8-3　非洲、亞洲、太平洋地區與中東地區區域整合方案歷程

時間	整合的方案	目的
1967	Association of South East Asian Nations	自由貿易區與共同工業計畫
1969	Southern African Customs Union	貨物市場的整合
1972	West African Monetary Union and Economic Community	自由貿易區的建立
1973	Union Douniere Economique de l'Afrique Centrale	關稅同盟
1975	Economic Community of West African States	完整的經濟整合
1980	Southern African Development Coordination Conference	減少對南非的依賴並透過合作計畫強化區域發展的平衡
1981	Gulf Cooperation Council	關稅同盟與政治合作

表8-3　非洲、亞洲、太平洋地區與中東地區區域整合方案歷程（續）

時間	整合的方案	目的
1983	Australia-New Zealand Closer Economic Relation Trade Agreement	消除所有貨物的關稅
1984	Preferential Trade Area for Eastern and Southern Africa	消除所有貨物的關稅
1989	Asia Pacific Economic Cooperation Forum	自由貿易協定

資料來源：Jacob Viner, *The Customs Union Issue* (N.Y.: Carnegie Endowment for International Peace, 1950); Sidney Pollard, *European Economic Integration 1815-1970* (London: Harcourt Brace Jovanovich, 1974); Jeffrey Frankel, *Regional Trade Blocs in the World Economic System* (Washington: Institute for International Economics, 1997).

　　從歷史的脈絡分析，國際體系的架構是形塑區域整合發展的外部環境因素，以歐洲的區域整合為例，十九世紀初巴伐利亞邦的關稅同盟是在普魯士走向德意志統一的架構下所形成的，當下的國際體系則是處於拿破崙戰後，歐洲國際社會呈現多極的態勢所致。亦即，在多極的國際體系結構，成員間接觸頻繁且互動議題多元，強化區域性的特質，進而推展區域化的歷程與區域整合的態勢。再者，二十世紀後期的區域整合蓬勃發展之外部環境結構，亦是呈現出蘇聯解體後的多極體系，準此，國際體系從兩極轉變為多極的型態，更強化成員間互動的動能。

　　此外，區域內合作議題的推動，則是來自於內部成員間的互動與認知而來，這其中涉及到許多層面，包括國家學習、國際組織的作用以及知識社群（epistemic communities）的影響等，亦即，區域整合形塑出同儕國家之間的社會化行為。

二、政治科學領域

　　若從理論層次來分析區域整合的內涵，則可分為政治科學領域與經濟學領域兩個層面，在政治科學領域方面，主要透過功能主義、新功能主義與自由派政府間主義來進行分析。

（一）功能主義

功能主義是由David Mitrany所倡議的，他認為整合是一個過程，不僅是一個逐漸走向和平與繁榮的過程，亦是一種和平階層（working peace），主要是如何將國家積極地聚合在一起的過程。[14]他提出「實用功能途徑」（pragmatic functional approach）的方案，此種過程必須藉由國際功能性的制度——國際組織——所構築的工作網絡來運作，透過「分枝說」（doctrine of ramification）來強化功能性合作的擴散性。[15]亦即，某一部門的功能性合作會有助於其他部門的合作，或是開啟其他部門合作的動因。以歐洲交通網絡為例，歐洲的鐵路、公路、海上航運與航空運輸必須在時間和聯繫層面進行技術性的協調，功能性國際組織的建立不僅必須制定出分配陸地與海上運輸合作的機制，進一步與運輸物品、生產與交易相關的機構進行合作，這就顯示出「分枝」的功能性。

此外，功能主義者認為整合是一種「由下而上」的過程，功能性的合作是由低階層政治（low-politics）領域，包括經濟與社會生活開展，基於社會對於經濟利益的需求，透過合作建立共同的認知，以跨越國界的經濟力、社會力的流動來達成目的。透過全球經濟整合所建構的榮景將是形成穩定與和平的國際體系之屏障，而經濟的統一最終會促成政治的統一。[16]

總之，功能主義者是藉由功能性國際組織的擴散，誘使國家之間在低階層政治的領域進行合作，最終希冀能達成政治統一的目標。

（二）新功能主義

新功能主義則是由Ernst Haas所提出。Haas認為整合可以增進國家間的互動，提升民族國家各自所處環境之聚合的過程。新功能主義者更強調經濟整合應以區域為場域，不僅重視超國家組織的建制，更對組織的目標、

---

[14] David Mitrany, *A Working Peace* (Chicago: Quadrangle Books, 1966), pp. 90-92.

[15] *Ibid.*, p. 97.

[16] Claude, "Swords into Plowshares," in Karl Deutsch et al. eds., *Political Community and the North Atlantic Are: International Organization in the Light of Historical Experience* (Princeton: Princeton University Press, 1968), pp. 378-391.

範圍、內部之權力結構、決策程序等議題提出建議。[17]據此，新功能主義者提出三個整合的核心概念：功能性外溢（functional spillover）、政治性外溢（political spillover）以及提升共同利益（upgrading of common interests）。

　　功能性外溢是基於在現代化工業經濟的不同部門間存在著高度的互賴，某一部門的任何整合行為不僅會達成最初始的目標，更創造出與相關部門更進一步的行動。[18]政治性外溢則是描述適當行為的過程，包括漸進式的期望轉變、價值的改變以及參與國家內政治利益團體與政黨在功能性部門進行跨國的聯合，亦即，透過菁英層級進行功能性的合作，除了修正觀念與行為外，更進一步達成政策的外溢效果。[19]提升共同利益是透過制度化機制來扮演成員間的協調者，誘使參與者接受提升共同利益的建議，並尋求妥協之道，進一步強化核心制度的權力基礎。

（三）自由派政府間主義

　　自由派政府間主義是由Andrew Moravcsik提出，他認為自由派政府間主義是指在某一區域中，居領導地位國家間的政府領袖，透過一連串談判的進行，來達成整合的歷程。[20]在區域整合的議題上，一方面，國家利益是由經濟互賴所形成的限制與機會產生；另一方面，國家間談判的結果是取決於相關政府的權力與功能性的誘因，透過制度的場域來降低交易成本以及達成各自國內所重視議題的期望。準此，自由派政府間主義著重於各國政策偏好，在整合的過程下，透過談判來進行聚合。

　　Moravcsik以自由派政府間主義分析歐盟，試圖將其理解為，理性的成

---

[17] Ernst B. Haas, *Beyond the Nation-State: Functionalism and International Organization* (Stanford, California: Stanford University Press, 1964), pp. 47-49.

[18] Leon Lindberg, *The Political Dynamics of the European Economic Integratio* (Stanford, California: Stanford University Press, 1963), p. 10.

[19] Ernst B. Haas, *Beyond the Nation-State: Functionalism and International Organization* (Stanford, California: Stanford University Press, 1964), p. 409.

[20] Andrew Moravcsik, "Negotiating the Single European Act : National Interests and Conventional Statecraft in the European Community," *International Organization*, Vol. 45, No. 2 (1991), pp. 19-56.

員國政府以各自偏好和權力爲基礎，追求各自所欲達成戰略的一種結果，其場域在於議程安排下所進行的政府間談判。當然，成員國間進行交易的結果，便展現出歐洲整合的歷程。

　　根據表8-4的分析，就行爲者而論，功能主義強調專門性政策組織的作用，並以分枝說爲論述重心；自由派政府間主義則以國家爲核心，強調政府間協議的重要性；新功能主義則是重視政治菁英與超國家單位的結合，三者皆希望能達到政治與經濟的整合目標。

表8-4　有關區域整合理論的比較

理論類型	功能主義	新功能主義	自由派政府間主義
行爲者	專門政策組織	政治菁英	國家
重心論點	1. 整合是個過程 2. 分枝說 3. 忠誠度會改變	1. 對功能主義做修正 2. 外溢→溢回 3. 提升共同利益	1. 主權爲中心 2. 制度的手段性 3. 政府間協議
結果	1. 建構一個共同的技術面向 2. 透過國家間日益緊密的關係之加強 3. 跨國組織模式 4. 國家界線不復存在	1. 政治菁英與超國家單位的結合 2. 從政治層面整合到經濟、內政等層面	1. 尋找最低共同利益點 2. 保護性策略 3. 受制於利益團體及選民
代表	歐洲單一貨幣	歐盟憲法	
共同性	1. 效應溢出擴散是整合動力 2. 最後目標是克服民族國家的障礙 3. 達到政治、經濟整合目的		

資料來源：作者自行整理。

三、經濟學領域

　　區域整合的經濟學領域分析，包括關稅同盟理論、最適貨幣區域理論以及財政聯邦主義。

（一）關稅同盟理論

關稅同盟理論是由Jacob Viner所提出，不同於功能主義與新功能主義聚焦於制度與過程，其研究重心在於貨物市場，以及關注上述市場非歧視性福利的合併。[21]根據Viner的論點，關稅同盟的建立需包含減少內部的貿易障礙以及達成非會員國入口關稅的同等化，透過上述的效益，將使得成員國家間的交易成本更為降低，而更增加因整合所獲得的淨收益。不過，此種關稅同盟的形式，對於參與成員國而言是自由貿易的形式，同時也是「保護」的政策，造成「貿易創造」（trade creating effect）與「貿易移轉」（trade diversing effect）的效應。亦即，透過關稅同盟的政策，參與國可藉由進口其他成員國的廉價商品來取代本國同質產品，本國的無效率生產被其他成員國取代，本國可重新配置資源，且本國消費者得以更低的價格消費此商品，使得參與國的社會福利提升，形成「貿易創造」的效果。此外，在關稅同盟的架構下，成員國僅能就參與國間購買本國原本採取進口的產品，此措施會使得該國購買到價格較高的參與國進口產品，而非原先價格更低的非參與國產品，此即增加該國的進口成本，造成參與國社會福利的減少，形成「貿易移轉」效果。此兩種效應是形塑關稅同盟建立的關鍵因素。

（二）最適貨幣區域理論

最適貨幣區域理論不同於關稅同盟，其目的在於創造貨幣同盟，而此一理論之先驅者為Robert Mundell。Mundell對此提出兩個核心的概念，[22]第一，在此一貨幣區域內，不僅存在共同貨幣的流通，其匯率亦是固定不變的，並藉以達成三個目標，亦即，1.維持完全的就業；2.維持平衡的國際支付；3.維持穩定的內部平均價格。第二，在上述的貨幣區域內，在不受到貨幣與財政政策干涉下，有能力完成內部平衡（完全就業與低通貨膨脹）與外

---

[21] Jacob Viner, *The Customs Union Issue* (N.Y.: Carnegie Endowment for International Peace, 1950), pp. 12-20.

[22] Robert Mundell, "A Theory of Optimal Currency Areas," in R. A. Mundell and A. K. Swoboda eds., *Monetary Problems of the International Economy* (Chicago: University of Chicago Press, 1969), pp. 39-48.

部平衡（支出平衡）。

　　Ronald McKinnon則提出以「經濟開放程度」作爲衡量OCA的標準，[23] 其中，匯率的變動對於經濟開放程度高的國家影響很大，所以，對於經貿關係密切且經濟開放程度高的國家而言，組成單一貨幣區並實施固定匯率以達到穩定市場價格的動機就相對提升。此外，包括P. B. Kenen提出以「產品多樣化程度」作爲最佳貨幣區建立的指標，亦即，產品多樣性具有分散風險的作用，所以，相關產品多樣性程度較高的國家所結合成的貨幣區，經濟環境相對穩定。[24] J. C. Ingram則從以國際經濟社會特徵提出「國際金融高度整合」作爲分析的觀點，認爲金融市場的整合程度越高，就越不需要在國際間藉由匯率調整來改變相對價格或成本。[25] J. M. Fleming則將「通貨膨脹率的趨同性」作爲分析指標，說明當成員國間具有相近的通貨膨脹率與相關政策的整合，才可能保持固定的匯率。[26] E. Tower與T. Willet則是以「貨幣區成員國間的政策一致性」作爲衡量的標準，亦即，成員間在政治經濟目標上具有完備的協調，才有可能建立最適貨幣區。[27] 上述學者都希望透過不同的分析指標建立研究「最適貨幣區」的途徑。

（三）財政聯邦主義

　　財政聯邦主義是公共財政理論的分支，主要是探討聯邦國家內所引起特殊的財政問題，包括公共財、稅賦、公債的影響等議題。Musgrave與Oates則認爲傳統的財政聯邦主義，是關於公部門功能合理分配和不同層次政府間

---

[23]　Ranold McKinnon, "Optimum Currency Area," *American Economic Review*, Vol. 53, Issue. 4 (1963), pp. 717-725.

[24]　P. B. Kenen, "Theory of Optimum Currency Areas: An Eclectic View," in R. A. Mundell and A. K. Swoboda eds., *Monetary Problems of the International Economy* (Chicago: University of Chicago Press, 1969), pp. 41-60.

[25]　J. C. Ingram, "Comment: the Currency Area Problem," in R. A. Mundell and A. K. Swoboda eds., *Monetary Problems of the International Economy* (Chicago: University of Chicago Press, 1969), pp. 95-100.

[26]　J. M. Fleming, "On Exchange Rate Unification," *Economic Journal*, Vol. 81 (1971), pp. 467-488.

[27]　E. Tower and T. Willet, "The Theory of Optimum Currency Areas and Exchange Rate Flexibility," *International Finance Section*, No. 11 (1976), pp. 663-685.

財源合理分配的理論，[28]亦即，中央政府應承擔經濟穩定的功能與提供全國性的公共財（例如國防）。此外，許多探討財政聯邦主義的議題，都與研究區域制度的建立相關，特別是歐洲的例子——在歐盟會員國間，關於自由貿易與資本流動，朝向貨幣同盟的歷程，以及財政協調的意願性等。[29]亦即，財政聯邦主義的貢獻不僅在於促成經濟整合的適當政策協調，更連結私有市場與創造新制度的演進。

肆、結語

國際社會化是一種過程，是國家進行學習的過程，是國家學習如何將理念、信念、價值觀、知識以及社會化的主體內容傳遞給其他行為者，建立國際規範，進而將國際環境所構築的信念與規範予以內化為國家內部規範的過程，亦是學習共同利益認知的建構過程，更是基於實踐社會化內容而達到涉入國際體系的目的。此外，傳遞社會化主體性內容的媒介，在行政層次包括國際體系的型態、霸權（強權）國的影響、同儕國家間的壓力、以及國家間的高峰會議舉行，直接促成參與國家對於國際社會化主體性的內容進行互動，進而譜出建立國際共識與規範的樂章。

---

[28] Richard A. Musgrave, *The Theory of Public Finance: A Study of Public Economy* (New York: Mc-Graw-Hill, 1959); Wallace Oates, *Fiscal Federalism* (New York : Harcourt Brace Jovanovich, 1972).

[29] Walter Mattli, *The Logic of Regional Integration—Europe and Beyond* (N.Y.: Cambridge University Press, 1999), p. 38.

第九章 非傳統安全：以人本論取代國家中心論

譚偉恩

壹、前言

　　全球化曾為國際關係研究者帶來許多反省，特別是對主權國家（sover-eign state）此一組織實體的確切意涵及實質功能進行反思。這樣的反思在安全研究（security studies）領域推動了一股淡化國家中心論的新安全觀：人類安全（human security）。[1]

　　人類安全的論理邏輯十分嚴謹，先從「人」作為國家得以存在之必要條件闡釋人為本，國為輕的主張，進而透過對威脅源的判定，指出國家本位安全觀的盲點，例如無法解釋內戰或境內野火對國家生存安全無傷，但卻每每對「人」這個構成國家的必要條件造成嚴重之生命、身體或財產上的損傷。此外，人類安全的本質有很深的人類基本權思考，故而只要是「人」便應獲得無差異的平等安全，[2]以無歧視的方式實踐七種類型的人類安全，[3]而這

---

[1]　「人類安全」在學理本質上並不必然專屬於非傳統安全（non-traditional security, NTS）；相反地，在移除以主權國家為中心思考的前提下，任何攸關一個人的安全事項可以成為人類安全的研究範疇，包括軍事議題。對比之下，NTS不拘泥於安全主體的指涉，但謹慎地將自己與軍事議題加以切割。基於本章旨在鏈結國關理論和非傳統安全，文中將以排除軍事議題的前提進行論述；此外，鑑於國家中心論的安全研究在文獻上已汗牛充棟，本章嘗試以人為中心的觀點（human-centric perspective）來闡述非傳統安全，在此合先敘明。近似立場或觀點的研究文獻可見：Roland Paris, "Human Security: Paradigm Shift or Hot Air?," *International Security*, Vol. 26, No. 2 (Fall 2001), pp. 87-102; 蔡育岱、譚偉恩，〈人類安全概念之形塑：建構主義的詮釋〉，《政治科學論叢》，第37期（2008年9月），頁49-93。

[2]　但德國學界曾嘗試將「人」進行區分，並提出「『敵人』刑法」的概念，即對於破壞社會秩序特別嚴重之行為者，將之標示為敵人，而後剝奪去適用一般正常法律的權利，轉以針對敵人的法律來進行制裁。詳見：蔡育岱、譚偉恩，〈敵人刑法與安全化理論：國際實踐和理論衝突〉，《中正大學法學集刊》，第28期（2010年1月），頁77-120。

[3]　分別是：經濟安全、糧食安全、衛生安全、環境安全、人身安全、社群安全、政治安全。詳見：UNDP, *Human Development Report 1994: New Dimensions of Human Security* (Oxford: Oxford

也是聯合國自1994年提出人類安全這個概念以來，接續在千禧年發展目標
（Millennium Development Goals）和永續發展目標（Sustainable Develop-
ment Goals）所一直努力之方向。

　　上述普世人類基本權的倡議讓人類安全與「和平研究」（peace stud-
ies）產生聯繫，並進而突顯出和平與安全不必然等同的微妙之處。[4]對某些
國際關係理論來說，國家安全（national security）有時可以犧牲它國安全
作為代價，例如藉由征服它國的油田來強化本國的能源安全或透過貶值本
國貨幣來強化出口競爭力的以鄰為壑。這樣的安全思考是自利主義（Ego-
ism），視安全為具有「所有權人」（ownerships）的概念，因此應該區分
「我的」國家安全和「不是我的」國家安全。在這種理論觀點下，若發動戰
爭破壞和平是可以增加自己國家安全的，基於自利的理性選擇，國家沒有理
由不考慮去打一場能增加自己利益的仗。然而，這樣的安全觀是一種切割式
的思維，會將主權國家推向安全困境的競爭賽局，國際和平（或合作）變得
只能透過刻意維持才有可能存在，而國際衝突才是真實世界的常態。

　　人類安全批判上述切割式的安全觀，轉以追求個體間的無差異安全和
長期和平為目標。對於人類安全的支持者來說，和平並非只是單純地沒有戰
爭或武裝衝突不發生，那只是消極式的和平。然而，和平還有積極的一面，
也就是個人基本權利得到一視同仁的尊重，在互不否認對方作為一個人的前
提上，以己所不欲，勿施於人的行為原則進行互動，達到彼此關係長期的穩
定和平。值得注意的是，對於安全應否進行切割的問題，人類安全的研究者
出現內部意見的分歧，因為在七種類型中有些安全確實存在著可分割性（例
如：經濟、糧食），而有些安全的可分割性比較模糊，甚至是充滿爭議（例
如：人身、社群）。為使本篇論文的討論能夠聚焦，僅以衛生安全（health
security）此一特定類型的人類安全為範疇，並以疾病全球化的時空環境為

University Press, 1994), p. 24.
4　蔡育岱、譚偉恩，〈雙胞胎或連體嬰：論安全研究與和平研究之關聯性〉，《國際關係學
　　報》，第29期（2010年1月），頁169-181。

背景，闡述目前國際關係理論在應用上面臨之挑戰。

　　除前言外，本文架構安排如下：第貳部分說明何以「共病時代」下的衛生安全是不可分割的，以及目前各國在追求衛生安全時面臨的潛在挑戰；第參部分指出既有的國關理論，特別是新自由制度主義（Neoliberal Institutionalism）所忽略的國際合作現象，以及這些現象對國際衛生合作造成的妨礙；第肆部分簡要回顧了國際衛生合作的實踐情況，以呼應前兩部分的探討內容；最後結語預示一個悲觀的未來，指出衛生安全雖然從人類安全的角度來看是不應被分割的，但「非自願性互賴」與「複數合作」中的利益衝突問題讓國際衛生合作註定只能是一種幻覺式的理想。

貳、安全的不可分性與潛在挑戰

　　無論傳統安全（traditional security）或是非傳統安全，當一國的安全利益受到威脅或實害時，必定得自己設法排除（運氣好的話會有別國協助排除）。然而，像疫病跨境擴散此種非傳統安全議題有一項特色，即國家自己努力地維持境內公共衛生和小心翼翼避免被境外移入的病毒感染，也未必能保證本國人民的衛生安全全然不受侵害。[5]因為以全球為範圍之經貿自由化讓載送貨物與人員的運輸工具不停地穿梭於國境之間，大幅提升病毒或病媒得以跨境擴散之機會。[6]毋寧，二十一世紀的國際關係正式進入一個共病時代。

　　共病時代下的衛生安全具有不可分性，而此種不可分性在安全研究上

5　這就像嚴守道路交通規範的駕駛人未必不會在路上遭遇車禍，因為在與其同一時間使用相同運輸系統的空間裡，總是有「三寶」存在之風險。某些環境議題（例如潔淨的空氣）因為具有公共財的性質，故也存在類似情況。詳見：Garrett Hardin, "The Tragedy of the Commons," *Science*, Vol. 162, No. 3859 (December 1968), p. 1244.

6　Klaus Zimmermann, Gokhan Karabulut, Mehmet Bilgin, and Asli Doker, "Inter-country Distancing, Globalisation and The Coronavirus Pandemic," *The World Economy*, Vol. 43, No. 6 (June 2020), pp. 1484-1498. 這篇論文明確地揭示了全球化與疫病傳播之間的正向關聯性。

具有兩項重要的啓示。首先，作爲一個自然人，當自己的衛生條件在安全水平以上時，不代表自己一定可以免於疾病的侵害，因爲他者衛生條件的低落有可能導致自己罹患疾病。簡言之，共病時代下無法以獨善其身的方式來確保衛生安全。其次，衛生條件低落的「他者」可能來自於境外，也就是另一個主權國家的人民。這種境外類型的他者在全球化時代是無法阻絕的，無論接收國在法律上採取什麼態度，總會有這樣的他者在一國領域內存在，而只要有這樣的他者存在，疫病得以跨境擴散的機率就不可能爲零。毋寧，共病時代下衛生安全的不可分性是多數國家追求經貿自由化的代價，儘管這樣的結果並不在原本的期望之內。本文將此種不在各國期望之內的經貿自由化結果——衛生安全的不可分性——稱之爲「非自願性的互賴」（involuntary interdependence）。

提及「互賴」，國際關係的研究者幾乎會立即想到新自由制度主義。根據代表性文獻的說法，[7]主權國家間若存在「共同利益」（common interests）這個前提時，國際經濟領域的合作是可以建立起來的。不過，文獻中也同時強調，有些國際合作在共同利益存在的前提下還是不免以失敗收場，所以共同利益並非「成功合作」之充分條件，只是一個必要條件。相較於結構現實主義（Structural Realism）認爲國際制度是強權支持下才會形成之合作，新自由制度主義認爲是互賴關係導致的協調需求創造了國際制度。由此觀之，國際制度與國際合作有非常密切的關係，前者是促成後者的基石。但究竟什麼是國際合作呢？對此，學者Keohane提供如下的定義：「相較於和諧（harmony），合作需要積極地去調整自己的政策以迎合他人的需求。易言之，合作不單單只是有可共享的利益（shared interests），它的出現源自不同行爲者間的共識欠缺或沒有調和」。從這個定義中可知，合作關係中的當事方彼此間存在著某種衝突，因爲他們彼此間並非是和諧狀態。此外，共同利益這個促成國際合作的前提在本質上必須是可以共享的利益，而所謂的共享不一定是所有參與者均分，有些參與者因爲能力較差，可能必須迎合他

7　Robert Keohane, *After Hegemony* (Princeton, NJ: Princeton University Press, 2005), Chapter 1.

人的需求，做出多一點犧牲。詳言之，不同行為者間要達成合作或將彼此的行為調和為一致並不如想像中的簡單，而是需要一段過程和投入一些成本。正因為如此，國際制度的形成有助於具有合作需求之不同行為者縮減這段過程的時間和投入的成本，以較為方便、省時或可事先預期其他行為者反應的方法去凝聚出共識，進而形成合作。Keohane特別強調，國際制度最主要的功能是促成國際合作，而非去執行那些載明於合作文件中的具體規定。[8]

　　然而，從衛生安全的角度來思考國際合作（或全球集體防疫的相關事務）會面臨兩個難以規避的挑戰。首先，以2020年全球大流行的新型冠狀病毒肺炎（novel coronavirus pneumonia or COVID-19）為例，[9]各國實施之封城令、邊界控管、人身禁足措施等等均只是應急性的暫時政策，隨著本土疫情高峰值結束，必然逐漸放寬或移除上述這些限制。[10]然而，若有效抑制病毒的疫苗一直無法成功研發並普及施打，隨著人流重新在國界間穿梭往來，疫情隨時有可能再度爆發。[11]有鑑於此，國際合作共同防疫確實有其必要（需求確實存在），但諷刺的是，此種合作要怎麼分配參與者的義務，而

8　也就是說，國際制度的功能不只一種，但最核心的功能是促成主權國家間的合作，但有關合作應如何執行或是用什麼方法去落實，並非國際制度最主要的功能。事實上，國際制度後來的學理研究發展顯示，如果希望一項國際制度能被參與國有效遵行（compliance），必須針對制度的內容及其有效性做出良好的設計。詳見：Erik Voeten, "Making Sense of the Design of International Institutions," *Annual Review of Political Science*, Vol. 22 (May 2019), pp. 147-163; Sara Mitchell and Paul Hensel, "International Institutions and Compliance with Agreements," *American Journal of Political Science*, Vol. 51, No. 4 (October 2007), pp. 721-737; Oran Young, "The Effectiveness of International Institutions: Hard Cases and Critical Variables," in James Rosenau and Ernst-Otto Czempiel eds., *Governance Without Government: Order and Change in World Politics* (Cambridge: Cambridge University Press, 1992), pp. 160-192.

9　COVID-19係由WHO決定的簡稱，每個字母分別依序代表冠狀（co）病毒（vi）的疾病（d）發生於2019（-19）。詳見：https://www.who.int/news-room/q-a-detail/q-a-coronaviruses；基於行文簡便，文中之後均以COVID-19表述。

10　Patrick Sawer, "Country-by-Country: Here's How the Rest of World is Easing Lockdown," *Telegraph*, May 10, 2020, https://www.telegraph.co.uk/news/2020/05/10/country-by-country-rest-world-easing-lockdown/.

11　事實上，本文截稿之際（2021年1月17日）的西歐與北美地區已經發生此種情況。詳見：Emma Reynolds, "How It All Went Wrong (again) in Europe as Second Wave Grips Continent," *CNN*, September 20, 2020, https://edition.cnn.com/2020/09/19/europe/europe-second-wave-coronavirus-intl/index.html; Mike Hills, "Coronavirus: Is the Pandemic Getting Worse in the US?," *BBC News*, June 26, 2020, https://www.bbc.com/news/world-us-canada-53088354.

每個參與者所企求的利益眞的一致或可以共享嗎？舉例來說，一旦日後CO-VID-19的疫苗問世，研發專利權的歸屬與市場訂價的問題必然引起國際衝突。進一步說，持有疫苗專利的藥廠（或政府）能不能拒絕公開疫苗配方？或不提供疫苗給予特定國家？而被拒絕的國家能否透過《與貿易有關之智慧產權與公共衛生的多哈宣言》（*Doha Declaration on the TRIPS Agreement and Public Health*），強制要求專利所有人必須授權給自己使用？至於那些可以購得疫苗的國家，如果因爲本國需要接種的人數太多而無法負擔龐大醫療費用時，藥廠是否有權停止或暫時中斷供應疫苗？這些問題都是過去曾經發生但未獲得良好解決之重大國際爭端，[12]此次COVID-19疫情襲捲全球，類此爭端恐怕將會更爲激烈與難解。

　　跨國合作防疫的第二個難題是俗稱的1：9落差困境。[13]全球每年投入在公衛醫療的經費中僅有十分之一左右被用在全球十分之九的人口所面臨之公衛問題（流行病及傳染病），其餘的資金幾乎都被投入在極少數人的公衛問題（慢性病或文明病），而這些人多半是北方國家的高所得者。已有不少文獻關注這個現象，並認爲這是一種隱性結構暴力。[14]詳言之，在絕多數的北方國家，小農（peasants）人口少，製造業與服務業才是國民就業人口中的大宗，同時人均所得明顯高於南方國家的人民。更值得注意的是，北方國家人民的膳食營養水平、壽命年限，還有周邊環境的公衛質量也均明顯優於南方國家。根據《經濟學人》的報導，從1963年於尼泊爾爆發的天花到2019年在中國爆發的COVID-19，民主體制（多在北方國家）下人民在傳染性疾病中的死亡率較非民主體制（多在南方國家）的人民來得低。[15]顯然，衛生

[12] Philippe Cullet, "Patents and Medicines: The Relationship between TRIPS and the Human Right to Health," *International Affairs*, Vol. 79, No. 1 (January 2003), pp. 139-160.

[13] Marco Luchetti, "Global Health and the 10/90 Gap," *British Journal of Medical Practitioners*, Vol. 7, No. 4 (December 2014), p. a731.

[14] Paul Farmer, *Pathologies of Power: Health, Human Rights, and the New War on the Poor* (Berkeley: University of California Press, 2003), pp. 29-50. 最早關注到「結構暴力」現象，但並未特別從公衛安全角度來思考的文獻是：Johan Galtung, "Violence, Peace, and Peace Research," *Journal of Peace Research*, Vol. 6, No. 3 (1969), pp. 167-191.

[15] "Diseases Like COVID-19 are Deadlier in Non-democracies," *Economist*, February 18, 2020, https://

安全是一個同時觸及政治與經濟的問題，一個深層的南北發展失衡現象。[16]

參、關於「合作」的國關理論及其盲點

國際合作是國際關係非常重要的研究主題之一，也是新自由制度主義和結構現實主義許多理論觀點交鋒之處。[17]從目前COVID-19疫情對於全球造成之莫大衝擊來看，國際衛生合作及相關治理的需求確實存在，因為多數國家（包括傳統概念中的強權）在面對跨境傳染病時都是能力有限之弱者，[18]而弱者不足以獨自保障自身安全。[19]值得思考的是，有合作需求的存在不等於相應的國際合作一定會出現，或者就算這樣的合作形成了，也無法保證某項公衛問題就能獲得解決或被有效處理。相反地，國際衝突（從意識型態的到武裝性的）在跨境疫病發生頻率增加的時候，往往次數也隨之提升，而且必然會導致某些國家的實際經濟損失或人員傷亡。以2002年至2003年的嚴重急性呼吸道症候群（Severe Acute Respiratory Syndrome, SARS）為例，病毒於2002年的11月從中國廣東開始擴散，但北京當局刻意掩蓋疫情並遲延向世界衛生組織（World Health Organization, WHO）履行通報義務，以

---

www.economist.com/graphic-detail/2020/02/18/diseases-like-covid-19-are-deadlier-in-non-democracies.

[16] Obijiofor Aginam, "Global Village, Divided World: South-North Gap and Global Health Challenges at Century's Dawn," *Indiana Journal of Global Legal Studies*, Vol. 7, No. 2 (Spring 2000), pp. 603-628.

[17] David Baldwin ed., *Neorealism and Neoliberalism: The Contemporary Debate* (New York: Columbia University Press, 1993).

[18] 有文獻認為，衡量國家能力的一項重要指標是觀察該國有無因應傳染病爆發之能力。詳見：Andrew Price-Smith, *Downward Spiral: HIV/AIDS, State Capacity, and Political Conflict in Zimbabwe* (Washington DC: United States Institute of Peace, 2004), pp. 13-14.

[19] 多數人在多數時候其實都是弱者，無法保障自己的安全，所以才會形成群體或組織，然後透過社會契約，用一部分的個人自由或財產去交換安全，獲得提升的保障。國家便是在這樣的情況下由人所組成的群體，因為它的組成比單獨的個人更能提供安全保障。但在一個更大空間場域的國際社會中，國家作為一個行為者（actor）也會有能力不足以保護自己的時候，因此需要結盟、加入某個國際組織或是透過締結一些國際條約來提升自己的安全。請參考：Christine Chwaszcza, "The Seat of Sovereignty: Hobbes on the Artificial Person of the Commonwealth or State," *Hobbes Studies*, Vol. 25, No. 2 (January 2012), pp. 123-142.

致到2003年的8月底，共有37個國家受到感染，確診人數8,096人，其中774人不幸過世，全球經濟受創保守估計約400億美元。[20]文獻指出，中國試圖掩蓋疫情的主因是害怕被其它主權國家判定為疫區，進而導致貿易與觀光上的重大損失。[21]

　　SARS事件引起各國官方和學界之重視，促成後來國際社會對WHO舊版的《國際衛生條例》（*International Health Regulations*, IHR）加以修正，以期強化未來對類似問題之因應。然而，事實證明這樣的努力是徒勞的，為什麼？本文先前提及，從衛生安全的角度來思考國際合作會面臨兩個難以規避的挑戰：權利義務的分配及南北國家在經濟與公衛條件上的失衡。這兩種挑戰在性質上均可歸類於「基於比較而生之差異」，也就是同一種病毒對於不同國家的衝擊究竟產生多大的區別。既有文獻的主流觀點是認為，傳染性疾病的疫情容易在公衛水平較低之南方國家擴散，倘若進一步跨境擴散，就會從純粹某個特定南方國家的公衛問題升級成國際性的公衛危機。在此種情況下，疫病非常有可能傳入北方國家並在其境內擴散，但北方國家的政府很難在「事前」對疫情進行有效防堵，因為北方國家多半全球化程度很深且國際運輸量也很高。這代表一件事，無論北方國家主觀上願不願意，客觀上均無法不去關心南方國家的公衛情況，[22]因為南北雙方在疫情爆發之前非常可能有貿易往來，這導致在衛生安全議題上兩者存在一種「非自願性互賴關係」。此種特殊的互賴類型是形成跨境防疫合作的基礎，而單單減少此種非自願互賴關係中任何一方的脆弱性（vulnerability）並無法提升國際社會整體的衛生安全，只有同時維持南北國家雙方的平衡或對等，它們在防疫治理的合作關係上才會穩固且真正有效地將安全的威脅來源控制住。毋寧，關於防疫的國際合作不能只要求疫病起源國（A）應即時通報與分享關於疫情的

---

[20] David Fidler, *SARS, Governance and the Globalization of Disease* (London: Palgrave Macmillan, 2004), pp. 1-9.

[21] Christian Kreuder-Sonnen, "China vs the WHO: A Behavioural Norm Conflict in the SARS Crisis," *International Affairs*, Vol. 95, No. 3 (May 2019), pp. 535-552.

[22] 也就是需要掌握南方國家境內的疫病資訊。

資訊，還必須同時要求非疫病起源國（B、C、D、E……）在第一時間知悉
有疫病於A境內爆發傳染時，有義務提供援助給A。[23] 簡言之，個別國家自
身的衛生安全在貿易高度自由化的全球串聯效應下，[24] 已經演變成一種相互
不可分割的安全，沒有國家可以在共病時代獨善其身。

　　根據上述說法，國際防疫的合作註定難以成功，因為導致疫病跨境擴散
的主要根源實乃另一種議題領域的國際合作所致。詳言之，國際社會之所以
產生集體防疫的合作需求是因為特定疫病的擴散，而特定疫病所以會跨境擴
散肇因於主權國家在經貿事務上頻繁的合作。當國際貿易（同時包括貨品與
服務兩種類型）在進出口流量上因為有效的合作機制而不斷增加時，疫病跨
境傳播的風險也變得越大，同時有效防止疫情擴散的難度也變得越高。這毋
疑是一種國際合作與國際合作間的衝突，而傳統的國關理論，尤其是新自由
制度主義，顯然無法解決這樣的問題。

肆、複數合作下的複雜利益賽局

　　當二以上的國際合作，也就是「複數合作」的現象發生於真實的國際關
係時，彼此間難免會出現利益衝突。本部分將就國際貿易的合作如何與國際
防疫的合作發生衝突做一說明，並呈現此種衝突背後複雜的利益賽局。

　　十九世紀中期，歐洲列強在國際貿易中占據主導地位，貿易量為當時

---

[23] 這就有點像是政府要求人民居家隔離，但同時給予定額現金之補貼。

[24] 大量而頻繁的國際運輸（無論基於何種理由和方式）讓危害公衛安全的病毒更為快速和廣泛地
被傳播。早在十四世紀，僅僅一年（1348年至1349年）的時間，瘟疫在歐洲就造成至少30%的
人口死亡。文獻指出，商業活動對於當時瘟疫的傳播扮演關鍵角色。鑑於跨境疫情的爆發與
商業活動密切相關，歐洲各國開始限制人員的旅行及船隻的行動。舉例來說，當時的拉古薩
（Ragusa）共和國規定被疫病感染者必須隔離四十天，而隔離一詞便是源自拉丁語的「四十」
（quarantino）。相關說明請參考：Frederick Cartwright and Michael Biddiss, *Disease and History*
(Thrupp, Sutton Publishing, 2000), p. 145; Dave Roos, "Social Distancing and Quarantine Were Used
in Medieval Times to Fight the Black Death," *History*, March 27, 2020, https://www.history.com/
news/quarantine-black-death-medieval.

全球總量的70%左右，其中英國作為最主要的貿易強權，占了大約總量的20%。此時期，歐亞之間用於貿易的路線與航道恰好也是傳染病跨境擴散之主要區域，這就讓歐洲國家不得不重視疫病治理的問題。[25]不過，1850年以前，控制疫病傳播的措施係由各國單邊施行，沒有太多的國際性協調政策。此一情況對當時大量的海上貿易造成嚴重影響，因為許多國家對於入港的外國船隻要求出示衛生證明。這樣的要求雖然有防疫上的正當性，但實踐上也導致貿易商行賄港務官員之弊端，或實為進口國採取之一種隱匿性的貿易保護主義。有鑑於此，擁有重要海上貿易利益的歐洲國家開始推動國際性的防疫合作，其中又以英國最為積極。[26]十九世紀後半期，跨國性的公衛合作制度漸漸形成，[27]但這個制度的本質與國際貿易密切相關。詳言之，當時促成國際衛生合作的主要考量在於，如果各國對於疫病防治的措施不能協調，貿易和旅行的國際運輸就會受到影響。1850年之後，長達半個世紀的數次國際衛生會議，都是在防疫與貿易兩種利益間擺盪和爭執，直到1903年才勉強將1892年的《國際衛生公約》（*International Sanitary Convention*, ISC）加以通過。[28]這份文件是國際衛生合作的正式起點，將疫病爆發的「通報」問題列為核心內容。

然而，ISC只是延續先前國際合作的軸線，它的主要功能是防止傳染性

---

[25] Andre Siegfried, *Routes of Contagion* (NY: Harcourt Press, 1965), pp. 14-16.

[26] Richard Cooper, "International Cooperation in Public Health as a Prologue to Macroeconomic Co-operation," in Richard Cooper, Barry Eichengreen, C. Randall Henning, Gerald Holtham, and Robert Putnam eds., *Can Nations Agree? Issues in International Economic Cooperation* (NY: Brookings Institution Press, 1989), pp. 193-196.

[27] 回顧主權國家在公衛議題的合作，可追溯至1851年在巴黎召開之國際衛生會議（International Sanitary Conference, ISC），當時歐洲國家針對傳染病的隔離方法（特別是關於霍亂之防治）進行許多討論，並於1892年第七屆的會議上制定了以公衛議題為主軸之法律文件，即《國際衛生公約》（*International Sanitary Convention*）。詳見：https://apps.who.int/iris/bitstream/handle/10665/62873/14549_eng.pdf;jsessionid=440088F0CFA4512A2D4A5248BDD488D2?sequence=1.

[28] 這個公約中有70%的規定是針對中東、亞洲、非洲的南方國家；毋寧，如何阻止疫病從發南方國家蔓延到北方國家，以及如何協調各國一致性的防疫措施，是當時貿易強國英國及諸多北方國家關切的衛生與貿易利益。詳見：David Fidler, *International Law and Infectious Diseases* (Oxford: Oxford University Press, 1999), p. 19.

疫病從南方國家蔓延到北方國家，同時避免南方國家的防疫措施妨礙北方國家的貿易活動。清楚可見，作爲一種國際制度，ISC主要是在確保北方國家的利益，而不是南北國家共享之利益。怎麼證明這樣的指責可信呢？觀之ISC中包含的疫病只有霍亂與瘟疫，而這兩種傳染性疾病恰好是當時對於北方國家衛生安全最爲嚴重的威脅，並且恰好都是源自南方國家。其次，北方國家爲了避免自己的貿易受到疫病爆發的連累，在ISC的內容中明文禁止「國家」的邊境或海關實施比ISC內容中更加嚴格之防疫措施。雖然公約用語中沒有使用「南方」一詞，但以當時的國際貿易流量來看，特別是在歐洲地區的出口貿易量，這樣的制度設計顯然有利於北方國家。第三，作爲一項國際制度，ISC的具體內容沒有反映出南北國家彼此在防疫措施上的溝通或妥協，也較少顧及南方國家的利益。所以，ISC實際上更趨近於結構現實主義或新馬克思主義（Neo-Marxism）的論點，即多數內容是由權力較強的北方國家制定，是北方強權用以實現或維護自身衛生安全與貿易利益之工具，而權力較弱的南方國家只能接受宰制。[29]

　　上開三項原因並非只存在於ISC，而是在1948年WHO成立之後依舊存在。WHO在1951年到1969年開始對ISC進行修訂，將之更名爲《國際衛生條例》（IHR）。由於1969年至1981年，傷寒與天花在醫療水準較佳的北方國家已不再是嚴重的衛生安全威脅，IHR便在內容中將這些傳染病從疫病清單中剔除。然而，對當時諸多南方國家來說，此類傳染性疾病仍然是一項嚴重的安全威脅。清楚可見，從ISC到IHR，跨國性的衛生合作基本上是爲了北方國家的利益在服務，而相關制度的背後反映出北方國家對於衛生安全的認知；例如判定某些傳染性疫病對北方國家已不存在安全上的威脅，呼籲國際社會應將醫療資源轉移到慢性疾病的治理。[30]此種北方國家對於傳染性疾

---

[29] John Mearsheimer, "The False Promise of International Institutions," *International Security*, Vol. 19, No. 3 (Winter 1994/1995), pp. 5-49; Robert Wood, "The Debt Crisis and North-South Relations," *Third World Quarterly*, Vol. 6, No. 3 (July 1984), pp. 703-716.（註：Wood在文章中確切表示，"...a new level of disciplinary power of Northern-dominated international institutions."）

[30] Laurie Garrett, *The Coming Plague: Newly Emerging Diseases in a World Out of Balance* (New York: Penguin Books, 1995), p. 33.

病的認知或許並非毫無根據，[31]但過度自私。北方國家在自己有能力因應傳染病之後就試圖修正國際衛生合作的制度，以避免南方國家的防疫政策對自己的貿易活動造成限制。這種做法不僅僅是道德上或公平性的可非議，即便從流行病學的公衛角度來思考也欠缺正當性。事實上，當後天免疫缺乏症候群（Acquired Immunodeficiency Syndrome, AIDS）在1980年代出現後，以及之後其它新型傳染性疾病的跨境擴散，還有一些本已獲得控制的早期傳染性疾病漸漸被發現對於藥物產生抗藥性，都讓北方國家這種自私的衛生安全觀點被反覆證明漏洞百出，而且損人不利己。

　　全球層次的公共衛生如果可以想像是一個空間，那麼這個空間存在明顯且嚴重的失衡（隱性結構暴力）。文獻指出，南方國家每年有數百萬的兒童及成人死於本可避免的疫病侵害，但因為這些病逝者的國籍本國沒有辦法提供健保、糧食、潔淨用水和醫療資源，導致疫病的致死率和傳播速度在這些國家境內長期無法獲得改善。[32]此種公衛面向的南北失衡現象不是只被學術性研究發現，WHO的報告也曾指出，全球5歲以下兒童死於傳染性疾病的比例有98%是在南方國家（約1,000萬人）。[33]總的來說，南方國家因為發展遲緩導致公衛水準普遍低落，而劣質的公衛環境又對這些國家的人民健康和經濟發展構成阻礙，以致這些國家沒有辦法靠自己的力量去提升醫療能力或改善公衛條件，然後長期不佳的公衛狀態讓南方國家一直處於貧窮。這毫無疑問是國家發展陷入惡性循環的情形，但北方國家冷眼旁觀或吝於提供協助的消極不作為，以及透過像ISC或IHR這樣的國際制度來優化自身衛生安全，但同時限制南方國家防疫自主性的作為，是落井下石之舉。這並非什麼基於共同或共享利益的國際合作，與新自由制度主義原始設想的情境迥異。事實上，跨境防疫的國際合作打從一開始就是北方國家自私行為的展現，[34]只不

---

[31] 1960年代中期之後，的確有一些過去頗為嚴重的傳染性疾病在醫學進步下獲得有效控制。

[32] David Heymann, "Evolving Infectious Disease Threats to National and Global Security," in Lincoln Chen, Jennifer Leaning, and Vasant Narasimban eds., *Global Health Challenges for Human Security* (Cambridge, MA.: Harvard University Press, 2003), p. 118.

[33] WHO, *Global Defense against the Infectious Disease Threat* (Geneva: WHO, 2002), p. 176.

[34] 類似的觀點其實也在諸多大型戰爭結束後建立國際秩序的制度中，詳見：G. John Ikenberry, *Af-*

過藉由制度化的國際法律規範或政府間組織的形式，包裝出一種國際集體防疫之幻象（delusion）。

　　以WHO的實際運作情況來看，國際衛生合作是否有效可以從下列三個面向進行探究：一、WHO的會員國是否有能力對發生於境內的疫病進行有效監測？二、會員國是否將監測後的疫情資訊即時或誠實地提交給WHO？三、WHO在獲得疫病的相關資訊後會採取哪些措施來因應，特別是會不會將一項疫病判定爲「國際關切之緊急公衛事件」（public health emergency of international concern, PHEIC）？透過對這三個面向進行評估，可以幫助我們比較具體地對國際衛生合作的成效做出判斷，以下逐一討論之。

　　要想在疾病剛爆發時就對之進行控制，需要良好的監測與通報機制，但眞實世界的實際經驗告訴我們，國際衛生合作的監測與通報機制通常是失靈的。以東南亞的禽流感（avian influenza）疫情爲例，[35] 爆發疫情的主權國家境內有很多民間飼主不願殺掉已確診感染的家禽，不僅未將疫情盡速通報本國政府，反而設法將染病的家禽盡快出售。對於這樣的情況，有些東南亞國家（例如越南）並非全然不知情，但地方政府卻選擇消極容任人民如此爲之，而中央政府知情後卻刻意延遲通報WHO，因爲擔心通報之後導致觀光收入減少或是出口的禽肉類相關產品被其它國家限制。[36] 究竟要如何即時發現在一國境內爆發的疫情，並在它跨境傳播還不嚴重時就加以控制？從上述越南的例子觀之，疫情起源國的誠實通報絕對是關鍵，但從個體理性選擇的角度來看，要使疫情起源國做到這一點相當不容易，因爲這明顯與其自身國

---

ter Victory: Institutions, Strategic Restraint, and the Rebuilding of Order After Major Wars (Princeton: Princeton University, 2001).

35 史上第一次因得到禽流感而死亡的案例發生在1997年的香港，當時發現禽流感病毒H5N1可跨越物種從家禽傳染給人類。不過當時的疫情擴散不嚴重，總共只有18位患者住院，其中有6位不幸死亡。但自2003年2月起，全球陸續發生許多禽類相互傳染或是禽類將病毒傳染給人的病例，尤其是在越南、泰國、印尼等東南亞國家。詳見：Petcharat Pongcharoensuk et al., "Avian and Pandemic Human Influenza Policy in South-East Asia: the Interface between Economic and Public Health Imperatives," *Health Policy and Planning*, Vol. 27, No. 5 (August 2012), pp. 374-383.

36 Tuong Vu, "The Political Economy of Avian Influenza Response and Control in Vietnam," *STEPS Working Paper 19* (Brighton: STEPS Centre, 2009), p. 15.

家的經濟利益相違。有文獻指出，點名及羞辱（naming and shaming）是一種有效的方法，也就是讓所有國家都認知到隱匿疫情的嚴重後果，除非一國能永遠讓其疫情不被揭露，否則一旦被發現，受到的國際貿易制裁與名聲損失將會是比誠實通報WHO更高昂的代價。[37]然而，點名及羞辱的論點忽略一個現實問題，就是隱匿疫情的國家如果是全球某項經貿活動重要的生產者或是需求者時，有多少國家會有意願和能力在知悉其爲疫情隱匿國後去執行對它的制裁呢？

　　國際衛生合作最重要的目標是防止疫病由小規模的一國「境內傳染」變成跨國性的大流行，但此種合作沒有明示清楚的是，它雖然的確符合每一個參與衛生合作者的利益，但那只是「事前」的利益。進一步說，在疫病沒有真正發生以前，沒有一個國家會認爲（或希望）自己未來某一天變成疫病的起源國，所以大家都希望透過參與衛生合作獲得最即時的疫病資訊，以便日後能夠透過這些資訊的取得採取最即時的措施進行防疫，讓本國免於被疾病傳染之風險。可是，等到疫病真的爆發，並且自己就是起源國時，原本那個當初參與合作時的防疫利益會退居本國的經貿利益之後。由於擔心自己出口的貨物和觀光產業受到外國或國際組織防疫措施之限制，很多國家一旦淪爲疫病起源國後，在公布疫病方面的資訊是非常謹慎的，這也導致監測與通報機制實際上沒有發揮預期的治理效用。當然，通訊科技的日新月異與普遍化可以爲此種情況帶來一些改善；同時，多數北方國家也會非常支持資訊透明化的監測機制。但監測機制的成本，北方國家是欠缺意願去承擔的，它們只希望享受到疫情監測的好處，而非希望對這個機制做出貢獻。

　　世界上沒有任何一個國家或國際組織可以獨自因應新型病毒導致的跨境疫情，特別是當某個疫病進入失控與大流行階段的時候。簡言之，國際衛生合作是必要的，但在實踐上卻是困難重重，當中最主要的障礙就是疫病起源國的經貿利益與全球公衛安全的衝突。這點只要回顧過去TRIPS中的藥品

---

[37] Sara Davies and Jeremy Youde, "The IHR (2005), Disease Surveillance, and the Individual in Global Health Politics," *International Journal of Human Rights*, Vol. 17, No. 1 (2013), pp. 133-134.

專利與強制授權的爭議就可以明白，兩種利益價值的衝突極難加以調和，因爲並非單純的國與國衝突，而是多種行爲者（國家與非國家）在不同層次間交織而成的利益衝突。因爲相互衝突的利益不易獲得調和，導致國際衛生合作必須在至少三個以上彼此利益有所重疊又有所衝突的主權國家間去尋找解方，而這些國家在國內層次上可能要面對許多非國家行爲者的挑戰，在國際層次上可能要面對其它國際合作領域中不同主權國家的質疑。正因爲如此，從過去近兩個世紀的國際實踐情況來看，跨國性的公衛合作最後幾乎都是失敗的，COVID-19不過是又一次的失敗，但絕對不會是最後一次。

伍、結語

　　有別於傳統的軍事安全議題，疾病作爲一種另類的安全威脅來源，可以源自主權國家的領域內，也可以自境外而來；一旦形成大規模的傳染性疾病時，不但衝擊國家整體的政治與經濟，更直接造成平民百姓的病與死。因此，是非常值得關注的非傳統安全議題，並且可以同時延續國家中心論的相關安全政策，也可以透過以人爲中心的安全觀進行典範轉移。[38]本章選擇以後者的角度切入，檢視當前國際社會與相關國際制度在因應跨境傳染性疾病此一非傳統安全問題上的缺失，進而指出國際社會雖然明白病毒並不需要任何旅行證件就能隨著貿易商品或旅行人流而輕鬆穿越主權國家的邊境，但卻沒有意識到彼此的衛生安全在病毒可能跨境傳播的情況下處於一種「非自願性的互賴關係」。同時，也沒有理解到此種互賴關係幾乎不可能被切斷，以及在這樣的關係中南北國家一直處於嚴重的不對等。失衡的互賴關係並不利於維持衛生安全，因爲在這種關係裡的每一個行爲者都不太可能透過優化自身的能力就提升對自我衛生安全的保障。回顧國際社會自十九世紀開始建立

---

[38] Roland Paris, "Human Security: Paradigm Shift or Hot Air?," *International Security*, Vol. 26, No. 2 (Fall 2001), pp. 100-102.

起來的衛生合作機制，便不難發現北方國家每一次嘗試優化自身衛生安全的努力，或是每一次藉由合作機制對南方國家進行制約，最終都沒有為自己帶來更多的安全。

事實上，國際衛生合作有一個未曾言明的真相是，多數國家當初參與合作的真正目的是希望自己的國家在沒有發生疫情或陷入公衛危機前，可以透過合作機制獲得關於疫病的第一手資訊，讓本國政府能盡早防範，避免損失。[39]但這種對於合作的期待一點也禁不起現實的考驗，任何疫病的起源國皆不太可能毫無保留地在第一時間就公布、通報及分享疫情資訊，因為那非常可能會導致它的經貿利益嚴重受損。責難疫病起源國掩蓋真實資訊或未及時向WHO通報，只在國際規範或道德上具有正當性，但並不符合現實世界的運作邏輯。當國際社會的實踐不是在疫情爆發的第一時間即刻提供疫病起源國需要的援助，或與之共同抗疫，如何能夠要求起源國必須在第一時間誠實地揭露自己國家的疫情，並且獨立承擔經貿利益受創之苦果？

從人類安全的角度來看，公共衛生此種非傳統安全議題在共病時代是不可切割的安全，是無法建立專屬所有權的安全，除非主權國家決定與世隔絕，全然仰賴自己。此種本質上的不可切害性，讓衛生安全必須藉由國際合作才能得到落實，但合作中行為者間的權利義務分配，以及南北國家在經濟與公衛條件上的結構性失衡，大大地減損了合作的有效性。WHO此次因應COVID-19的失敗只不過是再次反映出國際衛生合作的侷限，而個別主權國家在防疫表現上的差異不過是再次突顯自身實力的重要性。安全是一種利益，即便是不同行為者可以同時共享且不可切割之利益，也還是存在如何獲取此種利益的問題。只要不同行為者間存在能力上的差異，以合作來求取安全在它們之間就會困難重重，不是難以長久，就是成效不彰。昔日為落實傳統安全而面臨的那些挑戰，今天在企求非傳統安全時依舊仍然存在。

39　相關規定可參考IHR2005第5條、第6條（特別是第1項）。

第十章　批判理論

劉泰廷

壹、前言

　　在國內政治學科長期受美國實證主義傳統的影響下，批判理論研究並不興盛，也非主流的研究傳統，使得隸屬政治學門的國際關係在現實主義等「主流」理論的主導下，不僅在發展上逐漸失去活力，也在近年西方國際關係學界開始反思之際，未能參與其中的辯論，著實可惜。在追求實用性的前提下，國內更多的討論聚焦在外交政策和其相關的辯論，就某個角度而言，「理論服膺政策」是國際關係過去數十年在台灣發展的明顯特徵。儘管如此，仍有部分學者勇敢地脫離實證主義傳統，從批判論的角度出發，嘗試爲國內的國際關係發展注入不同聲音，豐富其內容。例如已故學者黃競涓長期從事女性主義研究，並努力在國際關係的討論中喚起對性別的重視。莫大華關注建構主義的發展，並深入反思理論其中的本體、知識和方法論。奠基在東方傳統歷史文化研究上，石之瑜關於華人政治文化發展的研究，則與近年國際關係理論「去西方化」或「全球化」的論述產生共鳴。[1]

　　無論如何，國內關於批判理論和國際關係的討論仍有限。除了前述學者以外，多數相關討論仍以自西方引入、轉換成中文的譯本爲主。此發展在某種程度上進一步強化西方中心主義，並把國內對於國際關係理論的想像帶往更深的深淵。有鑑於此，本章將簡單介紹批判理論的主要論點和相關流派，以讓初學者能對此理論家族有概括性的理解，進而擁有進入更深的知識探討

---

[1]　關於國際關係「去西方化」和「全球化」的討論，可參考: Amitav Archaya and Barry Buzan, *The Making of Global International Relations: Origins and Evolution of IR at its Centenary* (Cambridge: Cambridge University Press, 2019).

的基礎。隨著國際關係的發展，批判理論的內涵也越來越複雜，難以在有限的篇幅內詳盡討論，因此本章在流派回顧的部分僅探討批判安全理論、批判地緣政治學和批判國際政治經濟學，並從批判論的角度省思二十一世紀國際關係的重大議題。

貳、批判理論的內涵

　　顧名思義，批判理論的核心概念就是「批判」。然而批判什麼，怎麼批判，國際關係社群並沒有統一的見解，唯一的共識可能是拆解和挑戰既存的權力結構，即Antonio Gramsci所謂的「霸權」。由於權力結構無所不在，也或許台灣自冷戰時期起長期受美國文化的影響，在國際關係理論知識的累積上，國內的發展以複製美國霸權為主，並幾乎已完全拋棄理論創新的可能性。現實主義、自由主義和建構主義等國際關係三大理論，至今依然貴為主流，指引多數人的思考方向和邏輯。因此在探討批判理論時，一個重要的前提是，個人必須先對既存的現象抱持懷疑，進而透過發掘權力不對等所產生的結構性現象，再透過不同的分析方法進行解構，直搗問題的核心。正如已故國際政治經濟學家Susan Strange所言，「肚子裡要有一股不吐不快的烈火」是從事批判研究的要件。

　　就某個角度而言，所有和國際關係相關的批判理論皆自建構主義延伸，只是採取的視角不同而已。換言之，如同Alexander Wendt所指出一般，主體和客體透過互為主體（inter-subjectivity）的方式共同建構出國際關係，或所謂當下已知的世界。正是因為國家對國際關係的觀點和想法不同，進而共同促成「無政府狀態」（anarchy），也讓如叢林一般的國際秩序成為多數實證理論的切入點。或許除了全盤否定文化霸權的批判理論以外，多數的批判理論仍可以勉強接受無政府狀態的假設，繼而對權力結構展開批判和解構。整體而言，所有的批判理論皆對於權力的組成和分配方式有所不滿，差別僅在於觀察的角度不同。例如，馬克思主義論認為對於生產工

具和資源的掌控創造了階級，進而促成社會的失衡和不公。此唯物論觀點爲帝國主義和殖民主義對國際關係所造成的影響，提供許多洞見。女性主義論則指出，由於政治傳統上屬於男性或陽剛的領域，因此所有關於國際關係的討論皆在父權結構下展開。對於性別的忽視限制了關於國際關係其他想像的可能性。

　　相較實證理論對於物質的重視，就某個角度而言，批判理論更強調非物質的觀念和想法（ideas）。此差異讓部分的批判理論能夠脫離國際關係的權力原則，進而解構相關的基本假設，對影響國際關係的新現象和事物展開發想。例如，現實主義和自由主義均假設國家爲國際關係的主要行爲體，並以此展開對國際關係的詮釋，把其中的運作原則歸咎於權力或合作。但此視角無法有效解釋恐怖主義和海盜等議題，甚至是傳染病的生成與發展，因爲歸根究底，這些非傳統安全議題的主要行爲者皆不是國家。出自於安全考量，或許美國和中國曾打擊過恐怖主義和海盜，但反過來說，恐怖主義分子和海盜的發展動機和追求的目標，皆不是傳統國際關係理論能解釋清楚的。是否擁有建國等其他政治動機的恐怖主義組織，例如所謂的「伊斯蘭國」（Islamic State of Iraq and al-Sham, ISIS）才是適合國際關係研究的對象，而像蓋達組織和新疆分離主義分子則不適合呢？又像在非洲索馬利亞外海出沒的海盜，其劫持各國商船的目的是建國，還是其他呢？

　　隨著2020年全國新型冠狀病毒（COVID-19）的流行及肆虐，公共衛生議題似乎在一夕間成爲所有國家共同關注的焦點。儘管如此，若試從主流的國際關係理論出發並試著解釋新冠疫情，會發現其解釋力非常有限。首先，COVID-19是跨境的大規模傳染病，全球迄今對病毒的來源並不清楚，目前仍僅能大略地揣測其生成和爆發的時間點。若從「國家是國際關係的主要行爲體」的角度切入，能觀察和解釋的現象基本上也僅在於各國陸續採取的防疫和抗疫政策，以及美國和中國之間相互的指責和謾罵。但COVID-19的問題仍在，國際社群也未能在防疫和抗疫上取得實際合作，更遑論對於病毒本身和防治措施有任何共識——自由主義無法提供好的解釋。其次，新冠疫情的主體是病毒，這還是國際關係研究的範疇嗎？無論從現實或自由主義，對

於主體是非人類的議題，兩者皆無法提供有效的解釋。畢竟病毒沒有思考能力，也無法理性，更不依據任何的道德觀進行傳播。面對如此強大的敵手，人類還真的只能被動地束手無策。

在COVID-19的挑戰上，批判理論能提供的啓示是，國際社會當下面對的問題不只是國家之間的「國際」問題，而是人類和非人類之間的對決。唯有認識到挑戰來自非人類，才有辦法理解問題的本質。類似氣候變遷的挑戰一般，當觀察者認知到挑戰並非全然依循人類理性的時候，接續會發現COVID-19並不會挑選攻擊對象，也不會在國家之間劃定的邊界停下。病毒和人類之間的權力關係不明，或許彼此之間根本沒有任何的權力關係。然而COVID-19是真實的國際問題，因爲沒有一個國家能倖免，其所製造的恐懼可能比任何的軍事衝突還強。某種程度上，針對COVID-19的有效回應應該是全體人類攜手抗疫，但價值觀的不同讓多邊合作無法成形。透過前述解構的過程會發現，其實政治是合作無法推進的主因，國際社群需要新的發想，以處理新的挑戰。至於新的合作方式，或是在解構後需要積極建構的合作，應該以何種方式出現，則有待觀察。

參、批判安全理論

就廣義的批判安全理論而言，無論是哥本哈根學派（Copenhagen School）、威爾斯學派（Welsh School）或巴黎學派（Paris School）等，或是傳統的建構學派，共同的立場都是對現存的「安全」的概念和結構不滿，並對其展開批判。由於各家批判的角度不同，因此在批判傳統安全概念的同時，學派之間的不同立場雖然豐富了關於安全的討論，卻也創造了更多的問題。

一、哥本哈根學派

哥本哈根學派發跡於丹麥哥本哈根大學的一個研究學群，其代表人物有

Barry Buzan、Ole Waever和Lene Hensen等人。對此學派來說，「安全」是獨特的領域，與「政治」不盡相同，因爲安全攸關個體的存亡。相較主流國際關係理論以國家爲國際體系中主要的行動者或分析單位，並在某種程度上以確保國家安全爲主要的研究課題，哥本哈根學派並不認爲國家是唯一，甚至是主要的行爲者。對哥本哈根學派而言，安全影響不同層次的個體，因此對於安全的定義必須更廣泛，而非鎖定國家安全。Buzan與Waever在*Regions and Powers: the Structure of International Security*一書中指出，「區域」（region）才是更合適的分析單位，兩人進而發展所謂「區域安全複合體」（regional security complex）的概念。[2]

作爲具代表性的概念，區域安全複合體形容的狀況是，國家因爲地緣關係和安全連結而成爲有機的區域。Buzan與Waever認爲，地理上的鄰近性較容易使比鄰的國家產生安全上的互動，因爲安全威脅更容易隨著距離縮短而發揮影響力。再者，兩人也認爲安全利益（security interests）主要在區域內產生，而區域內的安全結構並不太會因爲區域外安全情勢的轉變而有所變化。長年戰火連綿的中東地區是顯著的例子。中東地區內的對立和衝突並沒有隨著冷戰結束而落幕，甚至有加劇的情況。對Buzan與Waever來說，安全是一種社會建構（social construct），因此文化和歷史都會影響建構的過程。儘管如此，兩人不認爲區域安全複合體是建構主義的概念，其反而是新現實主義的某種延伸。換言之，區域安全複合體對於結構的強調呼應了新現實主義的假設，並在理論上填補了部分空白。

「安全化」（securitization）是另一個代表哥本哈根學派的概念。在*Security: A New Framework for Analysis*一書中，Buzan、Waever與Jaap de Wilde三位學者共同就安全議題的發展提出獨特的分析架構，內容結合了區域、領域和不同的分析單位。[3]所謂的「安全化」係形容行爲者透過話語

---

[2]　Barry Buzan and Ole Waever, *Regions and Powers: the Structure of International Security* (Cambridge: Cambridge University Press, 2003).

[3]　Barry Buzan, Ole Waever, and Jaap de Wilde, *Security: A New Framework for Analysis* (Boulder: Lynne Rienner, 1998).

（discourse）建構安全議題，或把某議題上升爲安全議題的行爲。無論刻意
與否，當行爲者把某議題或「指涉對象」（referent object）塑造成安全威
脅以後，由於議題攸關存亡，因此行爲者能採取極端的手段回應，畢竟其最
高的生存利益受到威脅。就國際關係來說，極端手段通常意味著某種形式
的暴力或衝突，因此Waever在提出概念後強調，安全化的重點並不在於製
造衝突，而在於了解安全議題的形成過程後，能進而努力地「去安全化」
（desecuritize）。除了對和平的訴求以外，安全化的主要貢獻在於發掘傳統
上被主流國際關係所忽視的（新興）議題，並藉由安全化的方式突顯議題的
重要性，進而引起相關政策上的討論和回應。

二、威爾斯學派

　　威爾斯學派發跡於國際政治發源地威爾斯大學（現亞伯立斯威大學，
Aberystwyth University），其主要的代表人物是Ken Booth和Andrew Lin-
klater。相較哥本哈根學派，威爾斯學派對安全採取更具批判性的立場，認
爲安全不過是創造出來的詞，用來描述國際關係的運作和發展。安全是某種
「誤導性的標籤」（misleading label）或符號，而也因爲觀察者不斷地使用
「安全」一詞，導致對國際關係的想像被傳統概念所束縛。在符號有限的情
況下，安全的邏輯被不斷地複製，導致國際關係的討論充斥著國家、國家安
全和安全困境等詞，最後由恐懼和現實利益主導國際關係的發展。對於國際
關係的發展，Booth認爲，觀察者需拋棄傳統概念的束縛，以開放的心胸面
對情勢的變動。

　　威爾斯學派的主要貢獻之一是提出「解放」（emancipation）的概念，
並視安全和解放爲一體兩面的概念。Booth指出，秩序和權力皆成就於他
人的犧牲上，因此兩者在本質上不穩定，進而促成個人的解放必須先於國
家。[4]安全意味著威脅不存在，而解放意味著個人能不受束縛地自由行動和

---

[4]　Ken Booth, "Security and Emancipation," *Review of International Studies*, Vol. 17, No. 4 (1991), pp. 313-326.

抉擇。諸如戰爭、武力威脅、貧窮和政治壓迫等，都是個人行為的限制。理論上，真正的安全是從諸多束縛中解放，因此解放才是安全。Booth批判主流國際關係（現實主義）的二元論劃分，並認為當個人意識到你和我都必須解放的時候，人類便存有建立社群的可能性。[5]此論述並非在宣揚烏托邦主義，而在於指引世界往真正安全的方向前進，鼓勵人們採取改革性的作為。

三、巴黎學派

　　相較哥本哈根和威爾斯學派各自擁有明確的學術基地，所謂的「巴黎學派」並沒有明確的發跡地，其更像是回應其他論述而誕生的學派。巴黎學派的代表人物為Didier Bigo和Jef Huysmans，而學派的發展深受Michel Foucault和Pierre Bourdieu的影響。巴黎學派較為特殊的地方在於，其論點主要建立在社會學的基礎上，並從社會的角度反思安全。移民、邊境管理和治理相關的議題是巴黎學派關注的重點，進而衍生關於安全網絡和技術的討論。此外，巴黎學派也重構了安全的定義，並認為安全和不安全同時並存，應該一起討論。就破除二元論來說，巴黎和威爾斯學派的精神相似。但相較威爾斯學派認為安全及解放，巴黎學派認為人無法透過解放取得安全，因為安全的本質就是壓迫和控制。

　　相較哥本哈根學派主張，安全是由話語形塑而成的獨特領域，巴黎學派認為，在升級以前，安全應被視為某種實踐，其透過日常生活中的社會規範和監控技術而實現。Bigo指出，在安全化的過程中，推進安全化的話語和行為創造了不安全（insecurity），兩者同時存在。如何定義安全決定了什麼是安全和不安全。[6]透過對邊界的定義，安全化成為政治行為，並決定了治理或管理者能針對哪些人和團體採取哪些束縛或「不安全」的措施，以確保其他人的安全。而在落實安全治理上，政治人物、國防人員、國安人員、情報人員和邊防人員等，皆可能對安全抱持不同想法，結果就是將各自覺得重

5　*Ibid.*
6　Didier Bigo, "Internal and External Aspects of Security," *European Security*, Vol. 15, No. 4 (2006), pp. 385-404.

要的議題或指涉對象安全化，造成國家安全的多元景象。

　　就理論發展而言，巴黎學派最主要的貢獻是提出「莫比斯安全帶」（Mobius ribbon of security）的概念。隨著全球化的發展使國際和國內的劃分越來越模糊，各國警察之間的聯繫也日益密切，軍隊的功能也越來越模糊，進而消除外部和內部安全之間的界線。面對新議題的發展，巴黎學派提出安全領域、安全專家、安全機構和安全實踐等詞，以協助眾觀察者進行分析，並對國際關係理論的發展做出貢獻。

肆、批判地緣政治學

　　相較傳統地緣政治學建立在地理位置和地緣特徵上，批判地緣政治學（critical geopolitics）試解構所謂的「領土陷阱」（territorial trap），即國家在地緣政治上的推論和作為，基本上都圍繞在其疆域不動，在世界上占據某個獨特的地理位置的假設上進行延伸。[7]但如此視角忽略了不斷穿越邊界的各種流動，進而忽略形塑全球化和國際關係發展的重要力量，也使傳統地緣政治的內容顯得陳舊和狹隘。在Zbigniew Brzezinski、Henry Kissinger和John Mearsheimer等當代戰略學和地緣政治學家的影響下，批判地緣政治學的觀點並不普及，並就某個角度而言，更常以「政治地理學」（political geography）的型態出現在地理學的內容中。批判地緣政治學的代表學者有John Agnew、Gearoid O Tuathail和Derek Gregory等。

　　就批判地緣政治學的內容而言，其主要的論點是，統治者和專家們以某種發想（idea）形塑空間（place）的概念，而這些概念隨著時間不斷地被複製以後，進而影響統治者的政治行為和政策方向，人民也在過程中內化對空間和政治的想像。民族國家並非批判地緣政治學唯一關注的主體，因為

7　John Agnew, "The Territorial Trap: The Geographical Assumptions of International Relations Theory," *Review of International Political Economy*, Vol. 1, No. 1 (1994), pp. 53-80.

關於地緣政治的認知或知識被認為是片段和內化的，並依坐落的位置而有所不同。批判地緣政治學的內容可細分為流行地緣政治學（popular geopolitics）、正式地緣政治學（formal geopolitics）和實際地緣政治學（practical geopolitics）。在2015年左右，關於再生能源地緣政治（geopolitics of renewables）的討論開始浮現，並逐漸形成一個新的次領域。

　　批判地緣政治學強調話語（discourse），以及強化特定地緣政治觀的敘事（narrative）和行為。就次領域而言，實際地緣政治學應該和國際關係的關聯最直接，因為其內容主要是地緣戰略（或外交政策）的實踐。此視角不僅關注地緣政治的實踐，同時也關注那些為實踐辯護的敘事。例如，近年中國大陸在南海地區的作為反映了地緣政治的實踐，而其透過「和平崛起」的論述為自身行為辯護，也是實際地緣政治學所關注的發展。另一方面，正式地緣政治學強調傳統地緣政治行為者的文化，尤其是行為者如何透過敘事強化民眾對特定議題的認知。流行地緣政治學則指出，地緣政治的知識生產者不限於國家和（政治）菁英，流行文化和日常的言行舉止及習慣都會形塑知識。透過電影、書籍和雜誌等媒介，流行文化能左右一個人的地緣政治，乃至世界觀。

伍、批判國際政治經濟學

　　就某個角度而言，若要追究當前批判國際政治經濟學的源頭，基本上所有的途徑皆源自馬克思的歷史唯物主義，即馬克思對生產工具、資本累積和社會階級所進行的反思和批判。或許在冷戰意識型態對峙氛圍的箝制下，馬克思主義並未在美國和西歐為首的西方世界中獲得太多關注，其更在象徵自由主義勝利的後冷戰時期幾乎完全消散，但作為當代政治學左派思想的主要推手之一，馬克思對社會和經濟發展的批判至今仍存在諸多的學科討論中。

　　自馬克思主義延伸，批判國際政治經濟學的主要批判對象是市場和資本

主義社會中所產生的不公不義。就學術傳統而言，奠基於對已故美國國際政治經濟學者Robert Gilpin的理論思考的批判，批判國際政治經濟學突顯了美國和英國兩國不同學術傳統之間的歧異，也指出學科內不同傳統之間缺乏對話的窘境。在1987年出版的*The Political Economy of International Relations*一書中，Gilpin歸納出自由主義、經濟民族主義和馬克思主義等主導國際政治經濟發展的意識型態，並為當時的全球化發展提供新的分析視角。[8]然而在美國國際關係傳統逐漸成為某種文化霸權，全球化的發展也逐漸造成許多社會和經濟弊病以後，批判學者開始反思主流國際政治經濟學的發展，並透過女性、環境和新葛蘭西主義等途徑展開批判。儘管有部分學者認為建構主義也屬於批判國際政治經濟學的途徑之一，但有鑑於本書另有章節討論建構主義，因此本節不再討論相關內容。

一、女性主義

就女性主義的觀點而言，政治長久以來被男性所把持，進而建立起由父權主導的權力結構，邊緣化女性在政治中的角色和發展，並促成對於女性的漠視、歧視和打壓等。在政治被建構成屬於男性的領域以後，兩性之間的權力不對等使兩性在資源分配上也產生不對等，進而產生經濟和社會地位上的落差。循此邏輯推論，相較男性，在國際政治經濟領域中，女性在某種程度上面臨更多落在主流視角外的「隱性」經濟和社會問題。在忽略女性觀點的情形下，國際關係嚴重失焦，其內容自然有許多缺陷和不足。

例如，發展中國家的女性經常面臨經濟不平等和貧窮的問題。當談及發展問題的時候，部分觀察者認為透過直接投資，跨國企業能為發展中國家創造工作機會，進而改善當地人民的經濟條件和生活，並提升在地的發展程度。但若納入女性觀點的話，跨國企業是否有助於改善女性的經濟條件和生活則有待商議，因為在兩性同工不同酬的情形下，女性可能是在經濟上進一

---

[8]　Robert Gilpin, *The Political Economy of International Relations* (Princeton: Princeton University Press, 1987).

步被剝削的對象，並且在最後無法支配自己的所得。其中不僅反映了父權社會對女性的打壓，就跨國性的層面而言，可能也同時突顯已開發國家男性雇主對開發中國家女性雇員或勞工的剝削。誠如已故學者J. Ann Tickner所指出，主流國際政治經濟學理論整體上是由白種男性建構的知識霸權，忽視性別不平等及女性無償勞作，更未考量女性更關心的經濟安全問題、國內性暴力、文化暴力、家庭暴力，以及國內不同性別間的不公平分配。[9]

二、環境主義

　　環境主義主要關懷的是自然和生態環境的發展。其認為在氣候變遷儼然是衝擊全人類生活的最大挑戰的同時，既有的學科理論並無法有效處理當前的問題，由於仍有部分人對於氣候變遷的現象有所懷疑，甚至因為各方立場不盡然相同而產生激辯，因此人類（或國家）在面對環境問題時，常呈現懷疑和莫衷一是的態度，造成問題的加劇，並使問題發展成難以凝聚共識的政治問題。就國際政治經濟的角度而言，南方發展中國家和北方工業化國家之間觀點上的不同，造成兩陣營在立場、思考邏輯和因應手段上南轅北轍，難以跨越鴻溝取得共識。從批判的角度切入，問題不僅存在國家之間，因為環境影響全人類的生活。氣候變遷對環境的挑戰應該從人類共同體的角度進行思考，而相呼應的行動方案也必須具有全球性的視野。

　　根據Jennifer Clapp與Peter Dauvergne的歸納，學界主要以市場自由主義（Market Liberalism）、制度主義（Institutionalism）、生態環境主義（Bio-environmentalism）和社會綠色主義（Social Greenism）等四種途徑理解全球環境變遷。[10]市場自由主義和制度主義透過理性假設和實證主義的方法論理解環境問題，並分別認為健全的市場機制能有效地回應來自環境的挑戰，以及世界銀行、聯合國環境規劃署和全球環境基金等國際組織，能在全球環

---

[9]　J. Ann Tickner, *A Feminist Voyage through International Relations* (Oxford: Oxford University Press, 2014).

[10]　Jennifer Clapp and Peter Dauvergne, *Paths to a Green World: The Political Economy of the Global Environment* (Cambridge, MA: MIT Press).

境治理上做出貢獻。有鑑於經濟發展和環境保護的兩難，相較上述兩種途徑的重點，生態環境主義主張降低經濟和人口成長是達成永續發展的唯一方法。在Clapp與Dauvergne所歸納出來的四種途徑中，以社會綠色主義的批判性最強。社會綠色主義認為，全球工業主義發展所促成的結構才是破壞環境的元凶，因此市場和制度皆無法有效回應問題，而生態環境主義則顯得過於被動。以Eric Helleiner為代表的社會綠色主義主張，透過發展地方經濟（localized economy），在前工業時代盛行的地方共同體（local community）才是回應環境衝擊的積極方式。

三、新葛蘭西主義

新葛蘭西主義又稱「新考克斯主義」（New Coxianism），因為其內容深受學者Robert Cox的影響。Cox認為「理論總是為某些人及某些目的而存在」（Theory is always for someone and for some purpose），因此不可能價值中立。[11]相較Gilpin提出的霸權穩定論，即所謂的霸權國如何透過提供公共財來維持秩序穩定，Cox著重於透過反思歷史，重新思考秩序的形成和資源的分配，並思索改變秩序以追求更公平的結構的可能性。在所謂的「歷史結構途徑」中，Cox以物質能力（material capacities）、制度（institutions）和理念（ideas）等三個因素作為分析基礎，用以解釋社會力量（social forces）、國家形式（state forms）和世界秩序（world orders）之間的辯證關係，並以國家／社會複合體（state/society complex）的概念居中扮演連結的角色。Cox把國家、社會和市場視為一個相互建構的複合體，並指出複合體在各個歷史時期呈現不同的型態，進而影響世界秩序的變遷。

根據曾怡仁與李政鴻的歸納，[12]新葛蘭西主義面臨至少三項挑戰。首先，有鑑於考量的因素眾多，新葛蘭西主義在分析上並沒有一個共同的切入

---

[11] Robert Cox, "Social Forces, States and World Orders: Beyond International Relations Theory," *Millennium: Journal of International Studies*, Vol. 10, No. 2 (1981), pp. 126-155.
[12] 曾怡仁、李政鴻，〈批判國際政治經濟學的發展、途徑與啟示〉，《政治學報》，第55期（2013年6月），頁43-44。

點，因此就學派而言，其統一性並不是太高。其次，儘管新葛蘭西主義強調跨越階級、性別和種族等特質的反霸權運動，其並未提出具體行動方案，因此在實踐上顯得薄弱。第三，新葛蘭西主義的研究焦點鎖定霸權國家內部的歷史集團，或跨國統治階級所形成的世界霸權結構，對於第三世界國家和弱勢集團的討論較少。Cox甚至認為無法期望第三世界的工人崛起並改造世界秩序，因為其不具備反霸權所需的高度自覺和組織能力。[13]批評者認為，就關注的重點來說，新葛蘭西主義仍沒有脫離西方經驗和歐洲中心主義。

陸、結語

本章大略介紹批判理論的內容，以及與其相關的批判安全、地緣政治和政治經濟學的討論。儘管各家立場和觀點不盡相同，彼此也在批判理論的屋頂下進行辯論，但各家對於權力結構的不滿乃共通的公約數。在不滿結構中的霸權和知識生產的情形下，批判理論從不同角度瓦解現存結構，突顯主流視角的盲點或長期受忽略的現象，並指引觀察者發想另一種敘事的可能性。相較傳統的國際關係理論，大部分的批判理論皆在發掘問題，而不在解決問題，因此可稱其為所謂的「問題發掘」（problem finding）理論，而非工具性的「問題解決」（problem solving）理論。由於批判理論經常導引出更多問題，並且在短期內無法提出立竿見影的解答，導致其很多時候遭誤解，並在受實用主義傳統箝制的地區內備受批評和忽視。換句話說，許多觀察者認為，批判理論若無法化抽象為實際、提供實用的建議的話，基本上不值得探討。此結論也帶出一個值得討論的問題：理論是否應該為政策服務，還是理論只是和現實不一定相關的學術發想？

無論如何，批判理論的主要貢獻是引導觀察者去懷疑和挑戰既存的結

---

[13] Robert Cox, *Production, Power and World Orders: Social Forces in the Making of History* (New York: Columbia University Press, 1987), p. 390.

構，因為唯有如此，才能看見潛藏在當前權力關係中的問題。就某個角度而言，批判是進行改變的第一步，因為唯有察覺到問題所在，才能進而思考改變權力結構或解決問題的方式。因此對於批判論者來說，理論不能僅限於理解當前的發展，而必須涵蓋探索未知或新事物的功能，反之則過於狹隘。此外，批判理論很多時候予人的誤解是，其目的在於解構所有事物。事實上，如哥本哈根或巴黎學派，以及部分關於女性主義和環境主義的討論，其並不盡然想要完全拆解結構，而是在既有的結構中進行改變。例如哥本哈根學派「安全化」概念的實質貢獻之一是，藉由發掘恐怖主義、氣候變遷和新興科技等非傳統安全議題，學術討論可延伸至政策討論，進而產出實際的政策或應對方式。哥本哈根學派認為，當某議題被上升為安全議題以後，政府（或其他主要的行為者）便能以安全為由投入資源，繼而發展對策。有鑑於對新興議題的資源挹注通常遠不及對傳統安全議題的投入，安全化有其實用功能，並非只能做出理論上的貢獻。

　　然而在近年國際關係展開「去西方化」的反思之際，部分觀察者也批評，批判理論有很大一部分仍建立在歐美歷史和發展經驗上，因此某種西方或歐洲中心主義仍貫穿整個傳統。儘管歐洲各地區在文化上有些許差異，但就組成批判安全家族的哥本哈根、威爾斯和巴黎學派而言，內容皆難逃西方中心論的批評。凌煥銘（L.H.M. Ling）曾扼要地指出，國際關係理論的發展呈現「超陽剛、歐洲中心和白種人」（hyper-masculine, Eurocentric, whiteness, HEW）的特徵。[14]隨著中國崛起，以及近年越來越多觀察者把關注焦點轉向開發中地區，陸續有更多不同的聲音在國際關係理論的討論中湧現，例如從中國歷史文化發掘的「中國學派」，以及針對中東、非洲和拉丁美洲地區等地的發想。有鑑於此，國際關係關於理論上的討論可望越來越豐富，台灣或許也能在過程中扮演某種角色。

---

[14] Tony Tai-Ting Liu, "Teaching IR to the Global South: Some Reflections and Insights," *Revista Brasileira de Politica Internacional*, Vol. 59, No. 2 (2016), p. 7.

下篇

區域／議題實踐

第十一章　新未來：當前世界之失序與重構*

壹、前言

　　自十八世紀末以來，工業革命與資本主義體系的發展不僅改變了人類世界的長期經濟發展軌跡，同時不斷衝擊著我們的思維模式。[1]可以這麼說，在此新時期中所出現的不單單是「轉型」（transformation）之現實，因為若此不過是人類歷史發展常態罷了，正如Paul Kennedy所言：「這個世界上一直存在著某種變革的動力，這個動力往往是由經濟和科技的發展所驅使，然後對社會結構、政治制度、軍事力量以及個別國家的地位產生影響」，[2]顯然，更重要者乃是此波發展提供的改變「速度」（speed），例如Karl Marx與Frederick Engels便特別指出：「在尚不滿百年的階級統治中，資產階級所創造的生產力比過去所有世代加起來都還要龐大可觀」。[3]正因此種「可觀」的爆發力，Eric Hobsbawm亦認為，工業革命運動的爆發「意味著在1780年代的某個時刻裡頭，人類社會的生產力擺脫了過去長期束縛它的桎梏，……從此以後，生產力得以持久地迅速發展，並臻於無限成長的境地。」[4]自此，「改革」取代「傳統」成為左右社會發展的主要標準，「競爭」成為新結構下的生存法則，至於「變遷」則被視為生活內涵中必須被接受的恆常狀態。這些

---

* 本文部分內容原載翁明賢等編，《新戰略論》（台北：五南圖書公司，2007年），頁111-128。

[1] Thomas K. McCraw, *Creating Modern Capitalism: How Entrepreneurs, Companies, and Countries Triumphed in Three Industrial Revolutions* (Cambridge: Harvard University Press, 1999); Gavin Weightman, *The Industrial Revolutionaries: The Making of the Modern World, 1776-1914* (New York: Grove Press, 2010).

[2] Paul Kennedy, *The Rise and Fall of the Great Powers* (New York: Random House, 1989), Chapter 8.

[3] Karl Marx and Frederick Engels, *Communist Manifesto* (New York: Signet Classic, 1998), p. 5.

[4] Eric Hobsbawm, *The Age of Revolution, 1789-1848* (London: Vintage Books, 1996).

概念一方面被多數人所默認並接受，同時也是主導目前國際關係發展的動力所在。

　　進一步來說，所謂「速度」乃是不折不扣的現實：無論技術革新內涵從蒸汽機革命、內燃機革命到晶片革命之發展，國際霸權結構從大英帝國興衰、美國崛起、後冷戰時期來臨到美中G-2爭霸浮現，國際安全規範從權力平衡、集體安全到全球治理建制的發展等，在過去兩百年當中，人類社會的確經歷了一番驚天動地的變化。時至今日，包括南北危機、氣候變遷永續發展、金磚四國崛起、美國新保守主義帝國化，乃至於越演越烈的太空競賽與2020年COVID-19流行疫情帶來之衝擊等，一方面均延續了前述歷史持續且快速變遷之特徵，同時暗示在可見的未來，我們仍需以同樣角度來預測國際局勢的發展，亦即：國際結構穩定與慣性不可能長期存在，只有隨時應變方能掌握現實。

貳、後冷戰至新世紀初之大國格局變化

　　儘管美國與蘇聯直到1980年代為止，仍繼續是其共同創造之「冷戰」（Cold War）舞台上的主角，事實上，包括日本完成戰後重建、歐洲復甦與推動區域整合、第三世界與南北對抗問題出現、中國改革崛起，以及美蘇在軍備競賽中的經濟能量過度消耗等，[5]不僅早已頻頻發出「結構轉型」警訊，最終因蘇聯在1991年先行頹然倒地，在結束一段歷史時期（1947年至1991年）之餘，關於未來全球體系新內涵之爭辯也跟著甚囂塵上。

一、多極抑或單極：後冷戰初始之論辯核心

　　在因蘇聯崩解導致兩極結構告終後，立即引發且最受關注的問題莫過

5　Robert Gilpin, *War and Change in World Politics* (New York: Cambridge University Press, 1981); George Modelski, *Exploring Long Cycle* (Boulder: Lynne Rienner, 1987).

於「什麼是下一個國際體系結構的特徵？」[6]對此，除暫且將新階段稱之為「後冷戰時期」外，幾乎找不到共識。[7]從美國繼續在經濟、政治與軍事等各種指標維持遙遙領先局面的現實看來，或許我們可以接受Samuel Huntington所謂「有限之單極體系」（limited uni-polar system）說法；[8]儘管如此，如果觀察到美國勢力之明顯相對衰落、第三世界國家透過聯合國等建制之「國際政治民主化安排」逐漸顯露影響、全球化浪潮與網路時代略顯端倪、新安全觀與區域整合風起雲湧，以及特別是歐盟、日本與中國等「新勢力」展示出來的能量等，世界正走向「修正之多極體系」（revised multi-polar system）或也是個不容否認的現實。

　　總的來說，亦即美國之領導地位相對受限，且國際結構趨於鬆動。

　　導致對後冷戰國際體系框架有不同概念的原因，或許不僅是觀察角度或焦點不同而已，有時還涉及到理解內涵的對立問題。例如，理想主義與現實主義仍舊是關於國際政治變遷研究中，不斷交織衝突的兩條主要思考途徑。部分學者從區域整合浪潮與全球治理制度發展角度，指出無政府狀態、自助與權力平衡等概念已遭遇嚴重挑戰，尤其在冷戰終結與第三波民主化浪潮同時到來的情況下，認定所謂「現實主義已然過時」。[9]然而，Kenneth N. Waltz仍認為，前述論點不過是「假設」而仍非「理論」，因為事實證明國際互賴雖強化了國家之間的正向聯繫，也會增加衝突的機會（例如兩次世界大戰），何況所謂互賴經常出現「不對稱」的現象，從而形塑了世界體系中核心與邊陲之間，甚至是核心內部的糾葛（後者如2018年以來的美中貿易戰）。儘管如此，忽視國際制度要素向來是現實主義者遭質疑之處；例如他

---

[6]　John T. Rourke, *International Politics on the World Stage* (New York: McGrew-Hill, 2003), p. 40.

[7]　Kenneth N. Waltz, "Structural Realism after the Cold War," *International Security*, Vol. 25, No. 1 (Summer 2000), pp. 5-41.

[8]　Samuel P. Huntington, "The Lonely Superpower," *Foreign Affairs*, Vol. 78, No. 2 (1999), pp. 35-49.

[9]　John A. Vasquez, "The Realist Paradigm and Degenerative vs. Progressive Research Programs: An Appraisal of Neotraditional Research on Waltz's Balancing Proposition," *American Political Science Review*, Vol. 91, No. 4 (December 1997), pp. 899-912; Jeffrey W. Legro and Andrew Moravick, "Is Anybody Still a Realist?," *International Security*, Vol. 24, No. 2 (Fall 1999), pp. 5-55.

們始終堅持，這些制度目標其實並非用於服務國際利益，不過是國家利益
（以美國主導UN與WTO為例）的白手套；進一步來說，現實主義者認為國
際政治不過反映了國家之間的權力分配，至於權力平衡則會不斷地被破壞與
重建，[10]正因此種近乎惡性循環的發展，自由制度主義者認為，為達到限制
紛爭或避免發生激烈衝突的終極目標，政府勢必得調整並增加彼此之「合作
性交往」（cooperative interaction）政策。[11]

　　不管是現實主義或自由制度主義的觀點，還是單極或多極體系結構的爭
辯，既反映出各方對於後冷戰初期戰略環境內涵之缺乏共識，也突顯出結構
不確定之現實。無論如何，美國依舊是最強大國家雖為共識所在，前述快速
變遷的歷史特徵非但暗示美國終將無法避免相對衰落之命運，美國亦勢將不
可能被動無作為地接受此種命定結果，於是其結果導致為鞏固既有地位而進
行的更大規模擴張，此即世紀初一連串「帝國化」舉措的背景。

　　正如Russell Mead所描述的，自二十世紀末以來，美國外交政策主要反
映出所謂漢米爾頓主義（Hamiltonism）與威爾遜主義（Wilsonism）的不穩
定結合狀態；[12]其中，前者主張國家應盡力協助企業融入全球經濟，後者則
認為美國負有向全世界傳播正確價值觀的義務，至於兩者加起來則促使其自
認擁有建立「全球新秩序」的責任。為此，不僅許多人樂觀地期待著「下一
個新的美國世紀」的來臨，[13]美國總統Bush也發起了一場「外交革命」，目
的並非是要改變美國的海外目標，而是設法去加以實現，至於方法則是在重
新闡釋自身參與國際事務的重要原則後，排除國際法與國際建制途徑，更依
賴所謂「單邊力量」去先發制人地解決問題；2003年伊拉克戰爭便是最佳

[10] William Wohlforth, "The Stability of a Unipolar World," *International Security*, Vol. 24, No. 1 (Summer 1999), p. 5.

[11] Robert O. Keohane, *After Hegemony: Cooperation and Discord in the World Political Economy* (Princeton: Princeton University Press, 1984).

[12] Russell Mead, *Special Providence: American Foreign Policy and Hoe It Changed the World* (New York: The Century Foundation, 2001), Chapter 8.

[13] Mortimer B. Zuckerman, "A Second American Century," *Foreign Affairs*, Vol. 77, No. 3 (1998), pp. 18-31.

例證。[14]於此同時，美國也更將聯合國等國際組織僅僅視為「利益工具」，從而逐漸遞減對其活動的參與程度。[15]

正如Vassilis Fouskas與Bulent Gokay指出，美國的「新帝國戰略」框架早在1940年代冷戰初期便已成形，其基礎為三個戰略設計：首先是創造一個看得見的敵人（蘇聯）並誇大其對世界的威脅，其次是深化西方陣營對於美國的依賴性，最後則是鞏固美元在國際貨幣市場中的核心地位，[16]然後據此建立一個「自由主義霸權」（liberal hegemony）。[17]儘管這些設計後來陸續趨於鬆散，美國隨即利用蘇聯崩解創造的權力真空狀態而重構了一個新個戰略框架，例如透過「流氓國家」或「中國威脅」論來塑造新敵人並提供全球擴張正當性。[18]於此同時，關於進一步建構「帝國」之積極論調也開始浮現，[19]例如新保守派在1997年創設之「新美國世紀計畫」（Project for the New American Century, PNAC）便為主要代表，儘管它並非是個全面性共識。

二、戰國時代來臨：後美國時期之潛在軌跡

儘管論斷美國霸權的「絕對衰落」為時尚早，它對國際關係影響力「相對比例」下降或為不爭事實，例如其國內生產總值占全球比例從1950年代將近半成降至2019年的24.8%，國防開支也從1950年代占全球比例一半降至2019年約38%（仍然為其後10國總和），目前雖仍為世界第一大經

14　Ivo H. Daalder and James M. Lindsay, *America Unbound* (Washington, D.C.: The Brookings Institution, 2003), p. 2.

15　Nicholas Guyatt, *Another American Century? United States and the World after 2000* (New York: Zed Books, 2000), Chapter 2.

16　Vassilis Fouskas and Bulent Gokay, *New American Imperialism* (New York: Praeger, 2005).

17　Stephen M. Walt, *The Hell of Good Intentions: America's Foreign Policy Elite and the Decline of U.S. Primacy* (New York: Farrar, Straus and Giroux, 2018), Preface.

18　Joseph S. Nye, Jr. *The Paradox of American Power: Why the World's Only Superpower Can't Go It Alone?* (New York: Oxford University Press, 2002); Zbigniew Brzezinski, *The Choice: Global Domination or Global Leadership?* (New York: Basic Books, 2004); John Mearsheimer, *The Tragedy of Great Power Politics* (New York: W.W. Norton, 2014).

19　Robert Cooper, "Why We Still Need Empires," *The Observer*, April 7, 2002.

濟體，2013年至2015年被中國擠下成爲第二大貿易國，後者自2017年起又重新成爲最大貿易國，且GDP估計將於2028年至2030年超越美國，這還不包括美國在1950年僅約3,000億，2008年首次突破10兆後，2017年來到20兆大關，2020年更有望跨過30兆美元的國債總量，以及1971年首度出現赤字後，2018年來到6,210億美元史上最高點的貿易逆差總額。至於其由盛轉衰的分水嶺，2003年伊拉克戰爭與2008年全球金融海嘯絕對無可忽視。

隨著華府發動「不受歡迎」且違反《聯合國憲章》的伊拉克戰爭，法國與德國一度希望與俄羅斯組成新的「三國協約」體系，目標當然是「反美」，它們還曾宣稱將針對伊拉克戰爭在安理會中一起動用否決權。[20]值得注意的是，法德雖希望以歐盟框架爲基礎來反制美國，但它們與俄羅斯間並非全無矛盾，特別是歐盟積極東擴的結果，某種程度上也擠壓了俄羅斯的生存空間，結果迫使後者尋求向東，透過更大的格局來重構戰略基礎，至於具體建議則是由中印俄架構一個「戰略三角」，雖因1998年印度進行核武試爆導致中印關係緊張，Putin在2000年仍明確宣稱將中印作爲俄羅斯遠東外交的核心對象。其次，儘管各自受到非戰憲法框架與內部發展挑戰的限制，日本與印度（分別是全球第三大經濟體與第二大人口國家）的未來潛力亦不容小覷，前者致力邁向「正常國家」，後者則企圖將自己打造成印度洋霸權，甚至兩者還聯合德國與巴西組成所謂「四國集團」，希望共同爭取擴張後的安理會常任國席次。

更甚者，早在2008年金融海嘯來襲前，包括俄羅斯、中國、印度與巴西等四個所謂「金磚國家」（BRIC），便於2006年舉行了首次外長會晤，此後隨即成爲年度慣例；接著，在美國與西歐因金融危機衝擊蒙受沉重壓力的情況下，前述四國不僅在2009年舉行首次高峰會，2010年吸收南非成爲「金磚五國」後，翌年更建立每年在金磚峰會與G20峰會見面兩次的慣例；除此之外，金磚峰會也逐步與各區域組織展開對話，例如2014年與南美洲國家聯盟、2015年與上海合作組織、2016年與孟加拉灣合作倡議等，2017

---

[20] "Words of Refusal: Three Nations Say No," *New York Times*, March 6, 2003, p. A16.

年更首次以「金磚＋」模式邀請五個非成員國家參與，2018年非成員國領袖參與者達22個。在美國領導地位動搖與歐洲深陷債務危機之際，儘管此一新集團要求改革全球金融體系，以符合當前世界經濟現狀之呼籲，確實引發一定迴響，且畢竟這五個國家合占全球人口四成與世界經濟規模五分之一，國際影響力不容小覷。[21]

　　另一個值得注意之新平台，乃2008年全球金融海嘯衝擊下崛起之G20領袖峰會，如同1973年為因應石油危機與美國挑戰布萊頓森林體系所召開的G6峰會（1976年至1997年改稱G7峰會，1998年至2013年又改為G8峰會，2014年迄今則重回G7峰會規模），首度暗示某種國際權力分散跡象一般，為因應1997年東亞金融風暴並避免其他區域重蹈覆轍，G8集團最初雖以主導者姿態，邀集其他12個重要新興國家共同組成G20集團以推動財政部長對話，但在金融海嘯直接衝擊核心的威脅下，G20集團不僅在2008年首度召開峰會，翌年峰會在正式宣告取代G8集團成為全球經濟對話主要平台之餘，2009年至2010年更曾各自密集召開兩次峰會以共商因應危機大計。從最初目的在控制危機蔓延，並作為G8擴大代表性與正當性之平台，面對歐洲受困於債務危機與難民潮、美國在2017年Trump上台後掀起一股新保護主義浪潮，加上全球兩大經濟體美中在2018年爆發貿易戰，以及各國民粹主義興起與地緣衝突加劇，G20集團的團結場景雖不復見，但依舊扮演著目前最重要的全球經濟事務溝通平台。[22]

　　總的來說，從1970年代至1990年代此起彼落、不斷挑戰著全球經濟秩序穩定性之區域危機，到2008年爆發席捲全球之大規模金融動盪，以及G8、BRIC、G20集團接連出現，乃至1990年代以來方興未艾之區域經濟整合浪潮，這些不啻都暗示美國在二次戰後建構之國際秩序管理機制已然有

[21] John Kirton and Marina Larionova eds., *BRICS and Global Governance* (New York: Routledge, 2018); Rachel Salzman, *Russia, BRICS, and the Disruption of Global Order* (Washington, DC: Georgetown University Press, 2019).
[22] Jonathan Luckhurst, *G20 since the Global Crisis* (New York: Palgrave Macmillan, 2016); Steven Slaughter, *The Power of the G20: The Politics of Legitimacy in Global Governance* (New York: Routledge, 2019).

了「失能」跡象，在美國自己甚至充當挑戰者（無論Nixon或Trump）的矛盾尷尬情況下，如同複製1970年代Nixon時期的「新孤立主義」，Trump的「退出主義」非但象徵美國的全球戰略大轉向，也直接衝擊冷戰以來以美國為中心的霸權秩序，即便2021年上台的Biden誓言重拾多邊同盟政策，未來發展依舊充滿各種不確定性。

參、潛在變數與未來全球情勢

根據Zalmay Khalilzad與Ian Lesser等人推測，新世紀初國際戰略環境可能發展包括：美國繼續擔任領導者角色、全球權力分配現狀繼續浮動、大國互動關係未定、區域邊界日益模糊、美國本土更易受到攻擊（此點在2001年九一一事件中獲得印證）、科技傳播更迅速、核生化武器威脅依舊嚴重、美國將介入更多的非傳統危機事件等；[23]隨著二十一世紀走過五分之一，前述預測幾乎多數應驗。由此面對未來，當前國際社會即便未必充滿了潛在衝突，至少以下若干「變數」是必須加以注意並追蹤觀察的。

一、失敗帝國及其後遺症

在國際貿易擴張導致民族國家結構鬆動之後，如同Michael Hardt與Antonio Negri在2000年宣稱的，「帝國正在我們的眼前成形」，其基礎乃是由國家與超國家單位共同組成的全球性主權。[24]儘管他們顯然試圖從某種新角度與觀念來解讀全球現狀與未來的「帝國面貌」，甚至暗示排除美國可能成為這個新帝國中心的可能性，但這並不表示在其定義中完全沒有傳統成分在內。正如Robert Cooper所言：「在古代世界中，帝國意味著秩序與文明，

---

[23] Zalmay Khalilzad and Ian Lesser eds., *Sources of Conflict in the 21st Century: Strategic Flashpoints and U.S. Strategy* (New York: RAND Corporation, 1998), Chapter 2.

[24] See Michael Hardt and Antonio Negri, *Empire* (New York: Harvard University Press, 2000).

帝國之外則暗示著野蠻與無秩序狀態」；[25]換句話說，在自古至今的人類世界當中，「帝國」都代表著某種透過壟斷權力以便建立長期秩序（或權力分配現狀）的政治現象。

　　進一步來說，首先，帝國既暗示著「秩序」，建構帝國則不啻是在「權力真空」狀態中追求秩序的過程；其次，秩序雖可說是「人之所欲」，在無秩序狀態乃國際環境常態的情況下，成功建構帝國的歷史例證依舊相當罕見。其主要關鍵在於：除了必須有主觀的擴張意願外，同時得有客觀的環境要素（領先者差距的拉開）配合才行。據此，我們既可以清楚理解歐洲長期存在權力平衡（balance of power）的原因，也解釋了美國在新世紀初浮現「新帝國論」的背景所在。正如Charles Krauthammers所說的：「歷史已經給了美國一個帝國，除非它不願意去維持」；[26]如同人們多以「霸權」稱之，美國並不真是個「帝國」，但隨著蘇聯瓦解且暫時沒有任何追趕者能挑戰其領先優勢，無疑至少給了華府一個鞏固霸權的契機，甚至如Peter Bender直接將美國稱為「新羅馬帝國」一般，這暗示著美國確有機會如同古羅馬般創造出一個長期世界秩序，[27]從而無限期地延長美國在結構中的主導地位。[28]

　　儘管如此，隨著它陷入伊拉克戰爭泥沼並迎來一波反美浪潮，[29]美國不僅如同Noam Chomsky所言可能是個「失敗國家」，[30]假若追溯檢討戰爭緣由，則被迫在2011年底撤離伊拉克的美國亦不啻是個「失敗帝國」。儘管擁有686個海外基地顯示其仍擁有獨步全球之投射能量，[31]甚至從2009年

[25] Robert Cooper, "Why We Still Need an Empire?," *Observer*, April 7, 2002.

[26] Charles Krauthammers, "The Unipolar Moment Revisited," *The National Interest*, Vol. 70 (Winter 2002), pp. 5-17.

[27] Peter Bender, "America: The New Roman Empire," *Orbis*, Vol. 47, No. 1 (Winter 2003), pp. 145-159; *Weltmacht Amerika: Das Neue Rom* (Stuttgart: Cottasche Buchhandlung Nachfolger, 2003).

[28] Michael Hirsh, "Bush and the World," *Foreign Affairs*, Vol. 81, No. 5 (2002), p. 25.

[29] Peter J. Katzenstein and Robert O. Keohane eds., *Anti-Americanisms in World Politics* (Ithaca: Cornell University Press, 2006).

[30] Noam Chomsky, *Failed States: The Abuse of Power and the Assault on Democracy* (New York: Holt Paperbacks, 2007).

[31] David Vine, *Base Nation: How U.S. Military Bases Abroad Harm America and the World* (New York: Metropolitan Books, 2015), p. 4.

Obama「重返亞洲」到2017年Trump推動「印太戰略」，美國看似還有戰略擴張空間與能量，自2007年爆發次貸危機以來，無論2018年發動美中貿易戰乃至2020年突如其來的新冠肺炎（COVID-19）疫情，如同前述，其相對衰退跡象非但越發顯著，猶如Fareed Zakaria在2008年對可能之「後美國世界」的描述，目前世界正經歷一個「群雄並起」（the rise of the rest）的階段，「在政治和軍事層面上，我們仍然處於單一超強世界，但產業、教育、社會、文化等其他面向，則權力正在轉移並逐漸脫離美國支配；這並不表示我們進入了一個反美的世界，而是說我們已經邁向一個由許多地區和個人共同界定與監督的後美國世界當中」，[32]至於它對全球地緣政治之影響，勢將為未來國際結構內涵變遷埋下最重要的一個變數。

二、第二波太空競賽浮現

　　放眼下一階段大國競爭，太空範疇對權力衝突勝負顯然日益具有舉足輕重的作用。[33]目前全球共有13國擁有自主發射衛星能力，[34]截至2020年8月，環地球軌道上共有2,787顆各類衛星，其中，美國以1,425顆占總數一半，其次則是中國的382顆；[35]不過，美國若繼續在太空部署武裝又無法壟斷技術的話，勢將提供其他國家開發反衛星技術藉口，並使美國成為最大的攻擊目標。為解決此問題，美國在1982年成立空軍太空司令部後，2001年進一步由國防部主導建制了太空委員會，2019年3月設立太空發展署，同年12月更正式成立太空軍（Space Force）。與此相對地，前蘇聯非但自1960年代以來便是美國太空競賽的主要對手，1992年更率先成立太空軍，1997年一度併入戰略火箭軍後，2001年再次成立太空軍並制定《2010年國家航太計

32　Fareed Zakaria, *The Post-American World* (New York: W.W. Norton, 2008), pp. 4-5.

33　James Oberg, *Space Power Theory* (US Air Force Academy, 1999); John Klein, *Space Warfare: Strategy, Principles and Policy* (New York: Routledge, 2006); Charles Lutes and Peter Hays eds., *Toward a Theory of Spacepower* (Washington, DC: National Defense University, 2011).

34　根據首度發射衛星時間順序為：俄羅斯（蘇聯）、美國、法國、日本、中國、英國、印度、以色列、烏克蘭、伊朗、北韓、南韓、紐西蘭。

35　"UCS Satellite Database," *Union of Concerned Scientists*, August 1, 2020, http://www.ucsusa.org/resourses/satellite-database.

畫》，據此，太空軍在2011年改稱航太防衛軍，2015年又與空軍合併為航空太空軍；除此之外，由於美國在2011年終止太空梭計畫，自此俄羅斯便壟斷了發射火箭前往國際太空站（ISS）的任務，直到2020年Space X載人飛行成功為止。值得注意的是，美俄之間雖長期存在著前述「既競爭又合作」關係，俄羅斯仍試圖聯合中國來抗衡美國，例如2003年協助北京成功發射送出首位太空人便是一例。

　　無論如何，引發更多關注的是中國的發展：[36]它在1975年與2000年分別成為世界第三個掌握衛星返回技術與擁有自主導航衛星系統的國家後，更在2003年與2005年兩度（神舟五號與六號）成功進行載人太空飛行，成為繼美國和俄羅斯後掌握載人航太技術的國家。其次，相較美國曾於2004年提出2015年至2019年重新登月計畫（2010年取消，2020年再度重啟並設定2024年目標），俄羅斯計畫在2021年至2025年陸續發射探測器，並鎖定在2030年左右登月，日本、德國、南韓與以色列等也聲稱將在2021年至2025年間分別發射探測器，中國則根據自身規劃，陸續完成「繞（2007年與2010年發射嫦娥一號與二號繞月探測衛星）、落（2013年由嫦娥三號攜帶著陸器玉兔號進行月面探測）、回（2020年由嫦娥五號登月採集土壤後返回地球）」等階段性任務，目前雖無具體載人登月規劃，但預計於2022年完成自主太空站建設，未來可能取代1998年發射迄今的國際太空站（2025年至2028年間或將結束任務）。

　　更甚者，正如美國副總統Mike Pence指出：「太空環境在上個世代出現根本變化，從一度和平且沒有競爭，如今則變得擁擠且充滿對抗性」；自中國在2007年成功發射中程導彈摧毀一顆即將報廢的氣象衛星後，加上前述探月競賽與後續各國火星探測規劃，在美俄分別於2015年與2019年成立太空軍種後，法國與日本隨後也在2020年成立太空軍（CDE）與宇宙作戰隊，使得某種太空軍備競賽似乎蠢蠢欲動，[37]於此同時，繼1960年代至

36　蔡東杰，《當代中國外交政策》（台北：五南圖書公司，2020年），頁293-297。
37　John Lauder, Frank Klotz and William Courtney, "How to Avoid a Space Arms Race," *RAND*, October 26, 2020; https://www.rand.org/blog/2020/10/how-to-avoid-a-space-arms-race.html.

1970年代的第一波太空競賽後，2018年至2020年全球迎來連續破百次的太空發射（中國均蟬聯第一），亦讓潛在之第二波競賽在2020年代再度成為焦點。

三、網路世界來臨與新空間戰爭

　　起自1960年美國五角大廈的網路計畫在1983年開放民間使用之後，加上美國國家科學基金會（NSF）在1985年撥款協助近百所大學連上網路，以及1980年代個人電腦興起影響了家庭和個人生活內涵，從而使「全球網際網路」（World Wide Web, WWW）在1990年代成為影響當前全球互動的關鍵因素，讓「資訊」取代「生產」，成為主導全球化的最新核心因素，以美國的「資訊社會」來臨為例，其政府資訊產業年度投資額便由1990年1,200億迅速增至1998年的3,881億美元。單就全球半導體生產總值統計，便由1999年的1,494億美元，2015年成長10倍來到1.4兆美元，電子商務網上交易額也在2019年達到3.5兆美元規模，約占全球零售總額十分之一。

　　儘管網路世界近年來幾乎以狂飆速度進行擴張，相關治理結構卻仍存在重大缺口，迄今沒有任何全球性治理機制負責處理公共政策問題，並負責溝通過程中各利益相關者的互動。進一步來說，網際網路世界雖充滿「超國家」性質，主權國家政府迄今依舊控制並主導著政策制定，未必能反映出此一新興領域中的真實需求與挑戰。更甚者，許多國家還將網路世界視為新的權力來源，試圖擴大自己在此範疇中的全球影響力，例如作為先驅者的美國便於1996年推出新一代發展規劃以強化它在網路經濟中的領先地位，藉此保持自身在經濟、政治、軍事等方面的優勢。聯合國主導的「世界資訊社會高峰會」（World Summit on Information Society, WSIS）雖在2003年建立網路治理工作小組（WGIG），自2006年起召開的「網路治理論壇」（Internet Governance Forum, IGF）也集合全球90多國政府與各界代表在2014年發表一份《多方利害關係人聲明》，顯然成效有限。

相對地，基於網路「無政府狀態」可能誘發之衝突風險，[38]北約「卓越合作網路防禦中心」（Cooperative Cyber Defense Centre of Excellence）國際專家小組在2013年編纂的《塔林手冊》既被稱為「第一部網路戰爭規範法典」，[39]試圖以「詮釋借用」既有國際法規範來彌補制度不足缺陷，2017年的2.0版本更進一步釐清所謂網路攻擊行為之內涵；此手冊名稱來自2007年4月至5月愛沙尼亞國會、政府部門、銀行乃至媒體網站所遭受之廣泛攻擊，此事件普遍被視為第一場國家層次的網路戰爭，至於美國國家安全局在2009年至2010年主導針對伊朗之震網（Stuxnet）攻擊事件及其國土安全部下轄網路安全基礎架構與安全署（CISA）在2019年指控伊朗駭客攻擊美國政府網站等，則呼應Trump政府在2018年公布的首份《網路安全戰略報告》。事實上，美國早在2005年便將網路與陸地、海洋、天空以及太空並列為「五大空間」，繼2009年成立「網路司令部」後，2017年又將其提升為最高級別的聯合作戰司令部；基於其特殊之空間性質，網路對國際安全之影響未來勢必越發引人關注。

四、區域整合與國家體系之質變

正如Robert Gilpin所強調的：「國際事態發展隱含著深刻的變化」，[40]國際政治的逐漸「經濟化」暗示著國際互動重心變遷的過程，特別是相較十六世紀後以歐洲為主的世界中，國際政治秩序一直是民族國家關注鬥爭之焦點，如今則經濟問題不僅普遍受到關注，更被認為與國家及個人命運具緊密聯繫。據此，一方面國際關係不再完全等同於國際政治，由鄰近國家之間頻繁交流驅動之所謂「區域化」（regionalization），亦即若干國家邁向經

---

[38] Andrew Chadwick, *Internet Politics: States, Citizens, and New Communication Technologies* (Oxford: Oxford University, 2006); Richard A. Clarke and Robert K. Knake, *Cyber War: The Next Threat to National Security and What to Do About It* (New York: Harper Collins, 2010).

[39] Michael N. Schmitt ed., *Tallinn Manual on the International Law Applicable to Cyber Warfare* (Cambridge: Cambridge University Press, 2013).

[40] Robert Gilpin, *Global Political Economy: Understanding the International Economic Order* (Princeton: Princeton University Press, 2001).

濟互賴、制度建構、政治互信，甚至建立認同的過程，也透過「超區域」、「微區域」或「次區域」等形式，[41]讓「合作」成為與「競爭」並存的國際概念。

自1995年世界貿易組織（WTO）成立至2018年為止，WTO共164個會員均簽署至少一個區域貿易協定（RTA）或自由貿易協定（FTA），總計全球共有545個RTA／FTA，其中已批准生效者共308個。可以這麼說，值得注意的不單是前述快速增長的累積數量，由於這些RTA／FTA暗示之國際法效力，其結果已然使傳統國家單位之「排他性主權」因國際建制興起而受到挑戰，從而埋下未來國際關係發展的不確定性。甚至還有若干學者企圖擺脫「國家」概念糾纏，直接從社會結構與功能角度著手，將社會空間視為社會活動的產物；[42]此種被稱為「功能性區域主義」的觀念特別強調透過社會互動與循環來創造資源的過程，一方面使社會單位的重要性高於權力的擁有，同時削弱原來對國家的印象。[43]除此之外，由國家與企業共同界定的某種「經濟區域」也是前述功能區域主義的一種。

事實上，所謂區域本來就是指某種可進行有組織治理的適當單元，無論由國家或非國家行為體主導，區域化浪潮都對既有傳統國家體系提供了規範修正的效果。[44]例如以1960年代與1990年代兩波區域運動為例，新一波整合浪潮所以出現正因反省在前一波運動中，由於過度重視國家主權規範，以致合作層次受限，並讓相關區域運動陷入停滯不前的狀態。尤其以1990年代以來的歐盟發展為例，當可明顯看出各國對堅持主權獨立原則的讓步，以

[41] Howard Riggins, *Dynamics of Regional Politics: Four Systems on the Indian Ocean Rim* (New York: Columbia University Press, 1992).

[42] Michael Niemann, *A Spatial Approach to Regionalism in the Global Economy* (London: Macmillan Press, 2000), pp. 70-71.

[43] Kenichi Ohmae, "The Rise of Region State," *Foreign Affairs*, Vol. 72, No. 2 (1993), pp. 78-87; Kenichi Ohmae, *The End of Nation State: The Rising of Regional Economies* (New York: Free Press, 1995); Charles Tilly, "International Communities, Secure and Otherwise," in Emanuel Adler and Michael Barnett eds., *Security Communities* (Cambridge: Cambridge University Press, 1998), pp. 404-410.

[44] Allen J. Scott, *Regions and World Economy: the Coming Shape of Global Production* (Oxford: Oxford University Press, 1998), pp. 28-48.

及由此所得出之進一步國際結構變遷之暗示。從另一角度來說，1993年除《馬斯垂克條約》催生歐盟（EU）誕生之外，同年《北美自由貿易協定》（NAFTA）簽署與亞太經濟合作（APEC）在西雅圖召開首次領袖高峰會，已開啓關於西歐、北美和亞太「三分天下」態勢之討論，時至今日，儘管北美與西歐仍深陷「後金融海嘯衝擊」之中，2020年《區域全面經濟夥伴協定》（RCEP）之簽署又再度引發相關討論，其未來之演進與互動發展實不容小覷。

肆、結語：霸權與國際秩序

　　無論新的區域整合運動或網際網路世界的擴散，是否將導致國家作爲當前全球戰略結構主要行爲體的地位產生質變，在人類社會中爲爭奪「權力」而展開競賽似乎是個永恆的現象，差別只在環境規範與主角不斷更迭而已。更甚者，此種競爭過程既不時導致權力受到壟斷的結果，亦即「霸權」的出現（這也是此處爲何還是從討論美國政策入手的緣故），而多數霸權國家亦都會帶來一定之「制度創新」（institutional innovation）：例如法國式君權神授與土地制度，英國式的君主立憲、工業社會與金融機制，及美國式的民主政治、生產線與道德性霸權形象等；由此，下一階段的霸權模式或許也不會繼續墨守當前成規。未來的新霸權型態或將在擁有軍事與經濟能量外，同時具備客觀「道德」影響，成爲某種「三重霸權」（ternary hegemony）。在此，所謂道德權力並非指在歐洲霸權階段中過於自我中心並充滿階級優越感的「文化霸權」（culture hegemony）或「文化帝國主義」力量，[45]也非如同Joseph Nye, Jr.所強調，重視政治意識價值觀與生活型態主流性的「柔

---

[45] Antonio Gramsci, *Selections from Political Writings* (London: Lawrence & Wishart, 1978); Chantal Mouffe, *Gramsci and Marxist Theory* (London: Routledge, 1979), pp. 168-204; Karl Kautsky, *The Class Struggle* (New York: Norton Press, 1971).

性國力」（soft power），[46]而是指在接受人類文明本即具有歧異性的現實下，能協調出共同價值並提供更穩定秩序的整合能力。

以美國為代表的霸權型態雖因擁有理想主義傳統提供的文化力量，從而開啟了對國際道德問題的討論（例如「人權」長期作為其外交政策關鍵詞之一），源自一神論的宗教思想淵源與資本主義體系強調的個人主義基本價值，仍使其很難具有真正道德權力所需的「包容性」，這也是美國霸權所以在世界各地引發爭議反彈的原因。[47]當然，霸權更迭未必僅僅帶來本質變遷而已，如果霸權國家能提供穩固之國際或區域合作建制，即便未來面對相對衰退，其所建立的機制仍將自我維繫並繼續發揮穩定秩序的功能。[48]不過，由於在可見未來，國際間「權力不均」現象與「自利」思維繼續主導國家行為的特徵仍不見轉變跡象，加上現實進展有限，透過全球治理機制建立國際秩序的理想恐怕暫時難以落實。

正如前述，爭奪權力不僅是人類社會中的永恆問題，由於「在國際中幾乎看不到真正想維持現狀的國家，因此當利益超越成本時，國家便會藉此犧牲對手來獲取權力，以便最終成為體系中的霸權國家」，[49]特別在霸權過渡期間可說是爆發衝突的危險階段。即便多數人仍陷入對美國霸權秩序的「慣性思考」，Bush政府在2001年至2004年的第一任期甚至試圖落實「新帝國論」，Robert Kaplan仍在2001年警告一個新的「無政府狀態」即將來臨，[50]隨著美國在世紀初以來一連串危機中顯得左支右絀，無論Richard Haass或Stephen Walt都試圖提醒華府關於世界秩序已然改變的現實，[51]Henry

---

[46] Joseph S. Nye, Jr., *The Paradox of American Power* (New York: Oxford University Press, 2002).

[47] Samuel P. Huntington, *The Clash of Civilizations and the Remaking of World Order* (New York: Simon & Schuster, 1996).

[48] Robert O. Keohane, *After Hegemony: Cooperation and Disorder in the World Political Economy* (Princeton: Princeton University Press, 1984); Robert Gilpin, *The Political Economy of International Relations* (Princeton: Princeton University Press, 1987).

[49] John Mearsheimer, *The Tragedy of Great Power Politics* (New York: W.W. Norton, 2001), p. 21.

[50] Robert Kaplan, *The Coming Anarchy: Shattering the Dreams of the Post-Cold War* (New York: Vintage, 2001).

[51] Richard Haass, *A World in Disarray: American Foreign Policy and the Crisis of the Old Order* (New

Kissinger更在2020年疫情擴張伊始，便警告其結果恐將「永遠改變世界秩序」。[52] 當然，全球情勢不易預測，但無論追溯歷史或如前言所述，「變遷」已被視為當代生活內涵中的恆常狀態，霸權結構終將更迭乃勢不可免；只不過，霸權出現交接情況固然可能直接來自舊霸權的衰落，也可能因為國際環境出現不確定之新變數，或潛在霸權挑戰者掌握了進入地緣權力真空或新空間（外太空或網路世界）之先機，從而加速了權力分散現象，此乃本章觀察未來全球戰略形勢變化時之關切焦點所在。

York: Penguin Books, 2018); Stephen M. Walt, *The Hell of Good Intentions: America's Foreign Policy Elite and the Decline of U.S. Primacy* (New York: Farrar, Straus and Giroux, 2018).

[52] Henry Kissinger, "The Coronavirus Pandemic Will Forever Alter the World Order," *The Wall Street Journal*, April 3, 2020, https://www.wsj.com/articles/the-coronavirus-pandemic-will-forever-alter-the-world-order-11585953005.

第十二章　亞太區域整合趨勢探析：重塑中的國際政治經濟格局

廖舜右

壹、前言

　　冷戰之後國際政治經濟局勢發展走向，合作大於競爭勢態，主要原因在於國際間國家行為體敵我意識的辨識轉趨模糊。國家行為體相互間經濟合作的互動模式，能夠給予國家行為者可預期的收益，也在可期待的狀況下建構一個複雜互賴的體制。90年代前後的自由貿易協定與區塊，成為當代國際政治經濟的最佳模式。1990年代全球區域貿易協定（Regional Trade Agreements, RATs）僅有27個區域完成簽署並實行，然而根據世界貿易組織（World Trade Organization, WTO）秘書處統計，截至2020年6月1日止，全球已經實行303個區域貿易協定，並對應WTO成員體發出包含各式貨品、服務與資格審定的490份通知協定，[1]讓RTAs重整區域經濟貿易與投資流向的功能發揮到極致。從諸多國際關係理論研究可以發現，這樣的經濟模式在重視「功能」的情況下，可以發揮其預期效用。例如1960年代的功能主義（Functionalism）與1970年代的新功能主義（Neofunctionalis）都提供了極為清楚的解釋與預測，包含從「經濟整合（integration）或者經濟互賴（interdependency）的良好互動模式外溢到政治領域」，[2]以及「各層級政治團體彼此的互動結果，將影響議題整合成效」的兩大主要論點。[3]前者替國際間和平發展奠定主要論述模式，讓國家行為者間得以互相仿效；後者則緩衝了經濟發展

---

[1] 世界貿易組織，http://www.wto.org/english/tratop_e/region_e/region_e.htm（最後瀏覽日期：2020年9月10日）。

[2] Ernst B. Hass, *The Uniting of Europe* (Stanford University Press, 1958), pp. 283-286.

[3] Karl W. Deutsch and S . A . Edinger et al., *Political Community and the North Atlantic Area : International Organization in the Light of Historical Experience* (Princeton University Press , 1957), p. 279.

的直接衝突，讓「功能」得以循序彰顯，並對國家間行為者的各自發展尋找空間。因此，國家彼此對於「經貿功能」以及「效果」的逐漸磨合，讓冷戰後的國際間行為者模式漸趨一致，追求經濟模式的統整遂成當代國際政治經濟模式的主流。

然而，當代國際現勢在美國霸權逐漸衰弱、世界貿易組織失靈進而使「貿易壁壘」與「貿易保護」增加以及「華盛頓共識」等資本主義的意識型態受到挑戰的變化下，讓任一國際關係理論都無法合理形容現有的局勢演進。[4]更甚者在現有強力挑戰者的逐步進逼下，美國霸權體制下的集體財（collective goods）或公共財（public goods）都不再免費提供，當然據此建立的開放市場經濟模式、穩定貨幣體制抑或是國際安全體系亦難以存在，也讓國際政治經濟領域思考如何建立新的互動模式。例如新加坡總理李顯龍2020年初在美國著名智庫的投書，[5]說明了美中兩國競爭下，中小型國家在兩強之間的困境，必須選擇投向某一個霸權體制下的政治經濟體系，才能獲得其體系下的公共財，新加坡面臨被迫選擇的壓力。不約而同地，印尼外長也於2020年9月初，透過路透社發表類似的外交宣言。[6]顯示當前國際局勢與過去一段時間，合作大於競爭的態勢正在改變，也顯示除了當前的兩個主要霸權國之外，其他的國家都可能面臨背棄另一個霸權體系的抉擇。這與過去一段時間內，以全球為範疇進行自由貿易系統的建立有很大差異。然而，近期世界霸權國家——美國與中國齟齬不斷，讓合作模式轉趨競爭、甚至於對立，讓過去成為典範的自由貿易區塊面臨重新調整步調的景況。本研究將嘗試從國際政治經濟視角出發，檢視當前亞太區域經濟整合現況以及未來發展的研判，進而說明在當前複雜局勢下國家行為者的應對之策。

---

4 廖舜右，〈三重失靈危機下的國際經貿體系〉，《全球政治評論》，第30期（2010年），頁71-81。

5 Lee Hsien Loong, "The Endangered Asian Century," *Foreign Affairs*, July/August 2020, https://www.foreignaffairs.com/articles/asia/2020-06-04/lee-hsien-loong-endangered-asian-century.

6 Tom Allard and Stanley Widianto, "Indonesia to U.S., China: Don't trap us in your rivalry," *Reuters*, September 8, 2020, https://www.reuters.com/article/us-indonesia-politics-foreign-minister-idUSK-BN25Z1ZD.

貳、國際政治經濟模式下的亞太地區變局

一、多邊主義與當前亞太區域發展

國際關係領域中，多邊主義意指擁有共同目標的多個國家，所共同支持的聯盟或者制度，最早可以追溯到歐洲協調（Concert of Europe）下的反拿破崙意識。[7]而兩次世界大戰後所建立，為了維護世界和平的國際組織，包含「國際聯盟」（League of Nations）以及「聯合國」（United Nations）都可以被視作是多邊主義的具體案例。對比於Ruggie寬鬆的定義，Keohane的定義就更為精準一些：「三個或三個以上的國家透過特別的安排或藉由機制來協調國家政策的實踐。」[8]Keohane更進一步說明多邊主義合法性以及制度特性：[9]包含具備強大的國家推動的意識（認知），以及透過國際組織賦予其「正當性」。兩者均需要國家在執行政策層面的主、被動協助，因此多邊主義制度的存在目的並非推翻國家的可能，而是透過多邊主義的協調，完成國家行為者無法直接落實的目的。Bell更清楚地指出，大國與世界秩序是多邊主義脈絡下的產物，[10]其目的在於滿足大國之間彼此的需求。所以檢視當前國際關係發展，多邊主義已經成為國際行為者互動模式的一部分，亞太地區更是習於這樣的模式運作。如以「亞太經濟合作會議」（Asia-Pacific Economic Cooperation, APEC）為例，21個會員／經濟體（member economies）以APEC的三大支柱為「貿易暨投資自由化」、「商業便捷化」及「經濟暨技術合作」為目標，以「共識決」及「自願性」等方式發展，透

---

[7]　John G. Ruggie, "Multilateralism: The Anatomy of an Institution," *International Organization*, Vol. 46, No. 3 (1992), p. 578.

[8]　Robert O. Keohane, "Multilateralism: An Agenda for Research," *International Journal*, Vol. 45, No. 4 (Autumn 1990), pp. 731-764.

[9]　Robert O. Keohane, "The contingent legitimacy of multilateralism," in Edward Newman, Ramesh Thakur, and John Tirman eds., *Multilateralism under challenge? Power, international order, and structural change* (United Nations University, 2006), pp. 58-62.

[10]　Coral Bell, "Power and world order," in Edward Newman, Ramesh Thakur, and John Tirman eds., *Multilateralism under challenge? Power, international order, and structural change* (United Nations University, 2006), pp. 78-83.

過各會員／經濟體相互尊重及開放性政策對話的模式，達成尋求區域內共享經濟繁榮之目標，就是多邊主義概念下的最佳範例。

但與過去國際政治經濟領域所遭受到考驗不同之處，在於當代國際社會與亞太區域同受新冠病毒疫情影響，如此重大事件正重新刻劃區域內結構脈絡。首先，多邊主義開放性的特徵，與病毒傳播帶來的影響有著負相關效應的關聯，例如國際間禁止商務旅遊以及觀光旅遊的限制，多在2020年2月開始執行，截至該年11月初台灣當局仍對世界193個國家發出相關的警示通告，[11] 無可避免地將會影響域內會員體互動，包含商業活動以及投資、技術合作活動的限制，在無法直接面對面的前提下，重新發展其他技術替代。其次，受到限制的會員體將會因為個別技術能力的發展，而被區隔、劃分，例如域內東協國家過去發展就因為經濟、科技硬體設備的落差，而產生會員體間的不良互動，在疫情影響下，受到設備的限制將會更形嚴重，無法順利透過資訊傳遞技術互通，將導致部分國家行為者受到直接地隔絕。最後，結合前面兩者之發展，疫情影響下的亞太區域發展，將扭轉多邊主義主導模式，逐漸轉變成為單邊主義互動模式。因為疫情發展成為國家與國家互動的限制條件，也就是說多邊主義所提倡的開放、適用於多數國家的規則，會因為單個國家的「疫情」狀況受到限制，這樣的發展會重新建構出雙邊主義下的國際關係。亞太區域與歐洲同受疫情影響甚鉅[12]，但亞太區域公共衛生知識普及率仍有不足，能否承受更大規模的疫病襲擊仍未可知，此對亞太區域的多邊主義發展將有重大衝擊。

二、缺乏霸權國家主導的政經體系

美國於2019年7月正式通知聯合國，它將於2020年7月退出世衛組織。[13]

---

[11] Taiwan Centers for Disease Control, November 1, 2020, https://www.cdc.gov.tw/En.

[12] 國家政策研究院科技政策研究與資訊中心，政策研究指標資料庫，https://pride.stpi.narl.org.tw/index/graph-world/detail/4b1141ad70bfda5f0170e64424db3fa3（最後瀏覽日期：2021年5月24日）。

[13] Zhang Yun, "The Myth of One-Way Global Dependence on America and Future of American Leadership in the World," *CHINA & US Focus*, August 23, 2019, https://www.chinausfocus.com/finance-economy/the-myth-of-one-way-global-dependence-on-america-and-future-of-american-leadership-in-the-world.

近年來，美國決定退出多個國際組織和國際協定，包含聯合國教科文組織、全球氣候變化巴黎協定、伊朗核問題框架協定等，甚至威脅有可能退出世貿組織。從國際整體的角度來看，美國決定退出多邊主義框架下的世界結構是不可思議的事情，除了美國擁有霸權國家的強大能力外，其從相關制度當中獲得最多利益也是不爭的事實。面對這樣的發展，可能的解答只有兩種發展趨勢，首先是美國認爲當前世界多邊主義制度下美國是個不可或缺的角色，如此解釋可以理解美國正在調整其外交政策實行手段，其與世界其他行爲國家正在重新協商相關責任與義務；反之可能的另外一種情況則是，美國認知到自己衰退的趨勢，它逐步收縮供給公共財的義務，多邊主義發展將遭受發展瓶頸，陷入需要單邊亦或是雙邊協商的迫境。無論是前者或是後者，對雙邊主義的發展都不是好的情況，主要原因在於多邊主義發展需要制度維護，其承諾必須透過制度的落實建立信用。從過去國際聯盟的失敗，到當前世界衛生組織遭受質疑，都是參與者在這其中違反了某些制度後不受懲罰，繼續享有相關制度的保障，國際聯盟的失敗間接導致第二次世界大戰的發生可謂明證。

特別是新世代下非傳統安全的威脅，多邊主義是能夠發揮其影響力與作用的。例如透過非政府組織、乃至於政府間組織宣導防疫措施，以及應當有的強制政策，在極短時間成本的設定下，管控疫病傳染途徑，將可直接避免第二波傳染情況的發生。或者採取更爲強制的隔離政策，讓可能具有傳染嫌疑的境外移動者受到更爲嚴密的監護，避免沒有防疫能力的國內人民直接受到威脅，這樣一致的目標，加上透過組織協調國家實踐，正是多邊主義倡議者的理念。但在沒有霸權國家領導的情況下，具體落實顯有難度。美國川普政權決定退出各項國際組織，讓國際社會面臨挑戰，需要與非多邊主義支持者保持互動，另一方面拜登政權則要努力促使多邊主義者繼續相信制度，進而重新說服美國相信多邊主義，加以穩定並且保持國際秩序穩定。

三、2020年COVID疫情對當代亞太區域的影響

2020年9月22日，中國國家主席習近平在第七十五屆聯合國大會一般性辯論上發表談話，就如何應對疫情擴散、鞏固多邊主義、改革全球治理體系做出闡釋：[14]

「我們要堅持走多邊主義道路，維護以聯合國為核心的國際體系。全球治理應該秉持共商共建共享原則，推動各國權利平等、機會平等、規則平等，使全球治理體系符合變化了的世界政治經濟，滿足應對全球性挑戰的現實需要，順應和平發展合作共贏的歷史趨勢。國家之間有分歧是正常的，應該通過對話協商妥善化解。國家之間可以有競爭，但必須是積極和良性的，要守住道德底線和國際規範。大國更應該有大的樣子，要提供更多全球公共產品，承擔大國責任，展現大國擔當。」

顯見中國在當前疫情影響下，願意承擔多邊主義制度倡導者的角色。在中國這樣區域霸權國家透露出更多意願，也給予更多承諾的同時，亞太地區的合作發展前景將獲得整合、收攏的機會，國家間政策目標將擁有轉型的機會，或許是當前疫病影響下賦予多邊主義的唯一正面意涵。但對於其他國家而言，中國的問題並不在於其能力或者意願，而是其給予的政策目標以外的其他行為，讓其他行為體擔憂，例如「一帶一路」政策下的債務解決問題。

檢視疫情影響下的亞太區域發展，符合多邊主義倡導者所主張的，能夠發揮實質影響力，且具備意願的制度，或許可以「亞太經濟合作會議」為參考。其2010年會議主軸「改變與行動」（Change and Action）與2017年會議主軸「創新新動能，育成共同未來」（Creating New Dynamism, Fostering a Shared Future），均包含其因應疾病威脅的相關對策，具備解決問題的能力；其次，「共識決」及「自願性」的決策模式，具備協調各國環境差異的

---

14 〈習近平在第七十五屆聯合國大會一般性辯論上的講話〉，《新華網》，2020年9月23日，http://cpc.people.com.cn/BIG5/n1/2020/0923/c64094-31871241.html。

彈性，能夠實質協調各國防疫政策的落差，能夠滿足亞太地區國家發展落差的景況；最後，以緊密結合的區域爲範疇所建立的合作論壇，以每年各層級會議爲基礎，發展部長級會議以及經濟領袖會議，提供當前亞太區域具解決力的共識平台。

參、當前亞太區域互動關係

一、RCEP vs. CPTPP

　　RCEP與CPTPP是截然不同的兩個經濟整合模式，從收益概念、發展目標以及推動模式上皆不相同。從國際政治經濟領域下的衡量標準上來看，更是南轅北轍，如相對收益與絕對收益、黃金標準與平衡發展、亦或是一步到位與積木堆砌般的談判簽署工作。前者在中國絕對優勢的經濟實力下，已與其會員國完成簽署作業，不受疫情影響。同時，在中國表態願意加入CPTPP的情況下，各國對於此一動態的反應，也切實說明在外交立場偏向美國的其他國家，對於亞太區域經濟合作的期許與困境。例如澳洲支持中國的加入，除了希望繼續維持與中國經濟面向的合作之外，也期盼修補當前惡化的中澳雙邊關係；然而受北美自由貿易協定（NAFTA）／美墨加協定（USMCA）的墨西哥，就面臨美國可能重新議定協定的壓力，而反對中國的加入；新就任的美國總統拜登更可能因爲立場改變，而重新建構其亞太區域政治經濟發展動向，進而影響中國准入CPTPP的機率。

　　現有趨勢的改變，顯示在當前疫情影響下，亞太區域合作的前景可能偏向有利於中國發展的局勢。換言之，中國主導的RCEP模式在具體可預期的發展下開始影響亞太區域經濟模式，如「東協方式」（ASEAN way）或「平衡發展」（balanced development）模式，將依照成員發展程度的落差，給予差別待遇而緩慢進展。考量經濟發展而逐步妥協或將成爲亞太區域合作前景，一如中國開始有意願加入CPTPP的宣示。過去RCEP與CPTPP的

比較面向著重於經濟指標以及經濟活動的意涵，兩者間因對經濟活動促成原因的齟齬而互不相融。但在當前國際結構的發展下，顯然兩者比較評估的面向受到政治因素影響而逐步兼併，在疫情嚴峻的迫切情況下，加速區域合作的整合。

　　過去因為經濟危機轉向政治危機的歷史教訓歷歷在目，例如1896年歐洲經濟大蕭條與1933年的全球大蕭條後，分別爆發第一次、第二次世界大戰，讓當代國際社會不得不重新思考嚴重危機對於人類社會的破壞。亞太區域內的國家行為者與非國家行為者自不能置身事外，如何避免嚴重的政治危機，導致各國重新對立，或者協調出暫時妥協的方案，是當前國際政治經濟領域倡議者的首要任務，如同全球化下自由貿易風潮所形成的「共識」，是國家間行為者據以行動的準則，包含共同理解、承諾與價值觀所構成的制度，過去一段時間的自由化、市場化進而形成資本市場的國際體系，正被「疫情」逐步解構。如何回復過去所共同享有的邊境、世界貿易或者自由流通將成為當前課題，但對於亞太區域合作而言，能否先於世界貿易脈絡的重新連結，將是亞太區域未來能否扮演重要角色的關鍵，而其中的兩個主要經濟整合組織RCEP與CPTPP的演化將是亞太區域能否說服世界的證據，也是中國在美國不慎退出主導的情況下，證明自己的唯一機會。

　　截至2021年第一季統計，全球受到新冠病毒感染確診者已超過1億人口，死亡人數也突破300萬人以上[15]，多數已開發或開發中的大型國家皆遭受重創，顯示當前對世界經濟領域影響舉足輕重的國家都受到疫情波及，亞太區域內的中國、印尼、新加坡、菲律賓、日本與韓國也難逃疫情打擊。整體而言，疫情產生的效應為世界共有，亞太區域難以置身事外。

　　顯而易見，希冀統整經濟發展，削減世界貿易障礙，促進世界經濟發展的國際組織也無法避免遭受其難，分別占據世界重大貿易量的CPTPP與RCEP如何減少受到疫情影響，將演繹未來區域內經濟發展合作前景。

---

[15] 國家政策研究院科技政策研究與資訊中心，政策研究指標資料庫，https://pride.stpi.narl.org.tw/in-dex/graph-world/detail/4b1141ad70bfda5f0170e64424db3fa3（最後瀏覽日期：2021年5月24日）。

　　當前CPTPP與RCEP的倡導，均提供亞太地區政經發展的動能。雖然兩者的競合關係在過去，隨著美中戰略對抗，呈現著美國主導TPP的成形，與中國以RCEP鞏固其經濟主導權的直接對抗。然而，隨著美國經濟能力的相對衰退，以及「美國優先」下川普政權的退出協議，讓相抗局勢驟然改變。2019年底中國商務部表態，在「開放、包容、透明，有利於推動經濟全球化和區域經濟一體化」的前提下，持積極態度加入CPTPP；2020年5月份，中國國務院總理李克強舉行記者會回答中外記者提問時，更表達「中國願意以開放及透明的態度，考慮加入CPTPP」的意願。兩個區域經濟整合在經濟功能高度重疊的情況下，經濟整合的效果影響了政治決策與立場。

　　新加坡總理李顯龍對此，清楚描述亞太地區國家對於美中對抗的看法：「亞洲現狀的改變取決於美國和中國共同做出的選擇。這兩個大國必須制定出一種共處模式，在一些領域保持競爭關係的同時，不讓兩國之間的矛盾危害其他領域的合作。」[16]這樣的說明也足以描述當前兩個經濟整合體所共同面對的國際局勢，如同中國表態願意加入CPTPP一樣，雙方在面對生死關頭的情況下，能否逐漸克服雙方差異，讓雙方在現實落差下達成一致協議，是當前區域合作關鍵。

二、中日韓自由經濟貿易協定（China-Japan-Republic of Korea Free Trade Agreement）

　　如同中國總理李克強所描述的「中日韓都是近鄰，我們願意在大循環中建立中、日、韓小循環。」這樣的具體描述，是中國建構當前亞太區域經濟結構中，屏除大範疇自由貿易協定以外的小願景。因中日韓三國在亞太地區地位特殊，與其他國家國力大小、經濟規模、以及人口數量皆有明顯落差，透過更為精確的制度規劃，創建三國模式有其必要。雖然多輪談判後，就貨物、服務、投資、智財權等領域進行磋商，仍無具體結論，但三國代表認同「加速談判、消弭歧見，為區域聯盟奠定基礎」為會議共識。三國國內生產

16　李顯龍，〈瀕危的亞洲世紀：美中對抗的危害〉，《南華早報》，2020年6月5日，https://belt-androad.zaobao.com/beltandroad/analysis/story20200605-1058844。

毛額（gross domestic product, GDP）合計約占全球總量20%，對外貿易額約占全球17.5%，倘若順利成形，將成為北美自由貿易區和歐盟以外的世界第三大經濟貿易區，亦是亞洲最重要、影響力最廣泛的經濟體。

　　中日韓FTA能否成功建立，將成為本區域整合的標竿。首先，中日韓皆為本區域高度經濟發展之國家，日本與中國均為世界排名前端之經濟體，倘若三國能夠透過FTA建立獲得「貿易創造」（trade creation）及「貿易轉移」（trade diversion）的優勢，將讓本區域成為一個真正獲得貿易自由化最大好處的自由貿易區，且如前所述，本區域對外貿易額占全世界17.5%，在可能獲得更大貿易優勢後將更為擴大，如此的貿易連結將提供本區域內政治紛爭獲得解決的機會，雖非必然，自由主義倡議的機制將重新建立本區域的秩序，可能可以因此緩解東亞地區衝突的可能。第二，區域整合依靠國家間貿易、交流而成，本區域內中日韓三國之間的經貿往來日益緊密，具高度經貿依存度，2013年後中國躍升為日本第一大交易夥伴、第二大出口目的地和最大的進口來源地，也是韓國第一大交易夥伴、第一大出口目的地和第一大進口來源地，利用貿易往來緊密的民間交流是經濟合作的基礎，若能以民間交流推進中日韓自由貿易區建設將可以發揮FTA的最大功效。最後，面對全球化與區域化的世界潮流，中日韓構建自由貿易區存有相互依存關係的意義，當代經濟整合在WTO杜哈回合陷入停滯，涵蓋全球的多邊貿易、投資自由化執行有其難度，歐盟與北美自由貿易區整合雖然相對順利，但同樣排斥區域外的經濟體，可謂新型貿易保護主義的展示，中日韓自由貿易區的建立，有其相互協調、彼此支撐的貿易連繫與投資規則、相互依存的經濟關係存在，讓三國經濟發展空間在世界舞台更具競爭力。

三、ECFA

　　兩岸經濟合作框架協議（Economic Cooperation Framework Agreement）是兩岸間降低關稅協議的基本框架。在當前全球化貿易的環境下，兩岸基於區域經濟整合的趨勢，簽訂自由貿易協定，避免雙方在貿易市場競爭下失去競爭力。對台灣而言，中國大陸是當前最主要的出口地區，過去

2016年出口至大陸的貿易金額爲1,119.9億美元，到2018年成長爲1,379億美元，成長幅度約爲23%，[17]顯示兩地貿易互動的熱絡。我國與中國大陸簽署ECFA後，馬前總統曾公開表示：「ECFA對台灣、兩岸、亞太乃至世界都有重要意義，台灣由此跨出三大步：一是突破經濟孤立，走出被邊緣化威脅；二是讓兩岸經貿走向互惠合作，並在制度化架構下讓台灣創造更多商機與就業機會；三是加速亞洲經濟整合，讓台灣價值受到亞太國際社會重視，成爲各國企業進軍大陸市場的一個跳板。」[18]對比現有之進出口資料，ECFA仍爲影響我國重要之貿易協定。例如我國對中國大陸出口情形自2019年的851.22億美元，成長到2020年的918.18億美元，過去三年來幾乎都能維持將近900億美元的水準。[19]至於近年來經常受關注的ECFA早期收穫清單是否可能遭取消的討論，經濟部國貿局亦提及：「觀察近三年我國對中國大陸出口早期收穫產品每年約200億美元，惟並非所有金額均有申請優惠關稅，而每年有申請優惠關稅產品獲減免關稅金額雖均超過7億美元……」，顯示雙方經貿互動之緊密，並提到：「若ECFA終止，不代表兩岸貿易關係就會停止，但紡織、機械、石化、金屬、運輸工具、電機、農漁產品、染料、橡膠輪胎、玻璃纖維等早收產品若無法享有優惠關稅，價格競爭力可能受到影響。惟並非所有運用優惠關稅之早收產品均受影響，我國產品之高附加價值及雙方產業已建立穩定的供應鏈關係，使市場不易被取代，具體影響需視個別產業競爭力而定。」顯示我國對於現有ECFA協定帶來的優惠，仍有意願繼續維持。[20]除此之外，針對可能取消ECFA傳言，中國商務部亦在媒體詢問下回覆：「……截至2019年底，大陸已累計對台減免關稅61.5億美

---

17 經濟部國際貿易局經貿資訊網，https://www.trade.gov.tw/Pages/List.aspx?nodeID=1375。

18 江慧眞、秦蕙媛，〈ECFA後時期戰略馬：全球招商三個月內提案〉，《中國時報》，2010年7月2日，版A1。

19 〈海峽兩岸經濟合作架構協議（ECFA）執行情形〉，《ECFA兩岸經濟合作架構協議中心》，2020年8月25日，https://www.ecfa.org.tw/ShowNews.aspx?nid=2&id=2205&year=all（最後瀏覽日期：2020年9月10日）。

20 〈有關對ECFA終止謠言之說明〉，《ECFA兩岸經濟合作架構協議中心》，2020年5月29日，https://www.ecfa.org.tw/ShowNews.aspx?nid=2&id=2203&year=all（最後瀏覽日期：2020年9月10日）。

元，台灣有56家金融企業和1,333家非金融企業利用相關優惠政策在大陸提供服務。高峰（中國商務部新聞發言人）說，《海峽兩岸經濟合作框架協定》給島內相關企業和民眾，包括廣大中小企業和農漁民帶來的利益是實實在在的，這一點大家都有目共睹。」[21] 學者也認為：「推動兩岸經濟交流是中方基本政策，即便服貿協議在台灣未通過生效，兩岸的經濟交流也未曾停止……只要有助於兩岸交流，ECFA不會輕易中止，惠台政策也會持續。」「中方始終『寄希望於台灣人民』，會從宏觀角度思考兩岸關係的總體發展，不會輕易中止ECFA。」[22]

　　從兩岸官方與非官方學者的顯著證據與非正式的回覆中顯示，在考量經濟互利模式下，兩岸對於改變現有貿易框架的動機並不存在。更甚者或許更可進一步推展雙方互動模式的進階模式，例如個別產業在關稅稅率的調整、或者個別項目對於兩岸產業結構的互補，顯然都可能更進一步結合雙方優勢產業，讓兩岸在當前異常嚴峻的國際環境中更能相互協助。只是，在各自政治立場影響決策層級的情況下，過去期盼的經濟議題外溢到政治模式的友善互動並沒有產生。兩岸間互動模式從當前民進黨政府上台後即呈現無法直接溝通的狀態，在ECFA年限屆於「到期」狀況下，雙方無法直接針對當前問題有一良善且直接的互動。在當前國際結構改變的影響下，兩岸必須考量調整雙方互動模式，以期達成當初簽訂ECFA的初衷。首先，ECFA簽署的階段是從協議本文到服務貿易協定、貨物貿易協定與爭端解決機制的順序，取得共識後逐步簽訂，並使兩個行為體之間因逐步調整彼此整合狀態，進而相向而行；本次服務貿易協定簽署遭到民眾反對，說明在行為體之間的共識並未因為經濟初步整合而完成，反而向後退至可能改變外溢效果的經濟領域中固守不前，迫使當前在原「預定年限」屆滿後，面臨進退困境。其次，如前

---

[21]　〈ECFA滿10年繼續嗎？中國回應了〉，《雅虎新聞》，2020年8月27日，https://tw.news.yahoo.com/ecfa%E6%BB%BF10%E5%B9%B4%E7%B9%BC%E7%BA%8C%E5%97%8E-%E4%B8%AD%E5%9C%8B%E5%9B%9E%E6%87%89%E4%BA%86-090521322.html（最後瀏覽日期：2020年9月10日）。

[22]　〈10年大限？陸委會籲北京勿中止ECFA 中國學者這樣看〉，《新頭殼Newtalk》，2020年3月26日，https://newtalk.tw/news/view/2020-03-26/381310（最後瀏覽日期：2020年9月10日）。

所述，國家利益在兩岸雙方各自表述的同時，可以發現各自表述的內容與議題相對矛盾，亦或相互不得證，也在雙方各自因為政治議題考量的情況下，轉趨懷疑雙方對於經濟「功能」的定義，開始形塑競爭的區域環境。第三，進而迫使雙方退居保守的壓力下，針對類似議題採取「不表述」模式，也就是當前ECFA的困境，兩岸並沒有針對民眾感興趣的議題進一步發展。例如可能「到期」被迫在WTO框架下重新協議，則雙方的方案為何？又或者是否有意願重新在服務、貨物貿易協議上商談雙方清單的條列？也就是雙方都在不表述的情況下回應當前民眾的需求。兩岸經貿合作向來敏感，除了雙方對於政治實體認同差異之外，雙方如何避免爭議進而「合作」都為雙方所忌憚，過去台灣採取從非政治議程（non-political agenda）議題切入，讓WTO框架能有著力之處。[23]但在當前國際局勢改變下，不表述的經濟貿易框架則將改變兩岸人民對於兩岸經濟合作框架的協定簽署。[24]也將進一步影響未來其他行為體對於台灣參與區域經濟整合的信心。

肆、觀察與結論

　　當代西方社會的模式架構中，國際政治經濟態勢幾乎與「全球化」畫上等號，原因在於冷戰後，國際社會因為經濟脈絡的鏈結幾乎已經融為一體。放眼亞太區域，其全球化下的經濟模式，更是以資訊快速流通、交通往來便利、貿易障礙降低為當代社會的特徵與目標。在資訊、交通、網絡共同連結的脈絡下，以降低貿易成本進而塑造世界一體的狀態，亦有「一體化」的形容方式，極為貼切地具體描述當代亞太地區國際政治經濟模式運作的方式，其中的主要關鍵，在於開放、自由、互賴、雙贏等概念的落實。過去這

---

[23] 廖舜右，〈WTO架構下兩岸經貿合作的可行性〉，《臺灣經濟研究月刊》，第32卷第1期（2009年），頁94-100。

[24] 左正東、賴昀辰，〈台灣的自由貿易協定之路：從台北自由貿易協定到兩岸經濟合作框架協議〉，《社會科學論叢》，第11卷第1期（2017年6月），頁73-74。

段政治經濟領域互相磨合的階段中，焦點聚集在如何更開放、更自由、加深互賴、創造雙贏等模式，以加深行為體之間更為複雜的關係為主，簽訂FTA（自由貿易協定，Free Trade Agreement）或者大型區域經貿協定成為當代亞太區域的風潮。

　　本研究從國際政治經濟角度檢視亞太區域合作前景，認為當前重塑中的格局具有下列特點：

一、國家行為者是經常遵從國際規範，並將之視為體制遵從義務，並在決策過程中將國際規範內化成決策產出之限制。從多邊主義者的理論來看，許多國家若能將合作與多邊主義的國際法規範內化，其效力將獲得最佳效果。亞太經濟合作會議提供域內行為體一個溝通與協調平台，台灣在不需要重新建構平台的情況下，若能將我國防疫政策轉化成未來防疫指南，將致使其他國家因防疫需求，轉化成配合我國制度之標準。換言之，在我國防疫成效卓著的當下，我們應當嘗試建立更為標準的驗證程序，並將之推銷到建構完成的多邊主義制度中，這將有利於我國重新參與國際，以及發展對外關係。

二、多國對話是多邊主義中建立互信、降低緊張、和尋求問題解決的方法。多國對話多發生在各國領導階層和知識分子層級，通常針對某一特定問題建立共識，繼而成立國際組織如聯合國、北約、關貿總協。期望透過國家行為者以相同位階，追求共同目標的模式建立制度。在亞太經濟合作會議中，我國以會員體身分避免中國大陸的直接攻擊，得以相同位階與其他行為體建立互動模式。在疫情影響下的台灣經濟表現良好，能吸引其他國家與台灣進行投資、貿易等活動，是多邊主義制度已經完善的亞太區域的立即優勢。

　　經濟全球化模式，國際環境結構中資訊快速流通、交通往來便利、貿易障礙降低都是近代社會的特點，但論及國際政治經濟領域下，我們可以發現影響經濟領域的最重要因素，還是在於「政治」。政治所強調的不是如何增加產量與降低成本，也非討論生產要素，而在於如何配置有限的資源，進

而形成後續的經濟模式。但這也是政治影響經濟最具體的呈現方式，包含國際關係理論中新古典現實主義認為「國際體系限制國家行為，也接受國際結構對國家決策的影響。」代表著國家或者是經濟行為體受到國際政治經濟結構影響的因果關係，也說明著國家與行為體在面臨結構改變時的困境。隨著美中戰略對抗與經濟體制對峙，兩國均陷入爭霸局勢下的困境。美中貿易戰從2018年開始，暫於2020年初簽訂第一階段協議，但雙方對於如何解決雙方相互貿易行為，是否讓雙方得到比沒有貿易之前更多利益的結論上沒有共識。然而，國際政治經濟結構的快速轉變，隨時可能改變這樣的單向思考。例如2020年的肺炎疫情，暫緩國際政治經濟結構的變化，讓各式國際參與者重新思考本身的需求。本研究相信在理性互利的情況下，所有的行為體趨向維持和平、共享公共財，讓未來可預期獲利實現，再度活化過去榮景。

第十三章　美國「印度—太平洋戰略」的規劃動因與主要內容探析

張凱銘

壹、前言

　　自第一次世界大戰（World War I, WWI）以降，國際關係的主軸便緩步自歐洲向亞洲移動。時至今日，亞洲地區已然成為國際政治、經貿與戰略議題的重心所在，當地既有複雜的安全紛爭與軍事角力，也存在充沛的經濟成長動能和多元文化生態，堪稱當代國際關係研究最為精彩紛呈的領域之一。

　　作為近代全球性強權的美國，自參與第二次世界大戰（World War II）以來，便將「亞洲—太平洋」地區納入國際安全戰略的規劃藍圖之中，積極發展與當地各國的外交關係並長期保持前沿軍事存在。自冷戰時期至二十一世紀間，美國對於亞太地區的戰略論述歷經多次調整，從初期的固守海上關鍵島嶼以抵制共產主義擴張，到全面拓展與當地國家的政治及經貿合作，整體上呈現參與程度逐步提高的宏觀趨勢。2017年後執政的川普（Donald J. Trump）政府更提出了「印度—太平洋戰略（下文簡稱印太戰略）」（Indo-Pacific Strategy），在東亞地區這一傳統經略重點之外，進一步將南亞納入總體戰略架構之中，展現對亞洲事務的高度重視。

　　為了解美國印太戰略的形成背景和主要內容，本文在以下篇幅中首先將回顧美國自冷戰時期以來針對亞太地區提出的各種戰略構想，梳理其政策變遷脈絡；其次藉由檢閱美國政府近期發表的政策文件，歸納其對印太戰略的論述與戰略設計重點。最後則就印太戰略的成因以及美國近年在印太地區採取的各類具體舉措進行審視，從而評估其戰略發展前景。

貳、美國亞太戰略的形塑脈絡

一、從「環形防線」到「軸幅體系」

　　美國對於亞太地區的戰略論述主要聚焦於西太平洋一帶。回顧歷史軌跡，美國對於這一區域的經營，可回溯至1853年至1854年間的黑船事件後與日本的交流，以及1898年美西戰爭後在菲律賓的統治。不過在整個十九世紀期間，美國對於這一地區的重視程度始終相當有限，直到第二次世界大戰爆發後，華府才在投入太平洋戰爭的同時，全面拓展美國於當地的戰略基礎，藉由對日作戰的機會，美國與東亞諸國同步建立了緊密的外交及安全合作關係。戰爭結束後，由於共產主義勢力在全球各地迅速擴散，在全面對抗蘇聯的冷戰（Cold War）思維下，美國遂將亞太地區納入總體防務規劃之中，決意長期維持在本地的戰略存在。

　　冷戰期間美國在西太平洋的戰略構想被冠以「環形防線」（defensive perimeter）之名，其主要方針係掌握第一島鏈（first island chain）關鍵節點，以日本沖繩（Okinawa）為部署核心，向南北延伸建構一條由貫穿西太平洋海域的海上防線，藉此阻止共產主義擴張並保持美國在必要時強行干預東亞各國局勢的能力。以島鏈作為地理依托的「環形防線」戰略，反映出美國對於自身防務能力的評估，雖確信本國有能力在海空領域掌握作戰優勢，但在遼闊的東亞大陸上與蘇聯對抗的能力則嫌不足，兼且在美蘇於歐洲地區角力日益激烈之際，更不宜在亞太地區投入過多資源。然而這一著重節約資源的戰略構想在實際運作上未被嚴格落實，美國先後投入了兩場位在東亞大陸之上的區域戰爭，韓戰與越戰的爆發不僅深刻影響了冷戰時期的亞太地緣政治格局，也使美國在當地投入的戰略資源劇增。[1]

　　1980年代後，美國在本地區的戰略架構逐漸調整，利用與日本、南

---

[1]　Christopher Layne, *The Peace of Illusions: American Grand Strategy from 1940 to the Present* (New York: Cornell University Press, 2006), pp. 51-71.

韓、泰國、菲律賓與澳洲間的雙邊同盟，搭配和台灣、新加坡等國家的安全合作關係，在「環形防線」基礎上漸次鋪展出一個以美國為核心的「軸輻體系」（hub and spoke system），有效維繫美國在當地的軍事存在和政治影響力。與美國在歐洲透過「北大西洋公約組織」（North Atlantic Treaty Organization, NATO）構築的多邊框架相比，由雙邊同盟組成的「軸輻體系」顯然在多國聯合動員與外交協調上具有更高的複雜度，但考慮到東亞各國間的文化落差巨大且彼此間存在複雜歷史恩怨，多邊戰略合作在當地顯然不易成形。此外，「軸輻體系」的優勢在於既能透過與友邦間的合作降低前沿部署的防務成本，又能確保作為多重雙邊關係交會點的美國在亞太地區握有開闊的政治運作空間，無須擔心為當地國家排擠而遭邊緣化。[2]

　　冷戰結束後，美國的亞太戰略並未如外界預期一般，因蘇聯解體而陷入「戰略漂流」（strategic drift）狀態。受到1989年六四天安門學運事件與1995年至1996年間台海飛彈危機事件影響，改革開放後日趨繁榮而政治體制迥異於歐美的中國，逐漸成為華府的關注焦點。美國的政治菁英於1990年代後，一方面期望與中國的貿易交流能夠在其國內產生以經濟成長帶動政治轉型的民主化效應；另一方面也密切注意中國軍事擴張可能對美國及其亞太友邦造成的安全風險。[3]

二、美國亞太戰略重心位移與「再平衡」戰略的提出

　　有鑑於中國的國力增長速度極快而民主化效應遲未發生，2000年後執政的小布希總統（George W. Bush），遂將中國定位為美國的「戰略競爭者」（strategic competitor），「中國威脅論」（China Threat Theory）也在歐美各國間廣受討論。然而九一一恐怖攻擊事件的發生，導致小布希政府的戰略規劃重心從原本鎖定的亞太地區轉往中東一帶。隨著「全球反恐戰爭」

---

[2]　G. John Ikenberry, "American Hegemony and East Asian Order," *Australian Journal of International Affairs*, Vol. 58, No. 3 (September 2004), pp. 353-367.

[3]　Paul H. Kreisberg, "The United States and China in the 1990s," *Contemporary Southeast Asia*, Vol. 10, No. 1 (June 1988), pp. 55-68.

（global war on terrorism）的開啓，美國不僅大幅降低在亞太的戰略投資，更積極改善與中國之間的外交關係，藉以尋求其在聯合國等多邊機制內的支持。[4]

小布希政府的反恐戰爭在實行過程中迭遇挫折，同時因國內金融監管不善，而引發了嚴重的「金融海嘯」（financial tsunami），美國的國力與國際形象皆遭遇重創。2009年後執政的歐巴馬總統（Barack H. Obama）在就任之後即著手調整美國的國際戰略，將經營重心由中東再次轉向亞太地區。歐巴馬政府指出，美國在九一一恐怖攻擊後因中東戰事而疏於經營亞太地區，當地近年的情勢發展如大國崛起、區域整合加速等，皆對美國的國家利益造成潛在挑戰，爲重塑美國在當地的戰略影響力，並藉由亞洲國家豐沛的商業動能提振陷入頹勢的國內經濟，歐巴馬政府在2010年後針對亞太地區發起了名爲「再平衡」（rebalancing）的戰略重返。概要而言，美國的再平衡有四個主要面向：[5]

（一）增進經貿交流：目標是掃除亞太地區的貿易壁壘，使美國可擴大對亞洲市場出口以改善國內嚴峻的就業情勢。歐巴馬政府爲此積極推動《跨太平洋夥伴協定》（*Trans-Pacific Partnership Agreement*, TPP）談判工作，期望確保美國在區域經貿整合中的主導地位。

（二）參與多邊機制：「東南亞國協」（Association of Southeast Asian Nations, ASEAN）雖然在後冷戰時期的亞太區域政經事務中動見觀瞻，卻未受到小布希政府高度重視，美國在2009年前對於東協相關活動的參與度十分有限。相對於此，歐巴馬政府在就任後即簽署了《東南亞友好合作條約》（*Treaty of Amity and Cooperation in Southeast Asia*），並積極參與東協系列會議以發展與東亞各國間的多邊合作關係。

---

[4]　Richard Baum, "From 'Strategic Partners' to 'Strategic Competitors': George W. Bush and the Politics of U.S. China Policy," *Journal of East Asia Studies*, Vol. 1, No. 2 (August 2001), pp. 191-220.

[5]　Mark E. Manyin et al., *Pivot to the Pacific? The Obama Administration's "Rebalancing" Toward Asia* (Washington, DC: Congressional Research Service, 2012), pp. 1-24.

（三）強化安全部署：由於亞太地區部分領土主權紛爭如東海爭端與南海爭端在2009年後漸有衝突升級趨向，美國順勢以「安全供應者」（security provider）的姿態介入區域安全事務，與日本、越南、菲律賓等和中國間存在矛盾的國家加強防務合作，進而協力構築針對中國的戰略遏阻網絡。

（四）推廣民主價值：美國積極鼓勵亞太地區的發展中國家啓動民主轉型、加強人權保障，並提供其經濟與政治方面的各式援助，藉以推廣民主價值觀並深化美國在當地的國際合作基礎。

參、美國川普政府的印太戰略論述

一、川普政府的國安戰略藍圖

　　2017年12月，就職未滿一年的川普政府公布了首份《國家安全戰略報告》（*National Security Strategy,* NSS）。報告在前言中便揭示川普政府對國家安全問題將採取一種現實主義式的戰略視角，務實地重建美國的全球領導優勢地位並提升總體實力。報告提出四大戰略目標：（一）保護美國本土、民眾與美式生活型態不受危害；（二）促進國家繁榮發展；（三）以實力保障和平；（四）強化美國的影響力。報告點出美國面臨的三大威脅來源，分別是以中國和俄羅斯爲代表的修正主義大國（revisionist powers）的挑戰、以伊朗和北韓爲代表的區域型專制國家帶來的安全隱憂，以及來自恐怖主義勢力和國際犯罪組織的危害。[6]這份報告最受外界關注的焦點之一，在於對西太平洋地區的論述與歷屆政府相比有所擴大，從原本的「亞洲－太平洋地區」變成「印度－太平洋地區」，顯示美國的亞洲戰略布局在東北亞與東南亞之外，也將進一步深入南亞，尋求與同爲民主國家且極具區域影響

6　The White House, *National Security Strategy* (Washington, D.C.: The White House, 2017), pp. 2-3.

力的印度合作。[7]

　　川普政府在報告中對中國議題的討論篇幅雖非特別突出，但文中卻公開承認了美國過去數十年來的對中外交方針是錯誤的——過去的政治菁英相信擴大與中國的交流合作有助於促進其開放轉型，但中國利用了西方世界的善意，憑藉經濟增長帶來的豐富資源鞏固其威權政體，在積極建設軍力的同時，試圖擴大國際影響力並在亞洲地區挑戰美國的地位。這種論述形同向外界宣示美國將重新設定對中政策基調。[8]考慮到報告中將中國定位為主要威脅來源，同時提出印太地區這一全新戰略劃界，美中關係從過往的競合並行轉為更向競爭一側傾斜，已是可以預見的前景。

　　2018年1月，美國國防部發表了新版《國防戰略報告概要》（*Summary of the 2018 National Defense Strategy*），宣示美國正在走出戰略萎縮期（period of strategic atrophy），軍方將全面提升防務實力、建設一支具有能有效嚇阻、因應各類安全威脅，並在衝突情境中取勝的部隊。報告指出美國正再次進入長期性戰略競爭，與中國和俄羅斯等修正主義大國的角力，已成為美國目前面臨的主要挑戰。報告認為中俄兩國不僅有意取代美國的優勢地位，也試圖以自身的利益與價值觀重新構建世界秩序。[9]文中對中國的指責尤其尖銳，不僅將其定位為美國的戰略競爭者，更批評北京當局利用軍事力量和經濟掠奪壓迫鄰近國家，挑戰印太地區的國際秩序，並以取代美國成為全球性強權為終極目標。[10]

　　綜合觀察川普政府在《國家安全戰略報告》與《國防戰略報告概要》中的論述，可發現中國與印太地區是美國當前的戰略重心所在，美國將加強在印太一帶的戰略部署以壓制中國的影響力擴張一事至此已無疑義。一項明顯的訊號是美國副總統彭斯（Mike R. Pence）於2018年10月發表的對中政

---

[7]　The White House, *National Security Strategy* (Washington, D.C.: The White House, 2017), p. 25.

[8]　*Ibid.*

[9]　U.S. Department of Defense, *Summary of the 2018 National Defense Strategy* (Washington, D.C.: U.S. Department of Defense, 2018), p. 1.

[10]　*Ibid.*, p. 2.

策演說，彭斯在演說中對中國提出全面批判，不僅指責中國在南海的軍事活動及打壓台灣等作為危害印太地區和平，以及對國內異議人士和民眾自由的箝制迫害違反人權價值，更大力抨擊中國利用不公平的手段削弱美國的經濟利益、試圖在西太平洋地區邊緣化美國，並利用無孔不入的滲透試圖干預美國的政治局勢。[11]川普總統也在當年年末簽署了《2018年亞洲再保證倡議法案》（*Asia Reassurance Initiative Act of 2018*），規劃在未來五年間陸續向印太地區投入15億美元資金，協助包括台灣在內的友好國家增進防務實力，並深化與美國的安全合作，藉以確保區域秩序穩定並鞏固美國在該地區的戰略基石。[12]

二、川普政府印太戰略的內容規劃

2019年6月，美國國防部公布了首份《印度－太平洋地區戰略報告》（*Indo-Pacific Strategy Report*），報告指出印太地區對於美國的未來發展至關重要，作為該地區的一員，美國將持續參與區域事務，並根據四項基本原則開展和當地國家的交往：尊重各國主權地位與獨立性、以和平途徑解決國際爭端、與當地國家共同發展開放透明且公平互惠的貿易連結，以及確保公域通行自由等國際規範受到遵守。[13]

報告延續了川普政府既定的戰略視角，指出印太地區正面臨修正主義大國勢力擴張、北韓核武危機，與各種非傳統安全威脅的挑戰。[14]為此，美國將在當地採取相應戰略作為以維護區域安全與國家利益：第一是強化防務實力，美國將提升印太地區前沿軍事部署的質與量，加強海空戰力外，也同步增進發起網路空間作戰與太空軍事行動的能力，藉此嚇阻敵對勢力並確保在

---

[11] The White House, "Remarks by Vice President Pence on the Administration's Policy Toward China," October 4, 2018, https://www.whitehouse.gov/briefings-statements/remarks-vice-president-pence-administrations-policy-toward-china/.

[12] U.S. Congress, "S.2736-Asia Reassurance Initiative Act of 2018," December 31, 2018, https://www.congress.gov/bill/115th-congress/senate-bill/2736/text.

[13] U.S. Department of Defense, *Indo-Pacific Strategy Report* (Washington, D.C.: U.S. Department of Defense, 2019), pp. 3-4.

[14] *Ibid.*, pp. 7-14.

衝突狀態能取得勝利。第二是發展合作關係，川普政府指出美國在西太平洋
地區構建的同盟與夥伴關係是極其重要的戰略資產，美國將加強與傳統友邦
間的防務合作，同時尋求和當地其他國家建立更密切的安全關係。第三是推
動區域合作的網絡化，在深化與當地友邦的關係外，也鼓勵各友邦加強彼此
間的交流互動，構築覆蓋印太地區的安全網絡，共同維護區域秩序並遏阻侵
略。[15]

　　2019年11月，美國國務院發表了一份名為《自由開放的印度－太平洋
地區：推進共同願景》（*A Free and Open Indo-Pacific: Advancing a Shared
Vision*）的報告，分由「對於夥伴關係和區域機制的參與」（engaging part-
ners and regional institutions）、「推動經濟繁榮」（enhancing economic
prosperity）、「支持良善治理」（championing good governance）、「保障
和平與安全」（ensuring peace and security）與「投資人力資本」（invest-
ing human capital）等五大面向，回顧了印太戰略執行現況與初步成果，向
外界說明川普政府對印太戰略的高度重視與強大行動力，同時強調這一戰略
的規劃不僅是出於美國自身的利益考量，也是美國與印太友邦間的共同期
望。[16]

　　美國國務院在同一時間還發表了另一份名為《印度－太平洋透明倡
議》（*Indo-Pacific Transparency Initiative*）的事實文件（fact sheet），指出
美國在過去一年間，已於印太地區先後提出200多個國際合作計畫，投入超
過6億美元資金，協助東南亞、南亞與南太平洋一帶的發展中國家提升治理
能力，工作重點涵蓋「反貪腐與促進財政透明」（anticorruption and fiscal
transparency）、「民主援助」（democracy assistance）與「青年世代與新
興領袖培育」（youth and emerging leader development）等三個主要面向，
期望能引導各國建設更成熟的民主體系並加強對基本人權的保障。為確保

---

[15] *Ibid.*, pp. 17-51.

[16] U.S. Department of State, *A Free and Open Indo-Pacific: Advancing a Shared Vision* (Washington,
D.C.: U.S. Department of State, 2019), pp. 7-29.

相關援助工作能長期持續下去，美國已宣布成立「印太透明基金」（Indo-
Pacific Transparency Fund），並邀請在地友邦共同參與援助行動，攜手推進
印太地區的自由、繁榮與開放透明。[17]

　　2020年5月，白宮（The White House）發表了一份名為《美國對中華人
民共和國的戰略方針》（*United States Strategic Approach to the People's Re-
public of China*）的報告。報告重述了美國過往對中政策的錯誤，指出期望
透過接觸交流推動中國開放轉型的做法已被證明失敗，中國的實力增長不僅
未帶動民主化進程，反使其成為強大威權國家並有能力向美國提出挑戰。[18]

　　這份報告分由「經濟挑戰」（economic challenges）、「價值挑戰」
（challenges to ours values）與「安全挑戰」（security challenges）三方面
檢視了中國對美國的威脅。在經濟方面，川普政府指出中國利用不公平的經
貿手段削弱美國並獲得經濟高速增長，再利用龐大經濟實力推動「一帶一
路」（One Belt One Road）等以援助為名的對外掠奪。在價值觀方面，川普
政府指出中國的政治體系不僅威權專制且迫害人權，近年更透過對外投資、
國際宣傳與學術滲透等途徑，利用民主政治的開放性質暗中干預美國政治。
在安全方面，川普政府批評中國雖對外宣稱愛好和平，卻在黃海、東海、南
海、台灣海峽與中印邊界等地，長期實施挑釁冒進的軍事與準軍事活動，對
周邊國家與印太地區安全造成危害。[19]

　　為因應上述挑戰，川普政府將強化司法偵查與行政管制以抵制中國對
美國社會的滲透，同時在科技與經貿領域抵制中國的不正當措施，促使其停
止侵害知識產權與扭曲市場機制等行為。美國也將持續加強印太戰略部署，
發展與當地友邦的防務協作能力，提供包括台灣在內的友好國家更多支持
以抵制中國日益擴張的影響力，確保印太地區的和平及公域通行自由不受威
脅。[20]

---

[17] U.S. Department of State, "Indo-Pacific Transparency Initiative," November 3, 2019, https://www.
state.gov/indo-pacific-transparency-initiative/.

[18] The White house, *United States Strategic Approach to the People's Republic of China* (Washington,
D.C.: The White House, 2020), p. 1.

[19] *Ibid.*, pp. 2-6.

[20] *Ibid.*, pp. 7-16.

肆、美國印太戰略規劃動因與重點舉措

　　透過對上述政策文件的梳理，觀察者不難察見印太戰略的重心在於制衡中國。川普總統領導的美國政府重新界定了美中關係，於既有競合格局之下大幅提升了競爭一側的比重。在開啓對中國的貿易戰與科技產業制裁措施的同時，美國以印太戰略之名積極經略東亞與南亞地區，除提升前沿軍事部署，也積極強化與當地國家間的安全合作。雖有部分意見將相關政策動向解讀爲川普總統個人意志的結果，但實際上抵制中國與加強參與亞洲事務，已然是當前美國政界的主流意見。許多美國政治菁英皆同意過去對中政策的失敗，並以更具對立性的角度看待中國。爲探究這一現象的成因並認識美國印太戰略的實施邏輯，本文在以下篇幅中將分別就美國印太戰略的規劃動因與重點舉措兩大面向進行探討。

一、美國印太戰略規劃動因探析

　　根據國際關係現實主義學派（Realism）的觀點，安全威脅是促使國家對他國與他國間進行競逐對抗的主要動因，原因是國際社會的無政府狀態（anarchy）迫使各國皆須以維護本身的安全生存和獨立地位爲首要考量。而所謂的安全威脅主要是由綜合國力（aggregate power）、進攻實力（offensive capabilities）、地緣鄰近性（geographic proximity）和侵略意圖（offensive intentions）四者共構而成的。[21]若以這一觀點檢視美中關係的轉變，可發現美國之所以大幅加強對中國的抗衡，主要原因即是中國已對其構成明顯的安全威脅。

　　首先，在綜合國力部分，中國自1980年代進入改革開放階段後即長期處於高速經濟增長狀態。經濟繁榮帶動了國力的全面提升，中國在過去四十年間，無論是基礎建設、國民教育程度或民生環境，都有大幅度的改善。相對於此，美國在進入二十一世紀後，卻先後遭遇反恐戰爭帶來的外交挫敗，

---

[21] Stephen M. Walt, *The Origins of Alliances* (New York: Cornell University, 1987), pp. 22-28.

與金融海嘯對經濟體系的強烈衝擊，1990年代瀰漫全國的榮景和樂觀氛圍
已不復見。若將美國與中國在教育、經濟、人口、能源等方面的條件進行綜
合對比並加以數據化，可發現兩國的綜合國力確實呈現此消彼長的態勢（請
見圖13-1）。許多美國政治菁英對於國力衰退的焦慮感日益增加，更擔憂中
國的崛起終將取代美國地位，成為主導全球地位的超級強權。

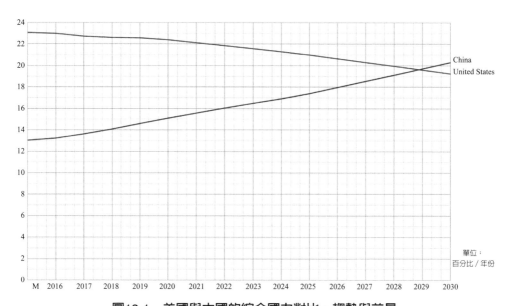

圖13-1　美國與中國的綜合國力對比：趨勢與前景

資料來源：Google Public Data, "Power Index-Global Power Index, US & China," https://reurl.cc/Md6WxW.

　　其次，在進攻實力部分，中國長期的經濟增長帶動了國防實力提升。雖
然在尖端國防科技方面仍不及美國與俄羅斯，但整體軍事力量已在過去數十
年間大幅加強。參考「全球火力」（Global Firepower）網站製作的2020年
全球軍事實力統計，中國軍力的綜合計算結果在排名上已高居全球第三。[22]
川普政府於2020年9月發表的《中華人民共和國的軍力與安全發展》（*Mili-*

---

[22] Global Firepower, "2020 Military Strength Ranking," https://www.globalfirepower.com/countries-listing.asp.

tary and Security Developments Involving the People's Republic of China）報告中指出，中國以2049年建成全球最強軍隊為目標持續擴大國防投資，目前在海軍艦隊規模、陸基中長程飛彈種類與數量，以及防空系統建置等方面已然領先美國。在這種情況下，即便中國的總體軍力尚未全面超越美國，但在其周邊地區落實「反介入／區域拒止」（anti-access/area-denial, A2/AD）行動的能力已明顯提升，對於美國在印太地區的安全與利益構成挑戰。[23]

再次，在地緣鄰近性部分，美國與中國間雖有太平洋作為巨大阻隔水體，但長期作為全球性強權的美國，對於戰略地理條件的關注並不偏限於周邊地區，而是放眼全球公域開放性的維護。在美國的戰略思想中，這些連結各國的公域具有至關重要的戰略地位，只要能夠保持其自由開放，作為超級強權且具全球軍事投射能力的美國就能享有巨大戰略優勢，此即美軍提出「全球公域介入與聯合機動概念」（Joint Concept for Access and Maneuver in the Global Commons, JAMGC）的主因。[24]但中國近年在其周邊地區——尤其是具有關鍵海運通道地位的南海一帶——的擴張趨向，以及「反介入／區域拒止」能力的發展，已然對美國在印太地區的公域通行能力構成重大挑戰。

最後，在侵略意圖部分，國家對於他國主觀戰略意圖的判斷，主要來自對其外在活動的客觀評估，[25]而川普政府對於中國的戰略意圖研判結果顯然是相當負面的。上述政策報告對於中國的言行不一做出了相當嚴厲的批評，直指中國領導人雖對國際社會承諾將奉行和平發展路線，與世界各國友好共處，但事實上中國長期以來憑藉軍事優勢，在周邊領土紛爭中欺凌鄰國，並採取諸多挑釁作為。[26]而中國近年致力推展的「一帶一路」倡議，本質上

---

[23] U.S. Department of Defense, *Military and Security Developments Involving the People's Republic of China* (Washington, D.C.: U.S. Department of Defense, 2020), pp. 72-76.

[24] Michael E. Hutchens et al., "Joint Concept for Access and Maneuver in the Global Commons: A New Joint Operational Concept," *Joint Forces Quarterly 84* (1st Quarter 2017), pp. 134-139.

[25] Robert J. Art, "Striking the Balance," *International Security*, Vol. 30, No. 3 (Winter 2005/2006), pp. 178-180.

[26] The White house, *United States Strategic Approach to the People's Republic of China* (Washington, D.C.: The White House, 2020), p. 1.

也是以援助爲名的債務陷阱外交（debt-trap diplomacy），許多中小型國家的資源與基礎建設紛紛落入其掌握。[27]此外，中國近年還在東南亞、南亞與非洲等地尋覓適宜建設海外軍事基地的地點，以擴大人民解放軍的活動範圍。[28]凡此事例，皆使美國得出中國是一個具有侵略性與修正主義傾向的崛起中大國的判斷結論。

二、美國印太戰略規劃重點舉措觀察

川普政府在印太地區雖未與中國開展冷戰式的全面競逐，但美國過去數年間於當地的軍事布局和外交操作皆呈現進取態勢，隱隱形成對中國的圍堵網絡。

在軍事布局方面，自2018年5月將「太平洋司令部」（United States Pacific Command, USPACOM）更名爲「印度—太平洋司令部」（United States Indo-Pacific Command, USINDOPACOM）以來，川普政府持續擴大美軍在西太平洋的戰力部署。[29]除在關島及日、韓、菲、澳等國家既有的軍事駐點外，亦和印度達成後勤互助協議，獲得使用部分印度軍事基地的權限，使美軍在印太地區掌握通暢靈活的調度能力。[30]此外，美軍不僅在南海等爭議地區頻繁進行巡航和演習活動，也透過與盟邦的聯合軍演提升彼此的軍事協作能力。[31]2019年9月時美國更與東南亞國協（Association of Southeast Asian Nations, ASEAN）共同實施了首次「美國—東協海上聯合軍演」

27　The White House, "Remarks by Vice President Pence on the Administration's Policy Toward China," October 4, 2018, https://www.whitehouse.gov/briefings-statements/remarks-vice-president-pence-administrations-policy-toward-china/.

28　Rayan V. Bhagwagar, "China's Overseas Military Bases," *Modern Diplomacy*, August 31, 2020, https://moderndiplomacy.eu/2020/08/31/chinas-overseas-military-bases/.

29　Tsuyoshi Nagasawa and Shotaro Miyasaka, "Thousands of US troops will shift to Asia-Pacific to guard against China," *Nikkei Asia*, July 5, 2020, https://asia.nikkei.com/Politics/International-relations/Thousands-of-US-troops-will-shift-to-Asia-Pacific-to-guard-against-China.

30　Rup Narayan Das, "The India-U.S. Defense Relationship Grows Amid Rising Tensions with China," *China Brief*, Vol. 20, No. 11 (June 2020), pp. 23-27.

31　Leigh Hartman, "Promoting security cooperation in the Indo-Pacific," *Share America*, November 4, 2019, https://share.america.gov/promoting-security-cooperation-in-indo-pacific/.

（ASEAN-US Maritime Exercise, AUMX）。[32]

　　在外交操作方面，川普政府明確點出與盟邦及夥伴國家的關係，是美國在印太地區最重要的不對稱戰略優勢。美國近年在印太戰略框架下積極拓展與當地友邦的外交關係，除力求穩固傳統同盟體系，也積極拓展和其他國家的合作，例如透過成立「印太民主治理諮商」（Indo-Pacific Democratic Governance Consultation）等機制強化台美關係，[33]擴大與印度、越南及紐西蘭等國家的防務交流，以及增進和東帝汶、巴布亞紐幾內亞及斐濟等太平洋島國的互動，將南太平洋地區納入印太戰略布局之中。[34]而四方安全對話（Quadrilateral Security Dialogue, Quad）等多邊框架的運作，更展現川普政府推動區域安全合作網絡化的企圖。[35]

　　除了傳統的防務與外交途徑，部分學者注意到現代國家亦常利用國際機制和國際法的影響力箝制對手或削弱其外交活動合法性。當合法性遭到弱化或剝奪時，國家的外交政策與軍事行動將在國際社會中舉步維艱，必須耗費更多成本與時間才能達成目標。[36]美國近年在印太地區便持續應用國際法規及東協機制的功能，設法束縛中國的行動空間。例如面對中國在南海的勢力擴張，川普政府選擇延續美國的傳統政策立場，強調南海的公域性質並批評中國的九段線劃界違反《聯合國國際海洋法公約》（*United Nations Convention on the Law of the Sea*, UNCLOS）規範，以維護國際法威信的姿態，在

32　Lucio Blanco Pitlo III, "The ASEAN-U.S. Maritime Exercises Are More Important Than Ever," *The National Interest*, October 27, 2019, https://nationalinterest.org/feature/asean-us-maritime-exercises-are-more-important-ever-90956.

33　中華民國外交部，〈臺美成立「印太民主治理諮商」對話〉，2019年3月19日，https://www.mofa.gov.tw/idia/News_Content.aspx?n=B383123AEADAEE52&s=79668340AA3E02B4.

34　Mark Esper, "US stands with its partners for a free and open IndoPacific" *The Straits Times*, June 15, 2020, https://www.straitstimes.com/opinion/us-stands-with-its-partners-for-a-free-and-open-indo-pacific.

35　Patrick Gerard Buchan and Benjamin Rimland, "Defining the Diamond: The Past, Present, and Future of the Quadrilateral Security Dialogue," *CSIS Briefs*, March 16, 2020, https://www.csis.org/analysis/defining-diamond-past-present-and-future-quadrilateral-security-dialogue.

36　Stephen M. Walt, *Taming American Power: The Global Response to U.S. Primacy* (New York: Norton, 2005), pp. 175-178.

當地持續開展「自由航行行動」（freedom of navigation operations），挑戰中國的「過度海洋主張」（excessive maritime claims）。[37]

　　美國亦積極參與東協多邊活動，與東協就網路安全、河川治理、商務合作等政策領域達成許多合作協議，大幅增進在機制框架內部的影響力，尋求各成員國的認同支持。[38]川普政府更利用東協外長會議（ASEAN Foreign Ministers' Meeting）等場合表達對「東協印太展望」（ASEAN Indo-Pacific Outlook）的支持，同時大力譴責中國的擴張行徑並呼籲東協各國合作應對。[39]此外，美國還藉由「印太海上安全倡議」（Indo-Pacific Maritime Security Initiative, Indo-Pacific MSI）框架，向南太平洋島國提供資金與海事人才培育援助，鼓勵各國共同參與印太海洋治理事務，並與美國保持緊密合作。[40]

　　此外，川普政府亦採取了一些間接性措施，意圖削弱中國的國家實力，使美國在印太地區的戰略進取更具成效。例如美國近年向中國發起的貿易戰與科技產業禁制措施，其影響不僅止於經貿與科技領域，更有透過相關作為打擊中國國內經濟體系，進而牽制其對外擴張能力的效用。而美國透過擴大對印度、日本與我國的防務援助，使相關國家在與中國的紛爭中更有能力與之抗衡，也具有藉由操作中國周邊爭端，為印太戰略推進創造有利條件的考量。值得注意的是，美國對印太國家的援助有相當比例用於協助當地發展中國家提升行政治理與民主品質，這一做法雖與防務安全並無直接關聯，卻有助於突顯印太戰略的公益性質，不僅可為戰略運作增添正當性和國際支

[37] Ankit Panda, "US Conducts Freedom of Navigation Operation Near China-Held Features in Spratlys," *The Diplomat*, July 15, 2020, https://thediplomat.com/2020/07/us-conducts-freedom-of-navigation-operation-near-china-held-features-in-spratlys/.

[38] U.S. Department of State, "United States-ASEAN Strategic Partnership," September 9, 2020, https://www.state.gov/united-states-asean-strategic-partnership/.

[39] U.S. Department of State, "The United States Welcomes the 'ASEAN Outlook on the Indo-Pacific'," July 2, 2019, https://www.state.gov/the-united-states-welcomes-the-asean-outlook-on-the-indo-pacific/.

[40] U.S. Department of State, "Aligning Arms Sales in the Indo-Pacific with U.S. Great Power Competition Objectives," October 5, 2020, https://reurl.cc/odV62g.

持，相關國家在接受美國援助的同時也一併接納了美式民主價值，長遠而言可望進一步加固美國在印太地區的戰略基礎。

伍、結語

　　川普政府強硬的對中政策及其近年對印太戰略的積極推動不但受到國際社會高度關注，印太各國的安全處境亦受到連帶影響。透過詳細檢視美國的戰略規劃動因，可發現其當前對中國的強勢抗衡其來有自，中國的國力發展與影響力擴張帶動的威脅感知觸發了美國的反制。而川普政府的印太戰略規劃，本質上來說即是由一系列針對中國的抗衡舉措共同組成的，觀察者在其中既能察見有限度的前沿軍力部署及國際安全合作，亦可發現對國際法規、多邊機制的綜合運用，以及涵蓋經貿打擊和對外援助在內的各類間接策略。

　　雖然川普政府未能在2020年下旬的大選中贏得第二任期，但美國作為一個理性的國家行為體，面對中國崛起帶來的威脅與挑戰，都勢必會採取具體行動加以制衡以確保安全無虞。換言之，美國與中國間的競逐態勢在可預見的未來中很可能將繼續維持下去甚或加劇。為有效遏制中國的擴張，美國對印太地區的參與及戰略投資也將持續提高。對於我國與其他位處印太的中小型國家來說，如何在兩大強權間的長期性戰略競爭中維護自身安全並伺機拓展利益，將是迫切而複雜難解的外交挑戰。

第(十四)章　現實主義與南亞區域權力結構

方天賜

壹、前言

　　南亞地區涵蓋印度、巴基斯坦、孟加拉、斯里蘭卡、尼泊爾、不丹、馬爾地夫等七國。[1]此區域的人口合計達16億9,700多萬人，約占全球人口約23%。經濟上，南亞仍屬於開發中地區，但在新冠病毒（COVID-19）疫情爆發前有不錯的表現，屬於成長較快的區域之一。[2]根據世界銀行的統計，2020年受到疫情影響，南亞經濟成長倒退5.4%，不過，2021年的經濟成長預估可提升至7.2%。整體而言，南亞地區仍有很大的發展潛力。

　　戰略上，南亞的印度與巴基斯坦都擁有核子武器，加上印度崛起的帶動，使得南亞的重要性也持續增加，成為主要國家的交往目標。中國的「一帶一路」計畫及美國「印太」（Indo-Pacific）戰略也都涵蓋此地區。我國的新南向政策也將馬爾地夫之外的南亞六國納為目標國家，顯示南亞地區的重要性上升。

　　鑑於南亞的發展潛能及重要性，本文試圖從現實主義的視野，分析當前南亞權力結構的主要發展，以進一步了解南亞當前的情勢發展。本文認為，印度區域霸權是南亞地區的主要特色，印巴衝突一方面影響南亞區域整合，另一方面則給予域外國家介入的機會。這些區域內外因素的發展及交互影響，將持續形塑南亞的戰略格局。

1　有些統計資料也將阿富汗視為南亞的一部分，本文所指南亞地區則不包括阿國在內。
2　International Monetary Fund, "South Asia Regional Update," January 2018.

貳、現實主義理論與南亞

　　現實主義是當前國際關係的主流典範之一。其中，新現實主義（Neo-realism）特別強調國際體系的影響，認為國家的行為受到國際體系結構的制約，主張權力平衡（balance of power）。攻勢現實主義（Offensive Real-ism）則認為國家因為他國的真實企圖難以探測，主張國家為了自身安全必須追求權力的最大化。新古典現實主義（Neoclassical Realism）則同時考量國際結構、國內政治和決策者的認知等因素。在相關討論中，則多以修昔底德（Thucydides）、馬基維利（Niccolò Machiavelli）等人作為現實主義思想的代表人物。但其實包括中國的孫子、印度孔雀王朝的宰相考底利耶（Kautilya，西元前350年至275年）等人，也曾提出現實主義的相關概念。

　　考底利耶所著《政事論》（*Arthashastra*）便是具有現實主義色彩的代表作。莫岱斯基（George Modelski）在1964年的研究中，便曾介紹考底利耶的理念，認為他提出了國際體系的抽象概念。[3]另一方面，考底利耶也提出了權力的概念，認為權力就是力量，而力量能夠改變（君主的）思維。他認為君主的職責在保存國家社稷，需以「摧毀敵人，保護人民」為目標。故其勸誡君主改善本國的實力及削弱敵國的實力要素，因為根據「魚的法則」，在一個大魚吃小魚的世界裡，君主的唯一生存途徑就是成為擁有無上權勢的征服者。[4]因此，他也被認為是現實政治（realpolitik）思想的代表人物之一。

　　更重要的是，他提出「曼荼羅」（mandala）理論，也就是國家圈（the Circle of States）的概念。所謂的「曼荼羅」理論類似今日的地緣政治概念，他將國家區分為中心國、盟國、敵國和中立國等類型置於同心圓中。在

---

[3]　George Modelski，"Kautilya: Foreign Policy and International System in the Ancient Hindu World," *The American Political Science Review*, Vol. 58, No. 3 (September 1964), p. 554.

[4]　張金翠，〈《政事論》與印度外交戰略的古典根源〉，《外交評論》，第2期（2013年），頁119-121。

這個國際體系中，中心國欲稱霸和構建帝國，扮演征服者的角色；征服者的鄰國則是天然的敵人。盟友國家則居於征服者或敵國的附近，可以與之結成聯盟以干預敵國的行為。中立者與征服者、敵國或盟友距離較遠，但也有足夠的力量牽制和影響以上三者。[5]不難看出，這樣的概念與現實主義的權力平衡理念近似。他進一步提出「六重政策」（six-fold policy），包括適應（accommodation）、敵對（hostility）、漠視（indifference）、攻擊（attack）、保護（protection）、兩手策略（double policy）等對外政策。

　　對印度而言，考底利耶的現實主義思想不僅是一種文化遺產，也對印度當代外交戰略產生影響，特別是對領導人及「鷹派」思潮，進而使印度外交出現「考底利耶化」現象。[6]學者李思嫺也認為，印度自詡為南亞次大陸的強權，地理特徵就是印度中心，不僅指在地理上以印度為中心，同時表述印度於歷史與政治發展方面占據的核心領導地位。她認為，曼荼羅理論提供國家判斷敵友的基本準則，中心概念是「鄰國天生是本國的天敵，而鄰國的鄰國則是友好國家」，構成印度戰略觀的一部分。因此，對於印度而言，巴基斯坦與中國這兩個有實力的鄰國乃是其國家安全最迫切的挑戰，在區域層級則結交「敵人的敵人」作為反制。[7]

　　事實上，首任印度總理尼赫魯（Jawaharlal Nehru）便稱許考底利耶的成就，認同他是印度馬基維利的稱號。現任印度外長蘇杰生（S. Jaishankar）也主張當代的印度的外交需要更多的現實主義考量。他指出，地緣政治和權力平衡都是印度國際關係的基石，而其源自考底利耶思想。[8]由此可見，考底利耶及現實主義的想法主導當前的印度對外政策思考。鑑於印度是南亞地區的最主要國家，其影響自然也涵蓋整個南亞地區。

5　同前註，頁125。
6　同前註，頁128-129。
7　李思嫺，〈曼荼羅思想與印度外交政策〉，《歐亞研究》，第11期（2020年4月），頁87-96。
8　S. Jaishankar, *The India Way: Strategies for an Uncertain World* (Noida: HarperCollins India, 2020).

參、南亞權力結構：印度獨大

　　南亞地區原為大英帝國的殖民地及勢力範圍。第二次世界大戰之後，英國勢力開始退出南亞地區。1947年，依照「印回分治」方案，將英屬印度分割出巴基斯坦（含東巴基斯坦，即今日之孟加拉），不丹與尼泊爾也在同時期相繼脫離英國勢力。[9]1948年，錫蘭獨立，改稱斯里蘭卡。1965年，英國讓印度洋小島馬爾地夫獨立，正式結束在南亞的殖民統治。事實上，英國是採取現實主義中的「分而治之」手段，將南亞地區區分為數塊，使之分別獨立。而印回分治方案更造成印巴長期的對立。由於東、西巴基斯坦之間的矛盾加劇，在1971年爆發孟加拉獨立戰爭，印度也藉機參戰以協助孟加拉獨立，削弱巴基斯坦的能力。當前我們所見到的南亞政治版圖，就此確定。

　　在南亞七國中，國力對比極不均衡。印度是最主要的國家，具有區域霸權的地位。[10]若從地理位置上來看，印度座落在南亞中心，其他國家環繞在側，成為眾星拱月的姿態。若從土地面積、人口或者GDP來比較，印度也都遙遙領先其他南亞國家。印度面積占南亞總面積的73.32%、人口占75.51%、GDP更高達80.31%（參閱表14-1），其他國家難望其項背。與印度國力相比，第二大的巴基斯坦也只能算是中等國家，其餘南亞諸國則更為弱小。因此，南亞的權力結構為「一大、一中、眾小」的型態。

表14-1　南亞七國數據統計

國家	面積（平方公里）	人口	GDP（10億美元）
印度	3,287,263	1,281,935,911	2,868.93
巴基斯坦	796,095	204,924,861	278.22
孟加拉	148,460	157,826,578	302.57

9　1907年不丹王國建立，但實際上是英國的保護國。1910年1月，英國同不丹簽訂《普那卡條約》（*Treaty of Punakha*），規定不丹在對外事務上受英國指導。尼泊爾則於1923年與英國簽訂《永久和平條約》，獲英國承認其地位。

10　陳牧民，《解讀印度：不確定的崛起強權》（台北：五南出版社，2016年），頁159。

表14-1　南亞七國數據統計（續）

國家	面積（平方公里）	人口	GDP（10億美元）
尼泊爾	147,181	29,384,297	30.64
斯里蘭卡	65,610	22,409,381	84.01
不丹	38,394	758,288	2.53
馬爾地夫	298	392,709	5.64
合計	4,483,301	1,697,632,025	3,572.54

資料來源：作者整理自Central Intelligence Agency, *The World Factbook*, https://www.cia.gov/the-world-factbook/countries/; The World Bank, "GDP (current US$)", https://data.worldbank.org/indicator/NY.GDP.MKTP.CD.

印度在1991年啟動經濟改革及1998年進行核子試爆後，國力的成長更為顯著，繼中國之後成為當前主要的崛起國家，在國際社會的影響力遽增。近年來，印度更因成功推動大國外交，成為國際上的要角。客觀而言，印度已拉開與其他南亞國家的國力差距，更加確定其區域霸權的地位。

雖然區域內第二大國家巴基斯坦也在1998年進行核子試爆，但其他部分的發展並不出色，傳統國力仍遠不如印度。因此，巴基斯坦雖然仍對印度造成相當程度的安全威脅，但其在國際上的政治或經濟影響力都無法與印度相較。過去印巴常被相提並論，如今的焦點則是印美、印中或印日關係。

在這樣條件下，印度意圖成為南亞地區的良性霸權（benign hegemony）。[11]2017年的洞朗（Doklam）對峙事件便顯露出印度的區域霸權心態。洞朗地區其實是中國與不丹之間的領土爭議，與印度並無直接關聯。但印度認為中國在洞朗地區築路會破壞現狀，所以強行代不丹出面與中國抗衡。中印兩國因而在邊界軍事對峙長達七十三天後才協商落幕。換言之，印度為了盟友不丹及維持區域現狀挺身而出。印度學者便表示，印度的鄰國如尼泊爾、斯里蘭卡、緬甸、馬爾地夫、阿富汗，甚至泰國、印尼、新加坡、越南及菲律賓等國現在若遭遇危機時，「就知道該去敲哪個門可以得

---

[11] Stephen F. Burgess, "India and South Asia: Towards a Benign Hegemony," in Harsh V. Pant ed., *Indian Foreign Policy in a Unipolar World* (New Delhi: Routledge, 2009), pp. 231-250.

到持續性的協助」。[12]但值得說明的是，南亞周邊小國未必都願意屈從印度的霸權，故不時出現區域性緊張或尋求外部勢力平衡。

肆、印巴衝突

　　印度與巴基斯坦自1947年獨立以來已經發生過三次戰爭，包括1947年第一次喀什米爾（Kashmir）戰爭、1965年第二次喀什米爾戰爭及1971年的孟加拉獨立戰爭。兩國於1998年5月先後進行核子試爆，隔年隨即在喀吉爾（Kargil）地區爆發嚴重軍事衝突，引發核子大戰的憂慮。兩國除了印巴分治所遺留下來的宗教、民族主義衝突外，也因為爭奪喀什米爾主權而爭鬥不斷。

　　由於巴基斯坦與印度的傳統實力的差距，為了有效制衡印度，巴國軍方情報單位涉嫌資助及庇護恐怖組織，藉由恐怖活動對印度進行打擊，其中以喀什米爾地區最為嚴重。但這些恐怖攻擊並不限於喀什米爾。2001年，首都德里的印度國會大廈便遭到恐怖攻擊；第一大城孟買則在2018年發生連環爆炸案。這些事件都對印巴關係的發展造成不利的影響。

　　若以數量來看，近年來的恐怖攻擊活動事件似有減少，但對印巴關係的傷害並未因此降低。印度總理莫迪（Narendra Damodardas Modi）曾於2015年12月25日結束阿富汗訪問後突然轉往巴基斯坦拉合爾（Lahore），與時任巴國總理夏立夫（Nawaz Sharif）會晤。這項舉動被視為是向巴國遞出橄欖枝，印巴雙方因而計畫舉行外交部次長級會議以重啟官方對話。未料印度旁遮普省巴坦科（Pathankot）空軍基地卻於2016年1月2日遭到恐怖襲擊，恐怖組織「聯合聖戰議會」（United Jihad Council）聲稱犯案。印度輿論對此譁然，認為政府的友好政策並未得到回報，印度政府因而被迫改採強硬立

---

[12] Srikanth Kondapalli, "Will China resume building roads in Doklam?," *Rediff News*, August 29, 2017, http://www.rediff.com/news/column/will-china-resume-building-roads-in-doklam/20170829.htm.

場，決定中斷與巴基斯坦的外交對話。

2019年2月14日，印度中央警察部隊（CRPF）運兵車在喀什米爾普瓦瑪（Pulwama）遭到恐怖攻擊，造成40多人死亡，再度引發雙邊關係緊張。印度政府認爲藏匿於巴基斯坦境內的「默罕默德軍」（Jaish-e-Moham-mad）爲事件主謀，要求巴國政府對其採取制裁行動，卻遭巴國拒絕。在兩國關係緊張之際，印度因此拒絕巴基斯坦射擊選手入境參加世界盃相關比賽，因而遭到國際奧會（IOC）暫停申辦體育賽事。

爲了報復普瓦瑪恐怖攻擊活動，印度於2019年2月26日派遣12架戰機越過印巴實際控制線，以「外科手術式」打擊位於巴國控制線一端的恐怖分子營地。這是1971年第三次印巴戰爭之後，印度首度出動空軍對巴國控制區域進行空襲。巴基斯坦隨後也派出空軍回擊，雙方都有軍機遭到擊落，導致關係更加惡化。

印度也希望國際社會對巴基斯坦庇護恐怖主義的行爲施壓。在印度數度提案與運作後，聯合國安理會終於在2019年5月1日將「默罕默德軍」首腦阿茲哈（Masood Azhar）列入全球恐怖分子黑名單中。但短期內，雙方關係仍將持續籠罩在恐怖主義的陰影之下。印度便指控，巴基斯坦持續以恐怖主義爲手段，資助虔誠軍（Lashkar-e-Taiba）、滿月（Al-Badr）、反抗陣線（The Resistance Front, TRF）等組織打擊印度，要求國際社會應對巴基斯坦施壓。

除了恐怖活動之外，印巴關係也持續受到喀什米爾情勢的影響。印度與巴基斯坦都宣稱擁有喀什米爾地區的主權，在歷經兩次喀什米爾戰爭後，印度與巴基斯坦分別控制部分的喀什米爾地區，由所謂的控制線（Line of Control）加以分隔。印度政府在2019年8月突然宣布廢除其管轄的喀什米爾地區的自治權力，並將其分割爲「查謨與喀什米爾」（Jammu and Kash-mir）及「拉達克」（Ladakh）兩個中央直轄區，使得喀什米爾爭議再度引起關注。

巴基斯坦指控印度此舉是片面改變現狀，違反聯合國安理會關於喀什米爾的相關決議，也違反印度與巴基斯坦之間的《西姆拉協議》（*Shimla*

Agreement）。印度則認為此舉是內政問題，外界無權置喙。為了抗議印度的作為，巴基斯坦召回駐印高級專員（相當於大使）、將雙邊外交關係降為代辦級，並中斷彼此貿易往來、停開印巴間列車、禁播印度電影等。

　　巴基斯坦也訴諸國際社會介入喀什米爾自治問題。伊斯蘭合作組織（Organization of Islamic Cooperation）便呼籲和平解決這一問題。但整體而言，巴基斯坦的外交成效有限。同屬伊斯蘭國家的沙烏地阿拉伯便在此問題上保持中立，並於2019年10月接待印度總理莫迪來訪，聲援印度打擊跨境恐怖主義。阿拉伯聯合大公國則附和印度立場，認為此舉為印度的內部事務。更重要的是，除了中國之外，聯合國安理會的四個常任理事國，即美國、俄羅斯、法國和英國，都拒絕透過安理會處理此次爭議。

　　雙方的關係在近期進一步惡化。印度在2020年5月31日以從事間諜行動為由拘留並驅逐兩名巴基斯坦外交官。巴基斯坦隨即逮捕兩名印度駐巴基斯坦使館人員作為報復。6月23日，印度再以巴國人員「從事間諜活動並與恐怖組織保持聯繫」為由，要求巴基斯坦裁減一半駐印度使館人員，由原來110名的核准編制降為55人，形同一次驅逐數十位巴國外交人員。巴基斯坦也立即採取相同措施回敬，要求印度駐巴基斯坦大使館的核定人員數目裁減一半，同樣由110人的額度降為55人。這也是2001年12月印度國會遭到恐怖攻擊後，雙方再度將彼此使館人員減半，可見雙邊關係面臨嚴峻挑戰。

　　印巴這兩個區域內最大國家的關係不佳，不僅影響雙邊交流，更嚴重阻礙區域經濟整合的進展。南亞區域合作組織（South Asian Association for Regional Cooperation, SAARC）是南亞地區的主要區域組織，由孟加拉、不丹、印度、馬爾地夫、尼泊爾、巴基斯坦和斯里蘭卡等七個國家在1985年成立。2005年接納阿富汗成為第八個會員國，中、美也在同年成為南亞區域合作組織的觀察員。

　　南亞區域合作組織原決定在2001年建立「南亞自由貿易區」（South Asia Free Trade Area, SAFTA），但迄今未有效落實。根據世界銀行的統計，南亞國家的內部相互貿易（intra-trade）僅占其外貿額度的5%。遠低於歐盟及東南亞國協。歐盟內部相互貿易額占歐盟貿易總額的50%，東協的數

字則爲23％。南亞國家的相互投資額也低於1％，是世界上整合程度最低的區域之一。區域國家的政治緊張及缺乏互信、跨界衝突及安全考量等等都是影響的因素。換言之，自由主義的經濟整合等主張，並未在南亞有所成效。

伍、中國因素

中國是有能力影響南亞的少數境外強權之一。早在冷戰時期，中國便與巴基斯坦建立緊密的戰略合作關係，包括協助巴基斯坦發展導彈等，藉以制衡印度。中巴戰略夥伴關係對印度形成相當大的安全壓力。舉例而言，印度在1971年欲協助東巴基斯坦獨立時，便擔心中國會介入。因此，印度選擇與蘇聯簽署《蘇印和平友好合作條約》（*Treaty of Peace, Friendship and Cooperation between the Union of Soviet Socialist Republics and the Republic of India*），藉以牽制中國。該約規定，「當任何一方受到進攻或進攻威脅時，雙方應立即共同協商以消除這種威脅，並採取適當的相應措施以保障和平與兩國安全」。換言之，印度其實是放棄所謂的「不結盟」主張，而與蘇聯建立軍事安全同盟。蘇聯也成爲印度主要的軍備來源及國際經貿合作夥伴。這樣的發展，符合考底利耶所描繪的「曼荼羅」體系。

冷戰結束後，中國一度採取較爲平衡的策略，一方面尋求與印度發展關係；另一方面則持續與其他南亞國家強化合作，以確保在南亞及印度洋地區的影響力。中國在巴基斯坦瓜達爾港（Gwadar）與孟加拉吉大港（Chittagong）的建設便被認爲是其「珍珠鏈」戰略的一環。[13]事實上，多數南亞國家因爲擔心印度獨霸南亞，所以並不反對中國進入南亞經營及擴展勢力。政治上，印度與其他南亞小國的關係雖然緊密，但相關衝突也較多；而中國在南亞事務上則較無此類問題。多數南亞國家多擔心印度在南亞的優勢地位不利自身的國家利益，將中國視爲比較中立的域外平衡者。

---

[13] "China builds up strategic sea lanes," *The Washington Times*, January 17, 2005.

　　舉例而言，尼泊爾在2015年9月20日頒布新憲法時，印度為支持與印度親近的馬德西族（Madhesi），便對尼泊爾封鎖邊境以施壓，前後長達一百三十五天。尼泊爾便因此向北京求助，首次從中國進口原油。中國的經貿資源，也對其他南亞國家有吸引力。[14]尼泊爾總理奧利（KP Sharma Oli）政府在2020年5月公布新地圖憲法修正案，將三處印度控制下的土地劃入新地圖中。尼泊爾國會則不顧印度反對，在6月份由國會通過此修正案。尼泊爾不惜觸怒印度的大動作被認為是中國在背後給予支持。

　　「一帶一路」是當前中國大陸最重要的對外戰略之一。在北京的積極推動下，除了印度及不丹之外，巴基斯坦、孟加拉、斯里蘭卡、尼泊爾、馬爾地夫等五個南亞國家都對「一帶一路」計畫表達支持並有不同程度的參與。[15]其中，巴基斯坦與中國共同開發的「中巴經濟走廊」計畫，更被列為「一帶一路」的旗艦計畫之一。

　　中國常用的策略是為需要基礎建設的南亞小國提供融資，當借貸國無法償債時，中國便順勢取得項目的所有權和土地。[16]有些研究質疑「一帶一路」的成效，認為將導致參與國家陷入更大的債務危機，南亞的巴基斯坦及馬爾地夫等國便是如此。[17]但事實上，這些國家因為債務危機，反而必須更仰賴中國的經濟援助。[18]斯里蘭卡便與中國大陸達成80億美元的貸款協議，代價是同意中國租借其港口達九十九年。

　　不丹尚未與中國建交，也不在中國大陸的「一帶一路」的規劃之內，

[14] 此類觀點見Christian Wanger, "The Role of India and China in South Asia," *Asia Pacific Bulletin*, No. 389, July 26, 2017.

[15] 有關中國與南亞國家的一帶一路合作情況，參閱林民旺，〈「一帶一路」建設在南亞：定位、進展及前景〉，《當代世界與社會主義》，第4期（2017年），http://www.rdcy.org/displaynews.php?id=38837；杜幼康，〈「一帶一路」與南亞地區國際合作前瞻〉，《人民論壇‧學術前沿》，2017年5月26日，https://www.ydylcn.com/zjgd/331370.shtml.

[16] "China's new super weapon against India: Neighbourhood debt traps," *The Economic Times*, March 14, 2018.

[17] John Hurley , Scott Morris and Gailyn Portelance, "Examining the Debt Implications of the Belt and Road Initiative from a Policy Perspective," *CGD Policy Paper 121*, March 4, 2018.

[18] "China's 'debt trap' economics will likely result in it gaining greater access to nations around India: US think-tank," *The Economic Times*, May 19, 2018.

所以南亞國家中，對「一帶一路」的眞正阻力來自於印度。印度關切「一帶一路」計畫下的中巴經濟走廊經過印度主張擁有主權、但爲巴基斯坦控制的喀什米爾地區，因此指責中巴藉此侵犯印度主權。此外，印度並不樂見中國藉「一帶一路」擴展在南亞及印度洋的影響力，因此拒絕派員出席2017年於北京舉行的「一帶一路」國際合作高峰論壇。2018年6月上海合作組織青島峰會結束時發布的《青島宣言》中，印度也是唯一沒有表態支持「一帶一路」的成員國。

「一帶一路」計畫確實已進入南亞地區，侵蝕印度的區域影響力，進而加深中印之間的不信任。印度的經濟實力不如中國，無力單獨提出計畫與之相抗衡，因此選擇與日本攜手合作來制衡「一帶一路」在南亞及印度洋的擴展。舉例而言，兩國便計畫共同開發斯里蘭卡春可馬里（Trincomalee）港。印度與日本也在2016年11月提出亞非成長走廊（Asia-Africa Growth Corridor, AAGC）的跨國性倡議，合作推動亞非的連結（connectivity）。此計畫也被暱稱爲「自由走廊」（Freedom Corridor），但迄今尚未具體進展。

中國也是少數在喀什米爾問題上力挺巴基斯坦的國家，因爲中國視巴基斯坦爲其盟友，而且中印間的爭議邊界也跟喀什米爾問題有關。中國外交部便聲明反對印方將中印邊界西段的爭議領土劃入印度行政管轄範圍，批評印方以單方面修改國內法律的形式損害中方的領土主權，要求印方在邊界問題上遵守雙方達成的相關協定，避免讓邊界問題複雜化。巴基斯坦總理伊姆蘭·汗（Imran Khan）則於2019年10月訪問中國尋求支持。在兩國領導人的會晤中，習近平表示，中國將巴基斯坦置於中國外交優先方向，在涉及巴基斯坦核心利益和重大關切的問題上將繼續堅定支持巴基斯坦。在喀什米爾局勢方面，習近平則表示：「有關事態的是非曲直是清楚的，中方支持巴方維護自身合法權益，希望當事方通過和平對話解決爭端。」中國也於2019年8月16日、2019年12月、2020年1月三度在聯合國安理會上提案討論喀什米爾問題，雖未獲多數成員國支持，但已顯示中國對巴國的外交支持。

由於巴基斯坦與中國已發展出「全天候戰略合作夥伴」關係，互爲

「鐵桿」朋友，故對彼此的核心利益及重大關切問題上給予支持。特別值得一提的是，中巴經濟走廊經過巴基斯坦控制的喀什米爾地區，引發印度的抗議和抵制，認為侵犯到印度的主權問題。中巴兩國在喀什米爾問題上將持續聯合對印度施壓。

　　新冠病毒疫情爆發，也加深中印之間的對立。到2020年12月19日止，印度的病例已經突破1,000萬病例，是世界上第二大的染病國家，對印度社會經濟影響非常大。早在2020年3月印度疫情剛爆發之際，便有印度人士向法院控告中國國家主席習近平及中國駐印度大使孫衛東，指責其散布病毒。印度智庫「觀察家研究基金會」（ORF）會長薩蘭（Samir Saran）也以「中國製造的流行病」（Made in China pandemic）為名批評中國隱匿疫情。[19]為了防止中國趁機收購印度受疫情影響的企業，印度商務部便規定，與印度接壤的國家在投資印度企業前，需經過印度政府批准。

　　正當新冠疫情加深中印猜忌之際，中國和印度也在爭議邊境地區爆發衝突。事實上，中印間的邊界爭議存在已久。雙方在1990年代簽署兩個邊境實際控制線地區的信心建立措施（CBMs）協議，藉以管理相關爭議，讓邊界爭議地區維持相當時間的和平與安寧。但兩國在2013年發生帳篷對峙事件，2017年更在洞朗地區進行長達七十三天的軍事對峙。雙方領導人於2018年及2019年在武漢及清奈舉行「非正式」會晤，但並未實質解決邊界問題。

　　2020年5月份起，雙方開始在西段邊界出現較大的摩擦跟衝突。2020年6月15日，雙方的邊防部隊在加萬谷地（Galwan Valley）發生流血衝突，導致雙方自1975年之後再度因邊界問題造成人員死亡。9月時，邊境爭議地點甚至傳出槍聲，顯示已違反1996年的信心建立措施協議，導致雙邊關係更為緊張及對立，直到2021年2月才達成撤軍協議。

　　在中印關係因邊界衝突而趨於緊張之際，巴基斯坦便立即在喀什米爾

---

[19] Samir Saran, "#Covid19: Made in China pandemic," Observer Research Foundation, March 20, 2020, https://www.orfonline.org/expert-speak/covid19-made-in-china-pandemic-63531/.

地區控制線與印方相互砲擊並造成傷亡。此舉有呼應中國的效果，也再次提醒印度，一旦與中國或巴基斯坦發生軍事衝突，都可能面臨中、巴合盟夾擊的「兩線戰爭」（two-front war）。印媒也透露，巴基斯坦增派兩萬多名部隊前往拉達克地區，以迎合中國的部署。[20]巴基斯坦的舉動也獲得中國的回報。中國在2020年6月25日與巴基斯坦簽署24億美元協議，以建設1,124百萬瓦的科哈拉（Kohala）水電站，這也是巴基斯坦有史以來最大金額的單一項目投資，由中國三峽集團在當地的子公司興建。2020年7月6日，巴基斯坦再與中國葛洲壩集團簽署興建阿茲帕坦（Azad Pattan）水電站協議，發電容量為700百萬瓦，投資金額達15億美元。中國為了避免印度對「一帶一路」計畫的反彈，以往在推動中巴經濟走廊計畫案時，都會盡量避開喀什米爾地區，以免讓印度擔心改變現狀。[21]但上述兩個大型水電計畫都是位於巴基斯坦控制的喀什米爾境內，顯示中國不再特別考量印度的想法。2020年7月16日，巴基斯坦總理伊姆蘭·汗出席迪阿莫—巴沙大壩（Diamer-Bhasha Dam）的工程啟動典禮。該計畫係由中國電力建設集團與巴基斯坦邊境工程局（FWO）合資建設，雙方股份比例為70：30。印度認為這個水壩項目位於巴基斯坦非法占領的領土上，形同侵犯印度的主權。

　　中印交惡也可能強化中國對巴基斯坦的軍事援助，藉以對抗印度。中國與巴基斯坦已有相當緊密的軍事合作紀錄，包括協助巴國發展飛彈等。印度在2020年3月便扣留一艘前往巴基斯坦的「大翠雲」（Da Cui Yun）號中國貨輪，因為其運載可用於製造遠程飛彈的機器設備。中巴兩國也共同研發梟龍戰機（FC-1/JF-17），並在前述的2019年2月印巴空戰中現身。巴基斯坦在2015年向中國訂製八艘潛水艇，並在2018年10月向中國購置「翼龍-2」軍用無人機。這些軍事設備將提供巴基斯坦的國防力量，也對印度形成相當程度的安全威脅。

---

[20] "Pakistani troop movement in Ladakh, sources say China in talks with Pak terror groups," *India Today*, July 2, 2020, https://www.indiatoday.in/india/story/pakistani-troop-movement-in-ladakh-sources-say-china-in-talks-with-pak-terror-groups-1695712-2020-07-01 (last accessed on 2020/7/31).

[21] "Pakistan benefits from China-India clash with hydropower deal," *Nikkei Asian Review*, July 6, 2020, https://asia.nikkei.com/Spotlight/Belt-and-Road/Pakistan-benefits-from-China-India-clash-with-hydropower-deal (last accessed on 2020/7/31).

陸、印太戰略

　　美國是另一個有能力影響南亞的區域外強權。在反恐戰爭結束後，巴基斯坦對美國的戰略價值下降，印度對美國的重要性則增加，美國因而改採重印輕巴的政策。最明顯的例子是，美國在2005年與印度簽署核能協定，間接承認印度的核武國家地位，並同意協助印度取得核子供應國集團（NSG）的豁免地位，雖未簽署《不擴散核武器條約》，但也可以自國外採購及進口民用核能技術和核燃料。但美國迄今尚未同意與巴基斯坦簽署類似協定，明顯獨厚印度。美印戰略夥伴關係從柯林頓時期開始發展並強化。美國極力扶植印度的崛起，希望以此制衡中國。為擴大合作範圍及影響力，美印兩國也在2015年邀請日本固定參加馬拉巴（Malabar）海上演習。

　　美國總統川普在2017年11月的亞洲行中，正式提及「印度－太平洋」（Indo-Pacific）概念，取代過去慣用的亞太說法，主張「自由且開放的印太區域」。印太的地理範圍是指印度洋、西太平洋與環繞的國家。若與亞太的概念相比較，最明顯的改變是加入印度洋地區，使得地理範圍為之擴大。此項調整的主要用意之一，是希望將印度納入此一區域體系中。印度的國力日漸成長，加上印度與中國關係長期不睦，被美國視為制衡北京的理想戰略夥伴。

　　為推動此一構想，美印日澳四國官員在間隔十年後重啓四邊安全對話（Quadrilateral Security Dialogue, Quad）。[22]美國也將美國太平洋司令部（United States Pacific Command, USPACOM）改名為印太司令部（United States Indo-Pacific Command, USINDOPACOM）。

---

22 事實上，在日本的提倡之下，美、印、日、澳四國早在2007年5月就曾經舉辦過四方會談。日本及澳洲在當年也加入美印年度的馬拉巴海上演習。但陸克文（Kevin Michael Rudd）接任澳洲總理後改變政策，退出四方對話，使得該機制無以為繼。

　　值得一提的是，印度雖然願意與美國維持緊密的戰略合作關係，但不願意像日澳一樣與美國結盟，因而對印太戰略持保留態度。在2018年6月的香格里拉對話（The Shangri-La Dialogue）上，印度總理莫迪闡述印度的印太概念，強調「印度並不認爲印太是一種策略或專屬少數國家的俱樂部。我們絕不認爲印太把矛頭對準任何國家。」2020年8月，印度也建議俄羅斯加入印太倡議，並提出印日俄三邊機制的可能性。這些構想顯示印度與美國的印太戰略並不完全契合，避免針對中國及一面倒向美國。

　　然而，印度也在同時強化與美、日、澳三國的雙邊關係。美印在2018年舉行首次2＋2對話，簽署《通訊相容與安全協定》（COMCASA）。川普總統在2020年2月訪印，簽署30億美元的對印軍售協定。2020年6月，印度與澳洲簽署《後勤相互支援協定》（*Mutual Logistics Support Agreement*）。印度國防部次長庫馬爾（Ajay Kumar）則與日本駐印度大使鈴木哲在2020年9月9日於新德里簽署《相互提供物資與服務協定》（*Agreement on Reciprocal Provision of Supplies and Services*），同意雙方在人員訓練、聯合國維和行動、人道主義援助和其他共同商定的活動中相互提供物資和服務。若再加上印美於2016年8月簽署的《後勤交流備忘錄》（*Logistics Exchange Memorandum of Agreement*, LEMOA），印度與四邊安全對話的另外三方都已建立相關後勤合作協議，可在必要時互相使用對方的基地設施及獲取後勤支援，完善四方合作的網絡。

　　印度也決定邀請澳洲參加2020年度的馬拉巴演習，使此次演習成爲涵蓋美日印澳四方的聯合軍演。馬拉巴演習原本是美印雙邊演習，始自1992年，至2019年共舉行23次。該演習先前曾邀請日本、澳洲、新加坡等國家參與，引起中國抗議。從2015年開始，日本固定參加，使之成爲三邊演習。印度原本擔心四方演習的針對性太強，所以並不同意讓澳洲以日本模式加入馬拉巴演習。但隨著印中的對立升高，印度可能面臨同時與中巴對抗的兩面作戰（two-front war）的困境。印度在戰略上能夠反制中國的籌碼不多，只好往印太戰略靠攏。四國也在2021年3月12日，以線上方式舉辦首次的高峰會。

柒、結語

　　從內部權力分布的角度來看，印度崛起與經濟整合程度是影響近期南亞的戰略格局的主要動力。南亞地區呈現印度獨強的態勢，整體實力凌駕其他南亞鄰國之上，確立印度區域霸權地位。其他南亞國家需要與境外國家合作，才有能力平衡印度在南亞地區的優勢。南亞內部經濟整合緩慢，也同樣促使區域內國家尋求區域外的合作夥伴。

　　中國勢力進入南亞、美國推動印太戰略的成效，則是影響南亞區域的兩個主要外部因素。中國大陸藉由「一帶一路」建設已在巴基斯坦等部分南亞國家獲得成果，深化中國在南亞的影響力，已威脅及侵蝕印度的優勢。美國則希望扶持印度崛起，重視與印度強化戰略夥伴關係。

　　整體而言，南亞目前具有內外兩種不同雙層格局。對內而言，南亞呈現印度獨霸的權力狀態，短期內無其他國家有能力與印度相提並論，但印巴衝突已對南亞的長期和平穩定帶來負面影響。對外而言，南亞則是中美印的三角權力博弈場域。印度雖是區域內的霸權，但其實力並無法壟斷南亞區域，使得南亞的戰略格局仍有高度的被滲透性。換言之，當前南亞的發展貼近現實主義所描繪的權力平衡運作態勢。

第十五章　理性主義與中亞五國安全策略選擇研究

楊三億

壹、前言

　　中亞（Central Asia）一詞出現的時間比較晚，大約到1843年才由德國地理學家亞歷山大·馮·洪堡（Alexander von Humboldt）提出，他將中亞地理區的概念界定在西起裏海、東抵興安嶺、南至喜馬拉雅山、北至阿爾泰山的廣大區域。[1]不過隨著中亞地區鄰近強權的版圖擴張，中亞各國的政治版圖也不斷更迭，當前中亞地區指的是裏海以東、中國新疆以西、俄羅斯以南、阿富汗以北的廣大區域，從主權國家的角度來看，這個區域的行為者包含哈薩克斯坦（Kazakhstan）、烏茲別克斯坦（Uzbekistan）、土庫曼斯坦（Turkmenistan）、吉爾吉斯斯坦（Kyrgyzstan）和塔吉克斯坦（Tajikistan）五個國家。[2]中亞地區有著很重要的研究意義，冷戰時期中亞五國連同高加索的亞美尼亞、亞塞拜然與喬治亞，和東歐的白俄羅斯、烏克蘭、摩爾多瓦，波羅的海三國的愛沙尼亞、拉脫維亞、立陶宛，再加上土地面積最大與人口最多的俄羅斯，構成了蘇維埃聯邦加盟共和國。

　　中亞不僅是俄羅斯的傳統勢力範圍，歷史上還是中國與游牧民族發生征戰的主要地區，中國古稱西域的歷史名稱與今日中亞概念雖不完全一致，但實際上具有很強的相似性。中國漢唐時期使用的西域一詞，指涉那些與中原文明相異的蠻荒之地，由於這些地方並不在漢族文化的統轄範圍內，因此雙

1　Philip Shishki著、吳緯疆譯，《不安的山谷：中亞小國政治的悲劇》（台北：八旗文化，2016年6月），頁7。

2　有些地理觀也把阿富汗納入中亞，不過從民族或政治史角度來看，中亞五國與阿富汗有著相當程度差異，本文循國際習慣將五國作為中亞區域研究的代表。

方交流甚少。漢武帝命張騫通使西域則象徵兩大地區的文明交流重要起點，這也為日後中國與中亞國家交流、東西方絲綢之路發展的重要基礎。由於鄰近俄國與中國兩大強權，因此中亞各國的歷史文化和政治發展也有著很強的兩強文化交會特徵。

除中俄兩強外，影響中亞地區的行為者還有土耳其與伊朗，土耳其與伊朗對中亞地區也傳播了歷史文明，如古稱突厥，也就是今使用突厥語的民族，大抵上就是分布在中亞到土耳其這一大段的廣闊地帶；另伊朗舊稱波斯，古波斯人分布在今塔吉克斯坦等地，塔吉克語也被歸類為波斯語之一支，若干突厥人也有波斯化的傾向，凡此皆說明中亞地區就是一個中俄土伊各方交互影響的區域。

最後，中亞地區的研究還有能源戰略上的重要意涵，哈薩克斯坦、土庫曼斯坦、烏茲別克斯坦等國具有石油、天然氣、煤鐵等礦藏，中俄各國莫不對此投注精力，以建立友好的能源供應體系。從這個意涵上來看，中亞地區研究有極高的重要性，透過觀察中亞各國，我們可以發現這些國家國內的政治發展狀況以及這些國家對外政策走向，觀察他們如何在強權競爭環境下進行安全策略選擇，本文將從理性選擇此一角度觀察中亞各國外交政策走向。

貳、中亞五國基本國情與政治發展

中亞地區的哈薩克斯坦、吉爾吉斯斯坦、烏茲別克斯坦、土庫曼斯坦、塔吉克斯坦等國皆為蘇聯時期加盟共和國，這些國家於1991年獨立風潮爆發後紛紛脫離蘇聯，並展現各自不同的政治發展路線，以下討論中亞各國基本國情與政治發展特色。

一、哈薩克斯坦

哈薩克斯坦是中亞五國當中土地面積最大的國家，其面積約為272萬平方公里、人口約1,924萬（僅次於烏茲別克斯坦），因此是中亞地區動見觀

瞻的主要行為者。歷史上這塊領土多為游牧民族的活動範圍，在成吉思汗占領這塊地方後成為蒙古帝國一部分。不過隨著蒙古帝國逐步瓦解，這個地方分裂成大中小三個玉茲（哈薩克語，為地區之意），後來這三個地方逐步落入俄羅斯人的統治。1936年哈薩克斯坦成為蘇聯加盟共和國之一部分，正式名稱為哈薩克蘇維埃社會主義共和國。1991年哈薩克斯坦脫離蘇聯獨立，改稱哈薩克斯坦共和國持續至今。

　　哈薩克斯坦的經濟成長震盪起伏大，1995年經濟成長率接近-10%，2000年以前未見穩定，不過2000年後哈薩克斯坦曾有超過10%的經濟成長率，但2020年近期又極為不穩，這主要是因為哈薩克斯坦盛產能源、鐵礦、銅礦等，礦藏豐盛為其主要出口項目，主要出口國為義大利、中國、俄羅斯、荷蘭、法國等國，因此當國際景氣波動之際，哈薩克斯坦的經濟發展也就連帶受到影響。

　　哈薩克斯坦自獨立日起的首任總統為納扎巴耶夫（Nursultan Nazar-bayev），他早於蘇聯時期便是哈薩克斯坦共產黨的第一總書記，當哈薩克斯坦由蘇維埃社會主義共和國轉為哈薩克斯坦共和國時，他也順理成章地從哈共第一書記轉任為獨立後共和國總統。納扎巴耶夫自1991年至2019年止都是該國最高領導，托卡耶夫（Kassym-Jomart Tokayev）雖於2019年繼任納扎巴耶夫總統一職，但因為納扎巴耶夫卸任後仍擔任國家安全委員會主席掌握軍權，因此外界多認為納扎巴耶夫仍是哈薩克斯坦最重要的政治人物。

二、烏茲別克斯坦

　　烏茲別克斯坦位於哈薩克斯坦以南、土庫曼斯坦和阿富汗以北、吉爾吉斯斯坦和塔吉克斯坦以西，這個獨特的地理位置使得烏茲別克斯坦不僅是內陸國，而且還被其他內陸國所包圍。烏茲別克斯坦土地面積約44.7萬平方公里、人口約3,084萬，是中亞國家最多，歷史上為花剌子模、蒙古、俄羅斯等朝代統治，1924年成立烏茲別克蘇維埃主義共和國併入蘇聯，再於1991年脫離蘇聯獨立，改稱烏茲別克斯坦共和國至今。

　　烏茲別克斯坦的主要經濟作物為棉花與黃金，也產煤、天然氣等化石燃

料，因此一級產業是該國主要經濟結構，2006年後烏茲別克斯坦享有旺盛的經濟成長，2006年至2016年的十年間每年經濟成長約8%，近年成長也有4%至6%。由於經濟結構以一級產業為主，出口項目也以棉花、能源、礦物等原物料為主，出口國則以俄國、中國、哈薩克斯坦、土耳其等國為主要對象。

　　烏茲別克斯坦自1991年獨立日起便由卡里莫夫（Islam Karimov）擔任總統一職，與納扎巴耶夫相似，卡里莫夫也是由蘇聯時期的烏共第一書記轉為獨立後共和國的首任總統，然後連任至2015年再次贏得總統選舉，卻於2016年8月病逝於任內，繼任者為米爾濟約耶夫（Shavkat Mirziyoyev）。

三、土庫曼斯坦

　　土庫曼斯坦位於烏茲別克斯坦以南、伊朗以北，西鄰裏海、東鄰阿富汗，在所有中亞國家之中與中東和南亞國家距離最近。土庫曼斯坦歷史上也是花剌子模王朝領土，後歸蒙古帝國領土，其後再遭併入俄國領土，1991年宣布獨立改國名為土庫曼斯坦共和國。土庫曼斯坦土地面積約48.8萬平方公里、人口約557萬（中亞五國最少），人口密度非常稀少。

　　土庫曼斯坦主要經濟結構亦為一級產業，主要出口項目為天然氣與石油相關精煉製品，天然氣尤為關鍵。土庫曼斯坦也盛產棉花，主要出口國為俄國、義大利、伊朗、土耳其、烏克蘭等。

　　土庫曼斯坦的政治發展是中亞國家安全策略的特殊個案，該國選擇中立為其外交政策主軸，而且是以不僅寫入憲法且同時向聯合國爭取承認的方式為之。中立策略在國際關係中較為少見，嚴格意義上的中立國更是少見，一個解釋土庫曼斯坦採取中立作為的變因是，土庫曼斯坦以「等距」策略作為維繫國內政治穩定的防衛性工具。土庫曼斯坦首任總統尼亞佐夫（Saparmurat Niyazov）原為土國獨裁強人，然因心臟疾病而病逝於2006年底，新繼任總統為別爾德穆哈梅多夫（Gurbanguly Berdimuhamedow），別式上任後繼續推動家族式統治，將親信安插於政府各部門以牢牢掌控政治，別式同時以Arkadag（土庫曼斯坦的保護者）自居，2017年2月已連任第三任總統。

四、吉爾吉斯斯坦

　　吉爾吉斯斯坦土地面積約20萬平方公里、人口約601萬，吉爾吉斯斯坦一地的突厥語為（Kyrk）即中國史籍記載的點戞斯一詞。Kyrgyz是由kyryk和gyz兩個字構成，原意為40，吉爾吉斯族（Kyrgyz）即是「40個宗族」的集合名詞。這個地區原為金帳汗國統治、後金帳汗國逐漸分裂成「月即別」（今日的烏茲別克斯坦）、柯爾克孜（今日的吉爾吉斯斯坦）與哈薩克斯坦等地，隨著俄羅斯不斷強大，俄國逐漸成為中亞地區最重要的角色，1864年俄羅斯已占有今日包含吉爾吉斯斯坦在內的地區。1922年吉爾吉斯斯坦成為俄國的自治州，1926年改為蘇聯的吉爾吉斯自治共和國，1936年提升為加盟共和國，不過隨著蘇聯1991年瓦解，吉爾吉斯斯坦旋即脫離蘇聯獨立，1993年改國號為吉爾吉斯斯坦共和國。

　　農業作物是吉爾吉斯斯坦重要經濟結構組成，包括小麥、甜菜、棉花、羊毛等在內的各式農產品，不過和其他中亞國家不同之處，吉爾吉斯斯坦雖有銻、水銀等金屬，境內並無石油或天然氣等重要能源礦藏，因此這兩種能源都仰賴進口，其主要貿易夥伴為英國、俄國、哈薩克斯坦、土耳其等國。

　　從政治發展角度來看，吉爾吉斯斯坦屬於相對不穩定的國度，該國1991年後曾發生過兩次革命，一次是2005年第一次的鬱金香革命（Tulip Revolution），這一次的革命造成吉爾吉斯斯坦首任總統阿卡耶夫（Askar Akayev）下台、改由巴基耶夫（Kurmanbek Bakiyev）為繼任總統；另一次則是2010年的第二次革命（Second Kyrgyz Revolution），這一次革命的導火線來自於巴基耶夫無預警關閉多家報社電台以鎮壓對他不利的批評，後選出阿坦巴耶夫（Almazbek Atambayev）為繼任總統。吉爾吉斯斯坦兩次革命促成了該國2016年12月公民投票的憲法修正案，該公投目的是從總統集權改為提高議會權限，將憲政制度從總統制過渡到議會制的修正方向，希望以此穩固吉爾吉斯斯坦的政治發展。

五、塔吉克斯坦

　　塔吉克斯坦位於吉爾吉斯斯坦以南、土庫曼斯坦以東、新疆以西、阿富汗以北的交界地帶，土地面積約14.4萬平方公里（中亞五國最小）、人口約899萬，近代歷史上受蒙古帝國統治，1868年起併入俄國領土範圍，1929年改為塔吉克蘇維埃社會主義共和國並正式加入蘇聯，1991年宣布獨立後加入獨立國家國協，但獨立後卻因內部對國家未來發展方向、宗教定位等因素隨即爆發內戰，該內戰一直持續到1997年才結束。

　　塔吉克斯坦主要以一級產業與原物料生產為主要經濟結構，鋁為其礦藏大宗，其次為棉花，主要出口國為俄國、荷蘭、烏茲別克斯坦等國，由於缺乏能源等重要礦藏，以及過去很長一段時間受內戰之苦，塔吉克斯坦人均GDP成長幅度相對緩慢。

表15-1　中亞五國基本國情

	哈薩克斯坦	烏茲別克斯坦	土庫曼斯坦	吉爾吉斯斯坦	塔吉克斯坦
土地面積（平方公里）	272萬	44.7萬	48.8萬	20萬	14.4萬
人口	1,924萬	3,084萬	557萬	601萬	899萬
GDP（USD）[1]	4,878億	2,350億	868億	339億	315億
GDP/per capita（USD）[2]	26,351	6,999	14,845	5,253	3,380
境內重要民族組成	哈薩克68% 俄羅斯19.3% 烏茲別克3.2%	烏茲別克83.8% 塔吉克4.8% 哈薩克2.5% 俄羅斯2.3%	土庫曼85% 烏茲別克5% 俄羅斯4%	吉爾吉斯73.5% 烏茲別克14.7% 俄羅斯5.5%	塔吉克84.3% 烏茲別克13.8%
中央政府憲政制度	總統制	總統制	總統制	議會制	總統制

備註：1. GDP purchasing power parity.

　　　2. GDP-per capita purchasing power parity.

資料來源：CIA World Factbook（最後瀏覽日期：2021年6月25日）。

參、中亞五國後冷戰時期外交政策

一、哈薩克斯坦

　　哈薩克斯坦是中亞地區當中土地面積最大的國家，該國外交路線以多方外交（multi-vector foreign）爲主軸，其意爲不偏向任何一方的多邊交好策略，此種策略核心有幾個重點：第一，俄國仍是哈薩克斯坦最重要鄰國，因此在俄國主導獨立國家國協（Commonwealth of Independent States）時期，哈薩克斯坦便已是成員國。2015年1月成立的歐亞經濟聯盟（Eurasian Economic Union），哈薩克斯坦不僅是首波的締約國，也是組織的創始會員國，這個組織主要爲仿效歐洲聯盟的政經整合路徑，深化會員國政經整合程度，因此可見加入該組織對成員國政治、經濟與外交路線的影響。

　　另一個多方外交的重點是中國，由於中資是當前哈薩克斯坦的重要資金來源，因此哈薩克斯坦與中國經濟有著眾多的合作項目。2013年中國國家主席習近平提出的「一帶一路」倡議便是在哈薩克斯坦的納札巴耶夫大學演講時提出；另一個展現哈薩克斯坦與中國經貿合作的象徵是成立於二十世紀、位於中國新疆伊犁哈薩克斯坦自治州與哈薩克斯坦邊界的霍爾果斯市陸路口岸，該口岸是兩國經貿合作的重要標誌。

　　哈薩克斯坦多方外交的第三個特色是，其除積極參與俄羅斯主導的歐亞經濟聯盟以及與中國開展經濟合作，還存在與西方國家交往的策略。爲分散外資與對俄依賴，哈薩克斯坦近期與歐盟、美國、日本開展各式交流，如與美國在打擊恐怖主義的合作、與日本在能源和原物料的合作、與歐盟強化了「夥伴與合作協定」等，顯見哈薩克斯坦在中亞地區採取一種多方平衡的策略，以此避免淪入單邊依賴的可能劣勢。

二、烏茲別克斯坦

　　從地緣上看，中亞五國僅烏茲別克斯坦一國與其他四國皆有領土相連，此種地緣說明了烏茲別克斯坦位處中亞地區交通要道，也就讓烏茲別克斯坦成爲各方爭取對象。烏茲別克斯坦近年來與中國經貿互動關係升溫，烏

茲別克斯坦是帶路倡議於中亞的重要合作夥伴國，北京2017年為烏茲別克斯坦的費爾甘納盆地與首都塔什干間隧道，強化鐵路交通用意便在於此，因為這不僅對烏茲別克斯坦國內運輸有利，對中國輸往歐洲的貨運列車也有利。

2016年之前烏茲別克斯坦總統一職皆由卡里莫夫擔任，2016年後改為米爾濟約耶夫繼任總統，由於俄國仍是烏茲別克斯坦最重要的合作對象，故烏茲別克斯坦與俄國有著諸多經貿合作事項，例如於烏國境內籌建第一座核能發電廠、協助建造水力發電廠、機場快捷等。另外，米爾濟約耶夫2018年展開訪問美國行程，前次烏茲別克斯坦總統訪問美國已是十六年前，因此此行具有兩國外交關係破冰的重要意涵，米爾濟約耶夫還試圖推動若干改革政策，如放寬外資進入烏茲別克斯坦市場限制以吸引美國在內的其他國家資金，烏茲別克斯坦也嘗試緩和與周邊國家的互動，特別是與阿富汗的關係。

從近期發展來看，烏茲別克斯坦自米爾濟約耶夫上台後推動若干改革政策，例如釋放前朝被關押的政治犯、緩和與吉爾吉斯斯坦的邊界爭議、緩和因塔吉克斯坦興建水壩計畫而受損的兩國關係。這些跡象顯示烏茲別克斯坦似乎正在推動著一條與哈薩克斯坦相近的多方外交路線，以此構築與其他國家更友善的互動關係。

三、土庫曼斯坦

土庫曼斯坦採取中立政策的策略為中亞國家僅有，這不僅從其1995年宣示中立始，早自1991年土庫曼斯坦獨立日起，該國就沒有正式加入獨立國家國協，成為少數幾個未加入國協的前蘇聯加盟共和國之一。

土庫曼斯坦的中立政策主要有兩個考量，第一個是地緣因素，由於土庫曼斯坦與伊朗邊界相鄰，伊朗境內亦有數百萬的土庫曼族裔居住，土耳其與伊朗是土庫曼斯坦除俄國外的主要貿易夥伴，土庫曼斯坦與伊朗、土耳其在能源與鐵路等基礎建設上有著相當多重的合作。地緣帶來的影響不只是人種和語言交流，宗教傳播也是，土庫曼斯坦境內有超過90%以上的民眾為伊斯蘭教遜尼派，不過這與伊朗什葉派格格不入，但過往土庫曼斯坦天然氣出

口至伊朗為大宗，兩國關係異常緊密但偶有衝突。土庫曼斯坦與土耳其有人種上的親近性，兩個國家可以共同追溯自突厥種族，土庫曼人使用的土庫曼語，屬於突厥語族，這與土耳其有著歷史文化的親近性，土耳其也視該國為突厥語系國家的領導國，突厥語國家理事會為其外交政策工具，土庫曼斯坦雖因中立政策未加入，不過這也是兩國交往的重要基礎。

土庫曼斯坦中立政策的第二個考量是內部因素，自1991年蘇聯解體與土庫曼斯坦獨立起，首任總統尼亞佐夫獨攬大權，其藉高壓統治與打擊反對人士以建立國內個人崇拜政治地位，因此中立政策與不加入各式區域組織的外交策略可有助於該國避免受到各式國際力量干預，上海合作組織、集體安全條約組織、亞洲基礎設施投資銀行、歐亞經濟聯盟等鄰近國家甚多參與的各式組織，土庫曼斯坦皆未參加。土庫曼斯坦推動中立作為土國的安全政策主軸，以此維持一個多邊交好的平衡策略，中立政策雖然在國際間較為少見，然對土庫曼斯坦來說，中立可避免捲入鄰國紛爭，同時又具有保持國內統治穩定的效力。

四、吉爾吉斯斯坦

與哈薩克斯坦或烏茲別克斯坦的多方外交不同，也與土庫曼斯坦的中立政策有著極大差異，吉爾吉斯斯坦是一個高度依賴俄國政經支持的中亞國家。從地緣上看，吉爾吉斯斯坦其實並沒有與俄國領土相連，但該國無論是地緣政治或地緣經濟皆高度依賴俄國。吉爾吉斯斯坦對俄國的依賴可以表現在兩個面向上，第一是經濟依賴，此種依賴又可以分為兩個面向，一個是市場依賴，吉爾吉斯斯坦高度依賴進口俄國能源，以及出口吉爾吉斯斯坦的棉花等一級產業至俄國市場；另外，吉爾吉斯斯坦也依賴俄國資金，這當中包含了吉爾吉斯斯坦在俄國的大量就業人口，吉爾吉斯斯坦需要這些民眾從俄國匯回資金，挹注吉國內政發展。此種高度依賴的經濟互動進一步深化吉國對俄國的路徑依賴效果，吉爾吉斯斯坦成為除哈薩克斯坦外加入歐亞經濟聯盟的中亞國家，而且可以想見未來吉國的依賴程度只會繼續更加深遠。

吉爾吉斯斯坦對俄國高度依賴的第二個面向是爭取俄國政治支持，吉爾吉斯斯坦內部是一個高度不穩定的政治環境，2005年與2010年兩次革命爆

發顯示該國南北部落板塊對立相當嚴重，但無論革命如何爆發、如何收場、或由南北哪一部落執政，吉爾吉斯斯坦新上任的領導人仍以親俄為主要外交路線，親俄的外交路線也能說明現任總統阿坦巴耶夫決定中止美國於其領土境內駐軍，以及同意俄軍繼續延長駐紮在康特（Kant）軍事基地至2027年的親俄政策內涵。在政治與經濟的結構性因素制約下，吉爾吉斯斯坦屬中亞地區所有國家中，最高度依賴俄國的外交策略選擇類型。

五、塔吉克斯坦

塔吉克斯坦近幾年外交策略向中國傾斜的態勢逐漸明顯，塔吉克斯坦除參加上海合作組織外，同時也是「四國軍隊反恐合作協調機制」（Quadrilateral Cooperation and Coordination Mechanism, QCCM）的會員國，為中亞地區唯一加入的國家。[3]另外，中國是否於塔吉克斯坦駐軍一直是外界關注焦點，自從2019年2月《華盛頓郵報》率先披露中國於塔吉克斯坦駐軍，各界對兩國軍事合作關係便產生極大興趣，因為這是自2017年中國解放軍於非洲吉布地駐軍以來，第二個於海外的軍事基地。

雖然塔吉克斯坦親中態勢明顯，不過在經濟上塔吉克斯坦與俄國有相當大的連繫，目前估計約有數十萬名至百萬名左右的塔吉克斯坦民眾在俄國工作，客工移居俄國並將工作所得匯回國內的情況與吉爾吉斯斯坦非常類似，塔吉克斯坦甚為依賴這些民眾的工作所得，曾有研究指出塔吉克斯坦GDP近半產值來自於這些客工所得，因此俄國對塔吉克斯坦仍具有很重要的影響地位。[4]

塔吉克斯坦最後一個外交特色是親近伊朗的文化。塔吉克斯坦是中亞地區唯一的波斯語系國家，屬於波斯文化；土庫曼斯坦在人種和語言上卻屬於突厥語。但是在地緣關係上，土庫曼斯坦與伊朗領土相連，同為波斯語系的

---

3 這四個國家分別是阿富汗、中國、巴基斯坦、塔吉克斯坦，請見"Afghanistan, China, Pakistan, Tajikistan issue joint statement on anti-terrorism," *Ministry of National Defense of the People's Republic of China*, http://eng.mod.gov.cn/DefenseNews/2016-08/04/content_4707451.htm (access on October 1, 2020).

4 Richard Foltz, *A History of the Tajiks: Iranians of the East* (London: Bloomsbury, 2019), p. 186.

表15-2　中亞五國安全策略[1]

安全策略	哈薩克斯坦	烏茲別克斯坦	土庫曼斯坦	吉爾吉斯坦	塔吉克斯坦
與鄰國爭端	1. 與吉爾吉斯斯坦邊界劃界 2. 與土庫曼斯坦／伊朗裏海海底劃界	N/A		N/A	1. 阿富汗收容塔國游擊隊 2. 塔吉克斯坦內部有收復古都撒馬爾罕（Samarqand）之議
外國駐軍	N/A	美國曾在烏茲別克斯坦汗阿巴德駐軍，後撤離	N/A	美法澳等國曾在馬納斯駐軍，後撤離	1. 俄羅斯201軍事基地 2. 中國於Gorno-Badakh shan地區駐軍，但未獲官方證實
參與重要國際組織	SCO EEU CSTO AIIB OSCE ADB	SCO CSTO[2] AIIB OSCE ADB GUAM[3]	 OSCE ADB	SCO EEU CSTO AIIB OSCE ADB	SCO CSTO AIIB OSCE ADB
與強權締結雙邊或多邊重要軍事協定	中亞五國倡議中亞為非核區[4]	N/A	N/A	N/A	中國與巴基斯坦、阿富汗和塔吉克斯坦建立反恐聯盟[5]
外交策略選擇	多方交好	多方交好	中立	高度親俄	親俄／親中

備註：

1. 表中縮寫名稱全文：

   SCO（Shanghai Cooperation Organisation，上海合作組織）。

   EEU（Eurasian Economic Union，歐亞經濟聯盟）。

   CSTO（Collective Security Treaty Organization，集體安全條約組織）。

   AIIB（Asian Infrastructure Investment Bank，亞洲基礎設施投資銀行）。

   ADB（Asian Development Bank，亞洲開發銀行）。

   GUAM（GUAM Organization for Democracy and Economic Development，古阿姆民主和經濟發展組織），是以 Georgia、Ukraine、Azerbaijan、Moldova各國字母縮寫組合而成為名。

2. 烏茲別克斯坦雖為創始會員國，但已於2012年退出。

3. 烏茲別克斯坦曾於1999年加入、但旋即於2005年退出，一般認為該組織對俄國並不友善。

4. 2006年哈薩克斯坦、吉爾吉斯坦、塔吉克斯坦、土庫曼斯坦、烏茲別克斯坦五國共同在前蘇聯時期哈薩克斯坦的核試驗基地（Semipalatinsk Test Site）簽署條約，共同聲明中亞五國不製造、不獲取、不試驗、不擁有核子武器。

5. 2016年中國、阿富汗、巴基斯坦、塔吉克斯坦成立「四國軍隊反恐合作協調機制」（Quadrilateral Cooperation and Coordination Mechanism, QCCM）。

資料來源：作者自行整理。

塔吉克斯坦卻沒有邊界與伊朗直接聯繫，這就使得突厥與波斯這兩種文化在中亞地區呈現跨國界的競合態勢。

肆、結論：理性選擇下的中亞五國安全策略選擇

從前述分析角度來說，以理性主義角度理解中亞五國後冷戰時期的外交策略選擇，有如下幾個特色：

首先，中亞五國由於地緣上鄰近俄國和中國兩大強權，因此我們如以親善俄中兩國為區分標準，可以發現中亞五國外交策略選擇呈現出三種不同的次類型：

第一類是高度親俄中的群組。這一群組國家為吉爾吉斯斯坦與塔吉克斯坦，這兩個國家無論在資金、市場、勞工、能源等經濟面上都非常依賴俄中強權，同時也因為國內政治較不穩定，所以這兩個國家也很依賴來自莫斯科的政治支持。我們可以發現吉爾吉斯斯坦雖非創始會員國，不過歐亞經濟聯盟2015年成立的同一年度，吉爾吉斯斯坦很快地便於該年年底加入成為會員國。塔吉克斯坦雖然尚未加入該組織，但該國表達多次意願加入歐亞經濟聯盟意願，考量的主要因素來自於入盟對其國內經濟影響。

第二類是屬於與俄中關係緊密但相對有能力遊走於各大強權間，並獲取相對自主性的群組。這一群組國家為哈薩克斯坦與烏茲別克斯坦。哈薩克斯坦除為俄中兩國在中亞地區的極力爭取的對象外，哈薩克斯坦近年推動的多方外交也引進歐盟、日本、美國等外部因素，爭取西方國家資金與市場。烏茲別克斯坦曾於1999年加入GUAM民主與經濟發展組織，但旋即於2005年退出，一般認為該組織對俄國並不友善，另烏茲別克斯坦雖然是1994年成立的集體安全條約組織創始會員國，但烏茲別克斯坦於1999年與2012年兩度退出該組織，顯見烏茲別克斯坦的對俄政策與其他中亞國家有別。從理性的角度來看，哈烏兩國分別代表中亞五國土地面積最大與人口最多的國家，

這兩國具有較高的自主行動能力以採行多方交好的外交策略。

　　第三類是與俄中兩國保持等距的國家，土庫曼斯坦為其代表。土庫曼斯坦中立政策執行得相當徹底，土庫曼斯坦不僅為中亞唯一未加入俄國主導的集體安全條約組織的國家，其他較低層次的政經組織，如以俄國為主導的歐亞經濟聯盟或中國的亞投行，土庫曼斯坦皆非這些區域組織會員國。中立政策在亞洲並不常見，亞洲國家選擇中立政策的歷史也不久遠，中立的策略選擇多半帶有強烈的國內政治需求，這與歐洲國家（如瑞士、瑞典、芬蘭、奧地利、愛爾蘭等國）受強權地緣政治影響的中立政策概念有所差異。

　　本文以圖示方式呈現上述五國外交策略選擇，右側為親俄中的策略選擇，左側為多方外交的策略選擇，居中間位則是中立政策。我們可以發現這五國的策略受地緣政治、綜合國力、國內政治穩定等理性考量影響，請參閱圖15-1。

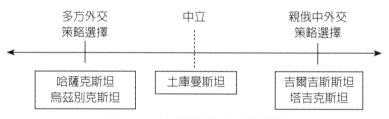

圖15-1　中亞五國外交策略選擇

資料來源：作者自行整理。

　　除中亞五國的外交策略選擇外，以下幾個觀察是影響未來中亞五國外交策略走向的主要變因所在：

一、俄國與中國在中亞地區的競合

　　俄國與中國是影響中亞地區發展最重要的兩個國際強權，俄國長期影響中亞五國政治發展甚鉅，俄語是當地流通的語言，許多政治菁英也有留學俄國經驗，甚至相當多中亞各國國內政治鬥爭失敗的政客流亡海外的第一首選也是俄國，中亞各國的能源管線更是地緣政治競爭的主要目標，這些都說

明俄國對中亞國家影響力所在。中國是另一個影響中亞國家發展的重要行為者,中國對中亞的影響力自後冷戰時期開始提升,2013年後帶路倡議對中亞國家的經貿發展影響尤大,其中更以對中亞國家基礎設施建設投資影響最為明顯,天山山脈進入哈薩克斯坦南部、吉爾吉斯斯坦與烏茲別克斯坦的複雜地形後,極需要鐵公路的運輸串連這些地方,中國提供的基礎建設就成為考量重點。不過近年來由於中資大舉進入這些國家投資,中亞各國原先本就背負龐大外債與不甚健全的財政體系可能雪上加霜,讓帶路在中亞各國的投資增添變數。

從地緣政治角度來看,自北京政府提出帶路倡議後,中亞地區是俄中兩國戰略的交接地帶,兩國如何調適雙方在這個區域的戰略安排是觀察核心。當前俄中兩國在中亞地區仍以合作為主,雙方就歐亞經濟聯盟與帶路倡議的對接進行多次會晤,嘗試在兩強間找尋一個可以在中亞共同發展的區域安排,俄中互動架構將來如何演變,這應該是學術界未來觀察中亞重點。

二、既依賴中俄兩國、又想另覓蹊徑的中亞國家

由於俄中皆為中亞地區最重要的行為者,中亞各國對俄中依賴程度也大,為避免過度依賴造成可能過度受制他國的負面影響,我們可以發現若干國家正在嘗試推動一些遠離俄中的國內改革,如哈薩克斯坦2017年時任總統納扎巴耶夫推動該國文字去俄化,該政策預計將於2025年前把哈薩克斯坦的西里爾字母改為拉丁文書寫系統。西里爾字母是前蘇聯地區最重要的書寫系統,改以拉丁字母將不只連帶影響文字書寫,同時也將連帶影響文字所承載的文化意涵。

另外一個案例是烏茲別克斯坦的語言文字,烏茲別克斯坦在獨立之初就改以拉丁字母作為該國文字的書寫系統且剔除俄語的官方地位。烏茲別克斯坦不僅採行去俄化的文字書寫措施,而且還引進伊斯蘭文化,重建烏茲別克斯坦的國家歷史。從哈薩克斯坦與烏茲別克斯坦等國外交策略說明,內部因素也是影響外交政策走向另一主因。

總結來看,中亞是一個具有多樣性文化、行為者眾多、且具備戰略資源

與扼守要地的重要地區，哈薩克斯坦、烏茲別克斯坦、土庫曼斯坦、吉爾吉斯斯坦和塔吉克斯坦等幾個國家在俄中土伊等國強權競爭環境下仍奮力展現各有特色的安全策略發展路徑，透過理性主義的觀察，我們可以了解中小型國家如何回應與調適強權需索，並在這個基礎上提供給台灣若干參考啟示。

第十六章 俄羅斯東向政策下的地緣戰略實踐：聚焦於東南亞與南亞區域

連弘宜

壹、俄羅斯東向政策下的經濟層面實踐：積極融入亞太經濟

　　俄欲加深於印太區域之經濟影響力，自身卻無美中等國之經濟實力，遂透過歐亞經濟聯盟[1]（Eurasian Economic Union, EAEU）提高經濟談判籌碼，藉此加強東南亞各國家與之合作誘因。2019年6月，EAEU與ASEAN參與聖彼得堡國際經濟論壇（St. Petersburg International Economic Forum, SPIEF-2019），會中雙方指出當前雙方貿易發展的挑戰與問題，也分析了雙方日後合作的前景與機遇，其中越南與EAEU簽訂FTA後，雙邊貿易突飛猛進，貿易額增加103%，成為足供借鑑之良好範例。[2]除了越南之外，新加坡也自2015年便開啓簽訂FTA的談判，2019年10月，EAEU與新加坡與亞美尼亞正式簽署FTA，顯然俄已成功利用EAEU來提高在東南亞地區之經濟影響力，茲將其發展狀況分述如下。

一、越南

　　越南得益於近期之中美貿易戰，外國直接投資（foreign direct investment,

---

[1] 目前EAEU共計有五個成員國，包括亞美尼亞、白俄羅斯、哈薩克斯坦、吉爾吉斯斯坦及俄羅斯，2019年GDP達到5兆美元左右。數據部分參閱"Report for Selected Countries and Subjects," *International Monetary Fund*, https://www.imf.org/external/pubs/ft/weo/2018/02/weodata/weorept.aspx?pr.x=53&pr.y=14&sy=2018&ey=2023&scsm=1&ssd=1&sort=country&ds=.&br=1&c=911%2C913%2C922%2C916%2C917&s=PPPGDP&grp=0&a=.

[2] "EAEU and ASEAN develop business-dialogue," *Eurasian Economic Commission*, http://www.eurasiancommission.org/en/nae/news/Pages/10-06-2019-1.aspx；〈2019年聖彼得堡國際經濟論壇：越南代表出席歐亞經濟聯盟與東盟工商對話〉，2019年9月6日，https://zh.dantocmiennui.vn/經濟社會 / 2019年圣彼得堡國際經濟論壇%EF%BC%9A越南代表出席歐亞經濟聯盟與東盟工商對話 / 232706.html。

FDI）額居高不下，2019年總投資額達380億美元，為十年來最佳成績，較去年成長7.2%；共計3,880件投資案，相較去年件數成長27.5%。[3]儘管2016年10月越南與歐亞經濟聯盟簽訂FTA，2018年俄國在越南外國直接投資額僅位居第24名，投資金額為9億3,000美元，投資的產業以石油與天然氣為主。如以俄越雙邊貿易額觀察，2018年俄對越出口總額較去年成長一倍，雙邊貿易總額則增長28.6%。俄方出口至越的貨品包括：金屬、礦物原料、食品、糧食及軍事武器等。[4]顯然FTA的簽訂大幅提升了俄越經貿合作關係，然而俄國經濟素有產業單一性的問題，此問題同樣影響到其對外之經貿合作，從近年的俄對越FDI可知，合作領域亦多侷限於俄方之能源與原料產業。未來值得關注的是，俄羅斯技術集團（ROSTEC, POCTEX）逐漸加強與越方在民生用品上的合作，例如，醫療、農業技術、汽車等產業。

　　俄國的東南亞戰略布局與中國「二十一世紀海上絲綢之路」不同，俄國並不集中於東南亞國家的基礎建設與資金投資，巧妙地迴避了俄中雙方利益衝突可能，藉此降低雙邊關係的矛盾。目前俄對越南之經濟影響力正穩步上升，雙邊貿易額屢創新高，俄對越之FDI也逐漸轉型。然而俄越之間的能源合作若涉及南海主權問題，尤其是雙方對於海上天然氣田的開發，將引起中國不滿；2018年5月，中國外交部發表聲明，敦促任何國家尊重中國主權與管轄權，雖未點名俄國，但警告意味濃厚，俄方也低調不再刺激中方。是以未來俄新東南亞戰略於越南的實施，將在能源合作方面與中國出現利益衝突，然國家利益亦有高低之分，俄中在戰略、能源、經濟上共同利益遠大於俄越之能源與經濟利益，或許這也是俄越在南海天然氣田上願意採取退讓態度的主要因素。[5]

3　"Việt Nam's FDI capital hits 10-year record in 2019," *Việt Nam News*, https://vietnamnews.vn/econo-my/570419/viet-nams-fdi-capital-hits-10-year-record-in-2019.html.

4　"Vietnam-Russia Bilateral Ties Deepen, Boost Investment," *Vietnam Briefing*, https://www.vietnam-briefing.com/news/vietnam-russia-bilateral-ties-deepen-boost-investment.html/.

5　〈不滿俄羅斯南海鑽探 中方敦促尊重主權〉，《法國國際廣播電台》，2018年5月17日，http://www.rfi.fr/cn/中國／20180517-不滿俄羅斯南海鑽探-中方敦促尊重主權。

二、新加坡

　　新加坡著眼於歐亞經濟聯盟內部之1.8億人口及4.2萬億美元GDP，2015年啓動FTA談判。[6]翌年4月，雙方展開可行性研究（joint feasibility study），全盤分析未來FTA對雙方所帶來的機遇與挑戰。新加坡貿工部兼國家發展部政務部長許寶琨（Koh Poh Koon）表示，爲加強雙邊經貿與投資關係，簽訂FTA將可望使新加坡企業開拓更多商機，新加坡與亞美尼亞等國類似，皆缺乏天然資源，因此可合作塑造創新與創業環境。[7]由上可知，俄羅斯透過歐亞經濟聯盟，擴大合作商機與利益，已成功吸引部分國家與之簽訂FTA，新加坡正是一個耀眼的案例。2019年10月，新加坡與歐亞經濟聯盟正式簽署「歐亞經濟聯盟－新加坡自由貿易協定」（The Eurasian Economic Union - Singapore Free Trade Agreement, EAEUSFTA），成為第二個與之簽訂FTA國家，往後星國九成產品可獲關稅減免，其中包括化工產品、精密儀器、加工食品、礦物燃料等產品。[8]俄羅斯科學院東方研究所之東南亞問題專家莫夏科夫（Dmitry Mosyakov; Дмитрий Мосяков）指出，俄國可透過EAEUSFTA，於新加坡設立公司，將商品賣至印尼、泰國等東南亞國家，藉此突破2014年以來西方各國對俄之經濟制裁。[9]

三、柬埔寨

　　2018年5月，柬埔寨商務部國務秘書卡姆朗（Tek Reth Kamrang）訪俄，於莫斯科與EAEU舉行第二屆雙邊高峰會談，雙方針對強化工業合作、降低柬方出口鞋類、成衣及自行車等產品關稅達成共識外，柬方更提出未

6　〈新加坡與歐亞經濟聯盟啓動FTA談判〉，2015年11月20日，https://kknews.cc/world/2q4nx8z.html。

7　〈新加坡與歐亞經濟聯盟自由貿易協定可行性研究進展良好〉，2016年5月30日，http://fta.trade.gov.tw/newspage.asp?k=2&t=news&n=2851。

8　〈歐亞經濟聯盟（EEU）－新加坡自由貿易協定框架協定將於本（108）年10月1日簽署〉，2019年10月3日，https://info.taiwantrade.com/biznews/歐亞經濟聯盟-eeu-新加坡自由貿易協定框架協定將於本-108-年10月1日簽署-1873098.html。

9　Dimitri Simes Jr., "Singapore: Russia's new gateway to Southeast Asia?," *bilaterials.org*, https://www.bilaterals.org/?singapore-russia-s-new-gateway-to&lang=en.

來雙方簽訂FTA之意願與可能性。近年柬國與EAEU之雙邊貿易額已呈大幅成長，2016年為1.53億美元，較2015年成長30%，雙方在貿易與投資的合作潛力佳，農業、工業及電信業皆具備合作條件。柬國之所以對簽訂FTA抱持濃厚意願，與其近年對外之經貿合作積極態度有關；2012年4月柬國首相洪森（Hun Sen）宣布股市開市，儘管初期對國內經濟發展助益有限，其後該國之經濟成長卻逐年穩步上升，自2012年人均GDP的950.88美元至2016年達到1,162.90美元，已成長將近一倍。除此之外，柬國更制定「四角戰略」，藉由該戰略的提出促進國家整體經濟發展，該戰略包括：提高農業生產、發展私人經濟與增加就業機會、恢復並重建基礎建設、培訓人才與發展人力資源。

　　柬國為了配合經濟發展與經濟援助需求，在對外政策上採取親中政策（中國是柬國第一大經濟援助國），中對柬之經濟援助包括，無償援助與優惠貸款，中方積極參與柬國的國內基礎建設，以及教育、醫療方面的技術與硬體合作。中柬雙方正尋求「海上絲綢之路」與「四角戰略」對接，加強政治安全、社會文化及經濟財政方面之合作。2020年1月，中國新冠肺炎爆發，柬國首相洪森表示，中方將戰勝新冠肺炎疫情，且不影響長期經濟發展目標。柬國的親中立場表露無遺，近年亦被視為中國之盟國與勢力範圍；然而其國內人民卻不若政府親中，由於中國旅客以及人員大量湧入，興建高樓與開發房地產，已引起民眾疑慮與反感。柬國反對黨領袖貂萬諾（Teav Vannol）也大力抨擊政府之親中政策，並認為中國已取代越南，成為人民最反感的國家。俄國透過EAEU吸引柬國與之簽訂FTA，顯然奏效，但柬國採取積極態度的主因仍在於國家經濟發展所需，俄柬雙邊關係現階段仍有不少發展空間，與中柬密切之政經關係差距甚大。

四、泰國

　　2017年4月，俄泰舉行「第三次經濟合作聯合會議」（3rd Sub-Commission on Trade and Economic Cooperation），雙方在會中就加強雙邊經貿合作達成共識，並訂定具體目標至2019年增長五倍，以及啟動泰國與EAEU之

FTA談判可行性研究。[10]泰國商業部國際貿易談判廳（Department of Trade Negotiations）研究後指出，泰國與之簽訂FTA將成爲促進雙方貿易與投資之重要利器，雙方經濟基礎結構差異大且呈現互補關係，若通過FTA可望降低貿易與投資障礙。2019年泰國與EAEU之總貿易額爲32.9億美元，泰方主要出口產品爲汽車、橡膠製品、水果罐頭、珠寶首飾等；主要進口之產品則集中於原油、除草劑、化肥、鑄鐵等。然而上述貿易之95%集中於泰－俄雙邊貿易，因此EAEU雖號稱人口1.8億共計五個成員國，泰國之所以願意展開FTA談判仍是著眼於泰俄雙邊經貿關係。[11]同樣地，EAEU的多邊架構，亦僅是俄國爲了吸引更多國家與之簽訂FTA的工具；此外，透過EAEU多邊架構形式，各國可以降低俄國加強區域經濟影響力之疑慮。

五、印尼

　　2017年8月，EAEU與印尼展開簽署全面經濟夥伴關係協定（Comprehensive Economic Partnership Agreement）之談判，2017年度雙方貿易總額爲27.9億美元，於協定簽署後，二年至三年內將盡速達到雙邊貿易額50億美元之目標。[12]2019年2月，印尼貿易部部長恩卡迪亞斯多（Enggartiasto Lukita）與EAEU整合和宏觀經濟部（Ministry if Integration and Macroeconomics）部長瓦洛瓦婭（Tatyana Valovaya）簽署部長級貿易聯合聲明，雙方表示將於2019年上半年簽訂合作備忘錄（memorandum of cooperation）拓展雙邊貿易關係，並樂觀地認爲備忘錄簽訂後，2020年的貿易總額將翻倍成長。[13]2019年11月，時任俄國總理梅德韋傑夫（Dmitry Anatolyevich Med-

---

10　〈泰俄貿易額 目標後年翻倍〉，《泰國新陽地產》，2017年4月21日，https://www.sicthailand.com/泰俄貿易額-目標後年翻5倍／。

11　〈歐亞聯盟 下一個加強開拓新市場〉，《世界日報》，2020年2月17日，http://www.udnbkk.com/article-293903-1.html。

12　〈印尼與歐亞經濟聯盟加緊全面經濟夥伴關係協議談判〉，《中華人民共和國駐棉蘭總領事館經貿之窗》，2017年8月14日，http://www.mofcom.gov.cn/article/i/jyjl/j/201708/20170802626108.shtml。

13　"Indonesia launches trade talks with the EAEU," *bilaterals.org*, https://www.bilaterals.org/?indonesia-launches-trade-talks.

vedev; Дмитрий Анатольевич Медведев）出席第十四屆東亞高峰會（East Asia Summit）時表示，印尼、菲律賓及泰國皆為EAEU未來簽訂FTA之候選國家。[14] 目前與EAEU簽訂或洽簽FTA之情形，詳見圖16-1。

圖16-1　EAEU與周邊國家簽訂FTA情形

資料來源："Russia Looking Forward to India Joining Eurasian Economic Union," *India Briefing*, https://www.india-briefing.com/news/russia-looking-forward-india-joining-eurasian-economic-union-19308.html/.

---

[14] "Cambodia, Indonesia, Philippines & Thailand All Candidates for Eurasian Economic Union Free Trade," *Russia Briefing*, https://www.russia-briefing.com/news/cambodia-indonesia-philippines-thailand-candidates-eurasian-economic-union-free-trade.html/.

六、印度

　　印度不僅是EAEU正在討論洽簽FTA的國家，更是未來加入EAEU的潛在對象之一，俄國駐印度大使庫達薛夫（Nikolay Kudashev）於2019年12月表示，俄方正在尋求印度與EAEU簽訂FTA甚至加入EAEU。[15]印度與EAEU簽訂FTA後，直接受惠的是雙邊糧食產品的流通，預估雙邊貿易額將增加30%至40%。對EAEU來說，較能獲益的則是其會員國農產品之輸出，其中包括穀物、蔬菜、植物油等。[16]

七、伊朗

　　2018年5月，伊朗與EAEU簽訂成立FTA計畫與臨時貿易協定，由於雙方簽訂時正逢美國重啟對伊經濟制裁，因此FTA的簽訂格外引人矚目。此臨時協定以三年為磋商期，研擬自貿協定相關事宜。[17]雙方預計2021年開始實施FTA，2019年10月，先行的優惠貿易協定生效，伊國與EAEU會員國之貿易額於五個月內暴增14.89億美元。而EAEU截至目前為止已取消10項伊朗產品的進口關稅，其中包括：洋蔥、小麥、大蒜、嬰兒食品、胡蘿蔔等。[18]

---

[15] "Russia Looking Forward to India Joining Eurasian Economic Union," *India Briefing*, https://www.india-briefing.com/news/russia-looking-forward-india-joining-eurasian-economic-union-19308.html/.

[16] "India, EAEU launch free trade agreement negotiations," *TÜV SÜD*, https://www.tuvsud.com/en/e-ssentials-newsletter/food-and-health-essentials/e-ssentials-3-2017/regulatory-news-and-updates/august-2017/india-eaeu-launch-free-trade-agreement-negotiations.

[17] 〈以俄為首的歐亞經濟聯盟與伊朗簽署貿易協定〉，《經濟部國際合作處》，2018年5月28日，https://www.moea.gov.tw/mns/ietc/bulletin/Bulletin.aspx?kind=31&html=1&menu_id=17131&bull_id=5203。

[18] "EAEU removes import tariffs on 10 Iranian products," *TEHRAN TIMES*, https://www.tehrantimes.com/news/446732/EAEU-removes-import-tariffs-on-10-Iranian-products.

貳、當前俄羅斯東向政策軍事層面的具體實踐

一、軍事基地之租借：金蘭灣？

近年俄越之間的軍事合作，包括軍售、軍事人員訓練、軍演及軍事基地之租借等。普京2012年5月重新執政後，越南國家主席張晉創（Trương Tấn Sang）隨即於同年7月訪俄，與普京會晤前向媒體表示，越俄將針對金蘭灣（Cam Ranh Bay）軍事基地的重開展開談判。[19]此舉為東南亞區域戰略局勢投下變數，引起各界矚目，自1979年俄越雙方簽署該基地之租借後，2001年俄方中止了租借協議，至2012年又再度重開協議。2015年3月，美國呼籲越南應禁止俄國使用金蘭灣基地，數日之後，俄國戰機便圍繞美軍太平洋關島軍事基地飛行，美國太平洋陸軍司令布魯克斯（Vincent Brooks）表示，此為俄方挑釁行為；俄國國防部則發表聲明，聲稱俄軍於越南之空軍活動皆符合國際準則與雙邊協議，且不針對任何一方，亦不會對全球及亞太地區之穩定構成威脅。[20]然最終俄越雙方談判破裂，越南政策因此有所轉變，2016年10月，越南外交部發言人黎海平（Le Hai Binh）表示，越方將繼續堅持不與其他國家同盟對抗第三方的立場，不同意其他國家於國內設立軍事基地。[21]

俄越雙方在金蘭灣租借問題上談判失敗，越方隨後將避險戰略運用至金蘭灣及國內各軍港之管理，使各國皆可使用港口。2018年10月，中國軍艦駛入金蘭灣進行訪問；2018年3月，美國卡爾文森號（USS Carl Vinson）航空母艦停泊峴港，進行為期五天的訪問行程；[22]2018年6月，俄軍艦「維諾

19　〈越南將加強與俄羅斯的軍事合作〉，《法國國際廣播電台》，2012年7月27日，http://www. rfi.fr/tw/亞洲／20120727-越南將加強與俄羅斯的軍事合作。

20　〈俄羅斯回應美警告越南勿讓俄使用金蘭灣〉，《BBC News》，2015年3月14日，https:// www.bbc.com/zhongwen/trad/world/2015/03/150314_russia_usa_vietnam_base。

21　〈俄考慮船返金蘭灣 越外交部：以南海自由為主〉，《ETtoday新聞雲》，2016年10月14日，https://www.ettoday.net/news/20161014/793299.htm。

22　〈美軍重返峴港：越戰後首次，卡爾文森號航空母艦停泊越南〉，《聯合報新聞網》，2018年3月5日，https://global.udn.com/global_vision/story/8662/3012669。

戈拉多夫海軍上將號」（Admiral Vinogradov）、「特里布茨海軍上將號」
（Admiral Tributs）及「佩琴加號」（Pechenga）油輪爲參與同年9月之俄
中海上聯合軍演，途中造訪越南，俄越雙方就停靠金蘭灣的保障問題舉行工
作會議。[23] 雖然越南表示，各國均可使用金蘭灣或其他港口，俄國的待遇仍
優於其他國家，俄越雙方早於2014年簽訂協議，俄方僅需知會該港之管理
處即可。[24] 越南此舉似乎是爲南海主權問題鋪路，將俄中美強權勢力引進該
區，增加自身於南海問題中之話語權與籌碼；另一方面爲了國內經濟持續穩
定發展，越南無法忽視2015年3月美方的警告，根據2016年與2017年統計之
越美雙邊貿易額，美國是越南第三大貿易夥伴，且2017年越對美出口416.1
億美元，進口92.1億美元，享有324.0億美元之貿易順差。[25]

二、軍售、反恐及軍事合作行爲

（一）軍售

　　俄越軍售是延續冷戰時期以來的成果，由於戰略與歷史因素，越南長期
使用俄規武器，軍售具有黏著性，即使美國數十年來欲打破俄越軍售關係，
成效仍十分有限。目前俄國仍是越南第一大軍售國，且俄國公司近年積極參
與越南能源投資，使俄越軍售與能源合作結合，未來之合作關係將越形複雜
並難以分離。1996年俄越恢復軍火貿易後，便逐漸擴大雙邊軍售的規模，
大宗的軍售合約陸續出爐，自1998年的Su-27戰鬥機、2003年防空導彈系統
後，更利用越方重視之南海問題，於2009年成爲越第一大武器輸入國。近
十年來，越南爲維護自身的南海利益，開始實施軍事現代化，成爲同時期

23 〈抗衡美國重回亞洲 俄海軍艦隊3訪越南金蘭灣〉，《Newtalk新聞網》，2018年6月14日，
　 https://newtalk.tw/news/view/2018-06-04/126658。
24 〈「回應國際情勢變動」 俄擬重啓越南、古巴軍事基地〉，《關鍵評論網》，2016年10月8
　 日，https://www.thenewslens.com/article/51004。
25 駐越南代表處經濟組，〈越南如何因應對美之巨額貿易順差〉，2018年10月24日，https://
　 www.google.com.tw/url?sa=t&rct=j&q=&esrc=s&source=web&cd=2&ved=2ahUKEwj_jZCK3P_
　 nAhWBZt4KHWE9BMwQFjABegQICxAE&url=https%3A%2F%2Fwww.trade.gov.tw%2FApp_
　 Ashx%2FFile.ashx%3FFileID%3DACA663FA1D15A9BF&usg=AOvVaw30sDZGOcOWZjg-
　 SGwlHMFe。

東南亞各國中最積極添購武器的國家，其最大假想敵便是中國。爲此越南
大幅提升國防預算，自2006年之13億美元提高至2015年之46億美元，成長
258%，2015年正式超越馬來西亞成爲東南亞各國之最（詳見圖16-2）。[26]
越南大幅提升預算的同時，除了爲俄國帶來商機，也可提升俄於東南亞之戰
略地位。

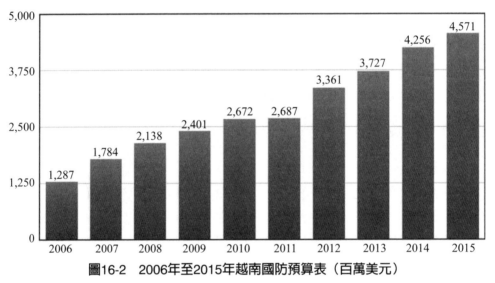

圖16-2　2006年至2015年越南國防預算表（百萬美元）

資料來源：Zachary Abuza and Nguyen Nhat Anh, "Vietnam's Military Modernization: After extraordinary growth
in military hardware, Vietnam is consolidating its new gains," *THE DIPLOMAT*, https://thediplomat.
com/2016/10/vietnams-military-modernization/.

　　此外，針對俄越的軍售內容進行觀察，近十年來的軍售標的多集中於海
軍武器，其中包括潛艦、海軍基地之建設、護衛艦、反艦導彈、艦載近防砲
等。茲將近十年來俄越軍售之主要內容整理如下（詳見表16-1）。

---

[26] Zachary Abuza and Nguyen Nhat Anh, "Vietnam's Military Modernization: After extraordinary
growth in military hardware, Vietnam is consolidating its new gains," *THE DIPLOMAT*, https://the-
diplomat.com/2016/10/vietnams-military-modernization/.

表16-1　2009年至2019年俄越主要軍售一覽表

	簽約時間	軍售標的
1	2009年	6艘基洛級（Kilo Calss）潛艦
2	2011年	2艘2,100噸級獵豹（Gepard-class frigate）輕型潛艦
3	2013年	12架Su-30戰機
4	2017年	T-90及T-90S主力戰車

資料來源：綜整自"Russia, Vietnam ink submarine, arms deal," *SPACE WAR*, https://www.spacewar.com/reports/Russia_Vietnam_ink_submarine_arms_deal_999.html.

　　觀察俄國占東南亞各國之軍售比例可知，目前已占越南進口之80%以上，其他國家包括緬甸、寮國、馬來西亞及印尼約40%至60%，泰國20%至40%，柬埔寨、菲律賓、汶萊及新加坡為0%（詳見圖16-3）。其中近年較為大宗的軍售包括，2018年俄售予緬甸之6架Su-30戰機；俄售寮國之T-72B戰車、BRDM-2M裝甲車、雅客130（Як-130; Yak-130）噴射教練機；俄售印尼之11架Su-35戰機等。[27]

　　東南亞的軍售需求來自於區域存在之三方面威脅：恐怖主義、南海問題及東南亞各國間之矛盾。前兩項屬於長期且較難掌控之威脅，但最後一項威脅或許透過東協的合作可降低風險。但俄國於東南亞之軍售行為將惡化原先東南亞各國間關係，引起軍備競賽，其中一國大量添購軍事武器，即使針對之對象並非其鄰國，卻容易引起鄰國之不安，進而提高軍售需求。而俄國為軍售出口國，軍備競賽或許為其所樂見，軍事需求可提高自身之經濟與戰略利益。另一方面，近年來俄在東南亞各國積極的軍售行為，亦已影響到中國的經濟與戰略利益，其中緬甸原本使用中國製武器，也已逐漸轉而使用俄國武器。俄中關係雖屬密切，於戰略與經濟上合作屢創新高，惟若俄方於東南亞之行為損害到中方利益，中國自不可能置若罔聞。是以未來俄中兩國如何

---

[27] 〈俄在東南亞軍售激增 武器便宜又好用？〉，《中國報》，2020年1月19日，https://www.chinapress.com.my/20200119/俄在東南亞軍售激增-武器便宜又好用%EF%BC%9F/；〈俄稱美國極力阻止印尼Su-35軍購案〉，《中時新聞網》，2018年3月13日，https://www.chinatimes.com/realtimenews/20180313002974-260417?chdtv。

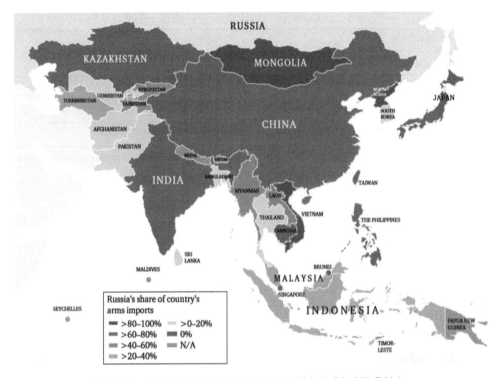

圖16-3　2017年俄對東亞各國軍售所占比例（百分比）

資料來源："Russia's Role as an Arms Exporter: The Strategic and Economic Importance of Arms Exports for Russia," *CHATHAM HOUSE*, https://www.chathamhouse.org/sites/default/files/publications/research/2017-03-20-russia-arms-exporter-connolly-sendstad.pdf, p. 11.

在東南亞與雙方共同利益間平衡，將是下一階段觀察之重點。

　　俄印軍售比例亦高居60%至80%之間，雙方自蘇聯時期起便開啟軍售關係，1960年代迄今已進行20次至30次之軍售，軍售標的包括：戰機、坦克、潛艦及防空系統等。而近年較大宗的軍售案是，2018年俄印簽訂145億美元軍購案，其中包括：S400防空飛彈（S-400 missile system; C-400 Триумф）、11356型護衛艦（Project 11356M; Фрегаты проекта 11356P/M）等項目。印度於2015年便已成為世界第一大武器輸入國，該年度美國為世界第一大常規武器出口國（31%）、俄國次之（27%），而印度有七成武

器來自俄國。然而以2010年以後的武器進出口觀察，近五年來（2015年至2019年）俄國武器出口劇減18%（與2010年至2014年相較），主因在於印度對俄製武器興趣減少與美國搶食市場大餅，其減少的幅度大於俄對埃及與伊拉克武器輸出的增幅。[28]2017年美國國防部長馬蒂斯（James Mattis）訪問印度，便是為了向印推銷F-16艦載機。2020年3月，川普訪印，雙方簽訂35億美元之軍售協議，顯然美國正欲扭轉長久以來，俄印軍售關係密切的情勢。[29]

（二）反恐與軍事合作

2019年3月，普京於俄聯邦安全會議上表示，俄願意與各國展開反恐合作，其中包括新措施與方式之改善。[30]俄國與他國之反恐軍演合作，最早可見於上海合作組織，起初係九一一事件後俄中兩國為防止美國勢力滲入中亞所建立，反恐軍演規模雖然不大，卻逐漸成為俄國加強與增進自身之區域戰略利益之重要工具。俄中雙方可發展到目前的緊密軍事合作，便是先透過多邊架構之上合組織反恐軍演，行之有年後於2012年轉變成雙邊聯合軍演，因此反恐軍演作為促進軍事合作之工具已非虛言。

2003年6月，俄國與東協雙方外長於柬埔寨首都金邊簽訂「亞太地區和平、安全、繁榮與發展的夥伴關係聯合宣言」（The Joint Declaration of the Foreign Ministers of the Russian Federation and the Association of Southeast Asian Nations on Partnership for Peace and Security, and Prosperity and Development in the Asia-Pacific Region），根據該宣言指出，雙方將深化合作，共同打擊全球性恐怖主義威脅；翌年7月，俄與東協發表「俄羅斯聯邦與東協合作打擊國際恐怖主義聯合宣言」（ASEAN-Russia Joint Declaration for

---

[28] "USA and France dramatically increase major arms exports; Saudi Arabia is largest arms importer, says SIPRI," *sipri*, https://www.sipri.org/media/press-release/2020/usa-and-france-dramatically-increase-major-arms-exports-saudi-arabia-largest-arms-importer-says.

[29] 〈川普旋風訪印度36小時 簽署軍售印度協議〉，《中廣新聞網》，2020年2月24日，http://www.bcc.com.tw/newsView.4010569。

[30] 〈俄羅斯願與各國開展反恐合作〉，《越南之聲廣播電台》，2019年3月7日，https://vovworld.vn/zh-CN/新聞／俄羅斯願與各國開展反恐合作-729736.vov。

Cooperation to Combat International Terrorism）。上述宣言與文件奠定了未來俄與東協反恐合作之基礎；2018年於東協新加坡峰會上，俄國與東協雙方同意提高戰略夥伴關係程度，尤其在反恐方面通過「我們的眼睛」（our eyes）倡議，加深彼此在恐怖主義與其他類型威脅上的戰略資訊交流。2019年11月，俄國、中國及東協國家舉行「東盟國家與對話夥伴國反恐演習」，俄方除了派出特種部隊在各種反恐情境中進行演練，俄軍官更領導多國工程部隊，使用中國解放軍之武器裝備。[31]

　　在反恐合作領域，俄國是透過多邊架構與東協與中國合作，共同深化反恐行動的武器配備、人員訓練及信息交流。而近年也已實現實際反恐演習，即使規模仍小，卻為未來實際軍事合作提供契機；俄中軍事準同盟一向為各界所憂慮，但先前幾年以上合組織為主體之多國反恐軍演，實施之範圍除俄中兩國以外，以中亞地區國家為主要場域。若俄中聯合軍演之場域進一步擴及東南亞區域，恐怕將嚴重影響到美國於此區之印太戰略布局，屆時中美俄三國於此區之新因應措施是觀察重點。

　　俄國於東南亞各國之其他雙邊軍事合作尚擴及軍事人員之培訓，如冷戰時期俄越與俄寮軍事合作關係一般，當前繼續軍事人員培訓，卻僅止於與俄雙邊關係較為密切的國家，例如越南等國。2020年1月，越南空軍請兩名俄國頂級試飛員進行教學，並演練越南空軍之反艦能力。[32]通常軍事人員之培訓與合作是基於雙方軍售關係，為訓練人員對於新購入武器之使用，而為之必要訓練。但這些訓練內容界線模糊，以前述之俄越訓練觀察，試飛員所進行之反艦能力演練與實際操作，係針對美國驅逐艦與航母所為，似已超過一般試飛訓練之範疇。2018年1月，600多名緬甸軍人赴俄羅斯軍校接受訓練，使緬國軍事人才獲取新近之軍事技術，實際訓練內容為何則難以得

---

[31]　〈俄羅斯不斷加強與中國和東盟的反恐合作〉，《俄羅斯衛星通訊社》，2019年11月11日，http://big5.sputniknews.cn/military/201911111030023607/。

[32]　〈越南媒體曝南沙赤瓜島現狀 越軍請教俄試飛員打擊中國戰艦策略〉，《香港01》，2020年1月13日，https://www.hk01.com/議事廳／421039/越南媒體曝南沙赤瓜島現狀-越軍請教俄試飛員打擊中國戰艦策略。

知。[33]俄國與東南亞國家在軍事人員上的合作訓練，不僅將影響美國於此區之戰略利益，亦同時引起中國之疑慮；由於越南與中國長期存在南海主權爭端，俄國軍事武器與人員訓練，都使得越南成為南海局勢中更難掌控的不確定因素。

　　近期值得關注的是2019年12月之俄印「因陀羅-2019」（IN-DRA-2019）聯合軍演，俄出動40餘架飛機與直升機，海軍則出動兩艘艦艇、油輪與數艘快艇。該演習自2003年起便輪流於俄印兩國舉辦，因此俄印軍售與演習具有連動性，兩者乃相輔相成關係。而中印之間儘管存在邊界問題，自2017年洞朗（Donglam）對峙結束後已八度實施雙邊反恐聯合軍演。另一引起各界矚目的軍演則是2019年12月舉行之俄中伊（伊朗）三國聯合軍演，此次軍演為四十年來首次於阿曼灣（Gulf of Oman）西部海域演練，該海域鄰近荷莫茲海峽，荷莫茲海峽以能源運輸要道著稱，故其戰略地位重要。[34]

參、結語：俄國未來的地緣戰略與對外政策走向

　　由於國內政局穩定與全球政經重心移轉至東亞，普京重新執政後採取東向政策，在內政上著重俄遠東地區的發展，並藉由該區之天然資源吸引各國投資開發，增加俄於東亞經濟合作之話語權與影響力。2015年9月俄國召開東方經濟論壇，其規模與投資金額皆有擴大趨勢；2018年中國國家主席習近平的與會，意味著俄遠東地區的主要合作對象的變動，已自1990年代以來之日韓等國轉變為中國。

　　俄中關係是俄東向政策的重要核心之一，但此議題牽涉範圍過廣，囿於

---

[33]　〈俄羅斯軍工靠實戰到處搶訂單，緬甸將購六架蘇-30戰機〉，《每日頭條》，2018年1月22日，https://kknews.cc/zh-tw/military/qopjaay.html。

[34]　〈40年來首次！中俄伊海上聯合軍演落幕〉，2020年1月2日，https://www.worldjournal.com/6710252/article-40年來首次%EF%BC%81中俄伊海上聯合軍演落幕／。

篇幅所限，本文第貳部分僅著重於近期俄國對東亞戰略的變化與具體實踐。自中國政經崛起後，面臨美日韓東北亞區域戰略制衡；而俄亦正遭遇其民族主義外交政策所帶來的苦果，2014年克里米亞事件後西方國家對俄經濟制裁，使俄中兩國關係不斷越趨緊密。軍事上，兩國以上合組織的多邊反恐軍演為基礎，2012年轉變成雙邊軍事演習，演習之範圍與規模不斷擴張；經濟上，雖然俄中兩國經濟實力明顯有別，惟兩國能源合作逐漸取得共識，中方得以強化自身能源安全，為經濟發展提供穩定立基。

　　俄東向政策之實施勢必影響美中印太區域之戰略對峙。在軍事上，俄與印度及越南長期的軍售、反恐等軍事合作關係，將使得美國印太戰略受到擾擾，在軍售部分，美國正打算扭轉俄印的軍售關係，就近五年印度的軍售輸入比例觀察，已經達到某些效果。俄國在東南亞的軍售與軍事合作，使得東南亞各國在美中對峙下，取得彈性空間，藉此實施避險戰略。此外，美國印太戰略延伸至中東部分，未來將面臨俄中伊三國之阻礙，此從2019年12月的阿曼灣聯合軍演便可略知，俄中兩國為了自身戰略利益考量，不惜與美國指稱之流氓國家合作。阿曼灣聯合軍演背後的意義深遠，俄中兩國藉著與第三方國家之軍演，連結起區域反美勢力，將自身戰略利益延伸至中東，對於美國印太戰略構成威脅，未來俄中是否以此為模式複製至其他區域值得吾人關注。

　　俄東向政策的經濟層面，便是透過多邊架構積極融入亞洲經濟合作，其所主導之EAEU可放大俄經濟實力，吸引他國與之簽訂FTA，除了可以增進自身在亞洲之經濟影響力，亦可作為突破西方國家經濟制裁之另一途徑。目前東向政策的經濟部分成果卓著，與之簽訂、進行磋商FTA的國家包括：越南、新加坡、印尼、泰國、伊朗、印度、柬埔寨。簽訂FTA後的成效良好，雙邊貿易額幾乎皆呈現大幅成長。不可否認，俄國東向政策與中國「一帶一路」必定呈現競合關係，然而雙方的領域已盡可能避免重疊，中方以基礎建設的投資與資金挹注為主，俄則是雙邊貿易往來的增加；軍事方面，近年俄中軍演合作極佳為不爭事實，軍售部分仍待觀察，尤其是緬甸軍售由中轉俄的變化，未來將如何協調。整體而言，俄中之間於印太區域的戰略合作仍大

於競爭，對美國印太戰略來說無疑是一大挑戰。

　　本章完成前後正值美國大選，至2020年11月25日幾已塵埃落定，民主黨的拜登（Joseph Robinette Biden Jr.）贏得勝利，且川普陣營已鬆口同意政權讓渡。[35] 後川普時期，美國的印太戰略將何去何從仍未能得知，但可確定的是，這個原先任職歐巴馬政府副總統的拜登，將更為重視多邊架構下的國際合作，來取代川普時期雙邊關係為主的外交模式。

---

35 "Trump relents on transition as Republicans join mounting calls for him to acknowledge Biden's win," *The Washington Post*, https://www.washingtonpost.com/politics/michigan-vote-certification/2020/11/23/c435ed24-2d52-11eb-bae0-50bb17126614_story.html.

第十七章 中東區域安全與現況發展*

崔進揆

壹、前言

　　中東（Middle East）因為蘊藏有豐富的石油和天然氣等國際戰略能源，一直以來就是國際關係與國際政治研究的重點。此外，區域內複雜的民族與宗教問題，亦使得中東地區屢屢成為新聞、媒體探討的焦點。阿拉伯人、猶太人、波斯人、土耳其人、庫德人和其他少數民族皆以此區域為家，而世界三大宗教伊斯蘭教、猶太教、基督教的起源亦與中東密切相關，宗教聖城麥加、麥地那和耶路撒冷也位於此一區域內。

　　「中東」作為地理位置的概念，其所反映的是一個以歐洲為中心的世界觀，寓意地中海以東的地區，而該一名詞的使用一直要到二戰結束之後才普遍出現在國際政治的地緣概念中，其他類似的地理位置概念尚有「近東」（Near East）與「遠東」（Far East）。「中東」在地理的界定上，一般可以分為廣義與狹義兩者，前者西起北非摩洛哥，東至伊朗、阿富汗、土耳其等區域，後者則不包含利比亞以西的地方和阿富汗。「近東」一般泛指地中海以東的地區，但包括巴爾幹半島、非洲東北部和亞洲西南部；「遠東」一般指稱現在的東北亞地區。另，由於北非與中東地區在歷史、文化、宗教、政治等層面的淵源甚深，故近期學界在談論區域情勢發展時普遍慣用「中東北非」（Middle East and North Africa, MENA）來統稱這一片幅員廣大的地區。

　　中東地區國家與人民和西方國家在近代的互動，亦即中東地區國家的國

＊　本研究為科技部109年專題研究計畫補助案，計畫名稱〈後伊斯蘭國時期中東區域安全：川普政府的政策調整與回應〉，計畫編號109-2410-H-005-024-。

際關係，約略可追溯至二十世紀初期。第一次世界大戰的結束和鄂圖曼土耳其帝國的瓦解，開啓了西方國家在中東地區競逐勢力的野心，也開啓了中東國家與西方世界的互動。[1]英國、法國、俄羅斯等國透過國際條約與協定的簽署，紛紛將政治影響力擴展至鄂圖曼土耳其帝國轄下龐大的領土，著名的條約如：1916年的《塞克斯‧皮科協定》（Sykes-Picot Agreement）、1920年的《色弗爾條約》（Treaty of Sèvres）和1923年的《洛桑條約》（Treaty of Lausanne）。1923年的《洛桑條約》就與現今的庫德問題有關，庫德人自此成爲無國家民族，被迫分散在伊朗、伊拉克、敘利亞和土耳其四國境內。[2]第二次世界大戰結束後，英國將棘手的巴勒斯坦問題提交予新成立的聯合國，而聯合國巴勒斯坦分治決議與以色列建國，則開啓了以色列與阿拉伯國家之間無盡的衝突與戰爭，哈瑪斯（Hamas）與眞主黨（Hizballah）的興起亦與巴勒斯坦問題及以阿衝突相關，兩者至今未放棄以武裝抗爭的方式來對抗以色列。

另，1979年的伊朗伊斯蘭革命對中東地區國際關係發展亦產生深遠的影響。阿拉伯半島上許多順尼伊斯蘭（Sunni Islam）阿拉伯國家擔憂什葉伊斯蘭（Shia Islam）的伊朗會將革命輸出，進而威脅內部政權的穩定，故宗教認同的差異和政治利益，使得伊朗被順尼伊斯蘭阿拉伯國家視作區域內的主要勁敵。伊朗革命和之後發生的美國使館人質危機亦導致伊朗與美國的關係生變，兩國自1979年後便再無正式的外交關係，至今彼此敵意甚深，伊朗過去更數度被美國政府點名爲所謂流氓國家（rogue states）或是邪惡軸心（axis of evil）的成員，長期遭受美國政府的經濟制裁。

2001年的九一一恐怖攻擊事件衝擊著二十一世紀初期的中東政治和國際關係。賓拉登（Osama bin Laden）和蓋達組織（Al Qaida）在2001年9月11日發動了一連串的恐怖攻擊行動，同日內重創象徵美國經濟與軍事力量的

---

[1]　Eugene Rogan, *The Arabs: A History* (New York: Penguin, 2018).

[2]　崔進揆，〈伊拉克庫德自治與建國問題：從一戰結束至伊斯蘭國勢力瓦解〉，《當代亞洲民族問題》（台北：五南出版社，2020年），頁119-144。

紐約世貿大廈與國防部五角大樓。小布希政府在恐攻之後以反恐之名推動
「持久自由行動」（Operation Enduring Freedom）和「伊拉克自由行動」
（Operation Iraqi Freedom），先後推翻了阿富汗的塔利班政權和伊拉克的
海珊（Saddam Hussein）政權。然而，美國所主導的兩場戰爭卻並未為阿富
汗、伊拉克以及中東地區帶來和平與穩定，伊拉克戰爭更徹底改變了中東地
區的地緣政治，不僅讓伊朗勢力滲透阿拉伯半島，更是極端主義團體伊斯蘭
國（Islamic State, IS）興起的關鍵主因，伊斯蘭國勢力直至2018年年底才受
到控制，目前區域仍籠罩著恐怖主義的威脅。

　　2010年突尼西亞爆發的阿拉伯之春運動，象徵著中東地區民主化的風
潮，民主的浪潮席捲中東北非，許多獨裁的政權相繼在阿拉伯之春運動中被
推翻，除了突尼西亞，利比亞、埃及、敘利亞、葉門和巴林皆出現群眾發
起的反政府示威運動，敘利亞和葉門更因此陷入激烈的內戰，戰火下的難民
問題和人道危機引起國際社會的高度關注。數量龐大的難民在阿拉伯之春運
動後透過各種方式湧入歐洲，令歐洲國家面臨了自二戰結束以來最大規模的
難民潮，而伴隨難民問題而來的政治、經濟與社會問題亦是近期歐洲諸國醞
釀民粹主義和極右派勢力快速發展的原因。難民問題既是歐洲國家的內政問
題也是外交問題，歐盟與土耳其曾就難民問題進行多次的協商與談判，影響
土、歐關係發展甚深。

　　整體而言，中東地區國際關係與國際政治的發展呈現多元而複雜的面
向，除了民族、宗教與歷史等因素，亦因為區域內蘊藏有重要的國際戰略能
源而受到區域外國家的高度關注，而區域外行為者積極參與中東事務，如：
二戰前的歐洲列強，冷戰時期的美國與蘇聯，和現在的美國、俄羅斯與歐
盟，也使得本身就已非常複雜的中東局勢更增添了大國政治角力的色彩。欲
了解和分析當前的中東局勢，以及未來區域發展的方向，除了對於中東地區
民族、宗教、歷史須有一定程度的認識外，更須理解國際關係與國際政治的
權力運作模式，方能進一步探究區域內外主要行為者間彼此互動所構成的國
際關係。

貳、區域關懷議題

　　中東地區國際關係關注的焦點主要還是與此一區域特殊的歷史背景，以及地緣政治、經濟相關，有複雜難解的以巴問題、順尼與什葉權力之爭、恐怖主義與大規模毀滅性武器擴散問題、民主化問題，以及阿拉伯國家對於土耳其在區域內擴展勢力的焦慮與恐懼，受限於篇幅限制，本文僅摘要、簡述如下。

　　巴勒斯坦問題是中東地區的舊問題也是新問題，過去中東地區重大的衝突與戰爭皆與巴勒斯坦問題有關。以色列在1948年5月14日建國後，以阿之間曾發生數次大規模的戰爭，如：1948年第一次以阿戰爭、1956年蘇伊士運河危機、1967年的六日戰爭、1973年的贖罪日戰爭、1982年的黎南戰爭等。以、巴雙方雖在戰爭中各有勝負，但以色列在歷次戰爭中大幅擴張領土，現今以色列實際有效控制的國土已遠非當初聯合國巴勒斯坦分治決議所允諾予以色列建國的土地。1956年的蘇伊士運河危機使得英、法等國在中東地區的影響力下降，美國逐漸取代歐洲國家在中東地區的角色，而埃及總統納瑟（Gamal Abdel Nasser）因為成功挑戰英、法和以色列，成為阿拉伯世界的民族英雄。六日戰爭與贖罪日戰爭的結果是以色列成功占領了西奈半島和戈蘭高地，以、埃兩國在1978年於美國總統卡特斡旋下簽署大衛營協定，以、埃和解，埃及成為阿拉伯世界第一個承認以色列的國家，而戈蘭高地的問題則一直延續至今。川普總統上任後在2019年3月正式承認以色列在敘利亞南部戈蘭高地的主權，該一決定令許多阿拉伯國家不悅，主張以色列的占領是非法的。[3]繼埃及之後，約旦在1994年的《奧斯陸協議》（*Oslo Agreement*）中亦承認以色列，而阿拉伯聯合大公國、巴林與蘇丹則分別於

3　Oliver Holmes, "US Alters Golan Heights Designation from 'Israeli-Occupied' to 'Israeli-Controlled'," *The Guardian*, March 13, 2019, https://www.theguardian.com/us-news/2019/mar/13/us-describes-golan-heights-as-israeli-controlled-not-israeli-occupied.

2020年8月、9月、10月與以色列開展正常化關係。[4]

　　中東地區的順尼與什葉之爭可以追溯至西元七世紀時伊斯蘭教先知穆罕默德死後的繼承人爭議。伊斯蘭歷史上有所謂的四大正統哈里發（Caliphate），分別是阿布‧巴克（Abu Bakr）、烏麥亞（Umar）、烏斯曼（Uthman）、阿里（Ali）。[5]順尼伊斯蘭認為只要願意遵守《古蘭經》、《聖訓》，並為伊斯蘭社群公推之人，皆有繼承人的資格，而什葉伊斯蘭則認為繼承人的血統非常重要，唯有穆罕默德的後代才有資格擔任哈里發。[6]早期的順尼與什葉之爭與伊斯蘭的宗教和歷史有關，然而隨著中東地區開採出豐富的戰略能源，以及阿拉伯國家與西方國家互動越益緊密後，該一宗教認同的爭議又融入了其他複雜的政治與經濟因素。現今中東地區的順尼與什葉之爭又可解讀為沙烏地阿拉伯與伊朗的權力之爭，前者是順尼伊斯蘭的領導國家，一向以伊斯蘭教聖城麥加、麥地那的守護者自居，後者則是什葉伊斯蘭的領袖。2003年伊拉克戰爭結束後，伊朗成功擴展政治影響力至阿拉伯半島，並結合伊拉克、敘利亞、黎巴嫩的什葉伊斯蘭勢力，挑戰長期由沙烏地阿拉伯主導的順尼伊斯蘭集團，以及其所建構的區域秩序。2010年阿拉伯之春後，敘利亞、葉門陷入嚴重的內戰，沙烏地阿拉伯和伊朗在內戰中各自支持特定的團體和政權，伊拉克、敘利亞、葉門的內戰被認為是沙烏地阿拉伯和伊朗的代理人戰爭（proxy warfare）。

　　恐怖主義和大規模毀滅性武器擴散問題亦是國際社會關注中東事務的焦點。中東地區出現恐怖主義或近期所謂極端主義（Extremism）的原因主要還是與區域內複雜的歷史、宗教與政治因素有關，雖然目前幾個受關注的

4　Jason Burke and Oliver Holmes, "Sudan and Israel Agree US-Brokered Deal on Normalising Relations," *The Guardian*, October 23, 2020, https://www.theguardian.com/world/2020/oct/23/sudan-and-israel-agrees-us-brokered-deal-to-normalise-relations.

5　Lesley Hazleton, *After the Prophet: The Epic Story of the Shia-Sunni Split in Islam* (New York: Random House USA Inc).

6　Mohammad Aly Sergie, Robert McMahon, Jeremy Sherlick, and Hagit Ariav, "The Sunni-Shia Divide," *Council on Foreign Relations*, June 24, 2014, https://www.cfr.org/interactives/sunni-shia-divide#!/sunni-shia-divide.

恐怖主義團體其成員大多為信奉伊斯蘭教的阿拉伯人，如：蓋達組織、伊斯蘭國、哈瑪斯、真主黨，但在以色列建國以前，區域內亦曾出現以猶太人為主的恐怖主義團體，並以暴力作為獨立建國的手段。此外，活動於土耳其南部的庫德工人黨（Kurdistan Workers' Party, PKK）則是由庫德人組成的團體，長期主張以武裝抗爭的方式來對抗土耳其政府。前述這些團體大多有明確的政治主張和動機，並非是單純的宗教恐怖主義，例如：蓋達組織反對西方國家長期以來對於中東北非地區的海外干涉，不滿美國在中東地區的駐軍，以及西方國家在巴勒斯坦問題上偏頗以色列的立場；[7]伊斯蘭國主張回復中世紀時期的哈里發制度，建立一個橫跨大黎凡特地區並嚴守伊斯蘭教法（Sharia）的國度；[8]哈瑪斯與真主黨主張武裝抗爭對抗以色列的壓迫；庫德工人黨則是以武力訴求更大程度的自治和政治權利。另，大規模毀滅性武器擴散的問題則主要聚焦於伊朗對於核子武器的研發工作與進程，以及生化武器被專制獨裁政權用於戰場和打擊政敵的工具，例如：伊拉克的海珊政權曾在兩伊戰爭中使用化學武器屠殺境內的庫德人，敘利亞的阿薩德政權亦被指控在內戰中使用化學武器殘殺政敵和無辜的民眾。聯合國原子能總署（International Atomic Energy Agency, IAEA）自1990年代起曾在伊拉克和伊朗進行武器檢查，並追蹤兩國大規模毀滅性武器發展的進程。

　　中東地區民主化的議題主要出自西方國家對於區域政治發展的關懷。冷戰結束後，中東地區國家並未出現和東歐國家類似的民主化運動，雖然區域內存在著許多獨裁的政體，且海灣許多皇室政權亦常被批評有嚴重的貪腐和人事壟斷問題，但民主化的浪潮並未在1990年代影響著這個區域。2003年美國政府發動的伊拉克戰爭除了有反恐和遏制大規模毀滅性武器擴散的戰略目的，亦意欲在伊拉克建立一個美式的民主政權，並希望伊拉克的經驗可以帶動整個中東地區的政治轉型與改革。然而，戰後伊拉克的政治發展並

---

[7]　Robert A. Pape and James K. Feldman, *Cutting the Fuse: The Explosion of Global Suicide Terrorism and How to Stop It* (Chicago, IL: The University of Chicago Press, 2012).

[8]　Daniel Byman, "Understanding the Islamic State—A Review Essay," *International Security*, Vol. 40, No. 4 (Fall 2016), pp. 127-165.

未如美國的決策菁英們所預期，教派衝突和內戰令伊拉克陷入分崩離析的狀態，伊斯蘭國勢力亦趁勢崛起。[9]2010年的阿拉伯之春運動令長期關注中東地區民主化的人士頗爲振奮，突尼西亞的班・阿里（Zine al-Abidine Ben Ali）、利比亞的葛達費（Muammar al-Qaddafi）、埃及的穆巴拉克（Hosni Mubarak）都在這波運動中被推翻，革命的浪潮也影響著半島上的敘利亞、葉門和巴林。敘利亞和葉門的內戰持續數年之久，兩國目前情勢亦不穩定，巴林的改革運動則在沙烏地阿拉伯和阿拉伯聯合大公國的介入之下，被強勢的鎮壓。整體而言，受阿拉伯之春運動影響的國家只有突尼西亞是唯一成功的案例，其他國家不是政權數次面臨更迭，就是長期處於衝突和戰爭的狀態。突尼西亞成功的主因在於該國並不存有嚴重的教派衝突，地理位置又不具地緣政治和軍事的價值，因此少了外國勢力干涉的誘因，加上中產階級作爲穩定社會的中堅力量，使得突尼西亞成爲這波民主化運動中唯一的特例。

　　土耳其近期在區域內擴張勢力的野心和政策也是區域內外國家關注的焦點。2016年至2020年間，厄多安（Recep Tayyip Erdogan）政府曾多次派兵在區域內執行特定的軍事任務，尤以2019年10月的「和平之泉行動」（Operation Peace Spring）和2020年1月國會通過出兵利比亞的決策最受關注。和平之泉行動主要是爲因應後伊斯蘭國時期境內分離主義和伊斯蘭國殘餘勢力而做出的決定。土耳其政府擔憂伊斯蘭國勢力受控制之後，活動於土耳其和敘利亞邊境的庫德工人黨會和敘利亞民主軍（Syrian Democratic Forces, SDF）合作，進而威脅土耳其的國家安全，因爲庫德工人黨長期主張分離主義而被土耳其政府定義爲恐怖主義團體，敘利亞民主軍則在打擊伊斯蘭國的行動中受到西方國家的支持，聲勢日益壯大。厄多安政府以在邊境地帶設立緩衝區和安置難民的計畫爲由進兵土敘的邊境地帶，除了有抑制分離主義勢力和反恐的目的之外，亦有藉此擴張政治勢力和影響力於阿拉伯半島上的強烈動機。在川普政府逐步實踐撤軍敘利亞的計畫下，土耳其、俄羅斯和伊朗

9　Daniel Byman, *Al Qaeda, the Islamic State, and the Global Jihadist Movement: What Everyone Needs to Know* (Oxford, U.K.: Oxford University Press, 2015).

已成為影響後伊斯蘭國時期敘利亞政治的關鍵國家。此外，土耳其近期因爭奪東地中海地區能源而發起的外交作為和軍事行動，已引起包括賽普勒斯、希臘、埃及、以色列、歐盟、美國等利害關係國家的高度關切，東地中海地區的能源開發計畫將影響天然氣國際市場的供給、輸送和分配，亦關乎土耳其的政治和經濟發展。[10]

參、區域行為者間的互動

一、伊朗

　　伊朗長期以來就被美國和西方國家認定為是所謂的「流氓政權」和「支持恐怖主義的國家」（state sponsor of terrorism），不僅試圖發展核武和飛彈科技，更對黎巴嫩「真主黨」等恐怖主義團體進行計畫性地支持與援助。1990年代的柯林頓政府和九一一恐怖攻擊之後的小布希政府皆曾以發展大規模毀滅性武器和支持恐怖主義為由，將伊朗界定為「流氓國家」和「邪惡軸心」的成員，川普政府更在其《國家安全報告》和《核武態勢報告》中，將伊朗列為威脅美國安全與國家利益的主要來源，並直指擁核後的伊朗將造成中東地區的核擴散，是構成區域和國際安全威脅的「核恐怖主義」（nuclear terrorism）。[11]近期美國、以色列與伊朗的關係更數度陷於緊張的狀態，原因在於伊朗被指控自2019年5月起涉及多起海灣地區的油輪攻擊案，且美國無人機和沙烏地阿拉伯煉油設施分別又在2019年6月和9月遭到攻擊，美國政府認定伊朗就是主謀。[12]2020年1月和11月伊朗高階軍

10　崔進揆，〈土耳其軍事干涉敘利亞與利比亞之地緣政治與經濟考量〉，《歐亞研究》，第12期（2020年7月），頁39-48。

11　The U.S. Department of Defense, "Nuclear Posture Review," February 2018, https://media.defense.gov/2018/Feb/02/2001872886/-1/-1/1/2018-NUCLEAR-POSTURE-REVIEW-FINAL-REPORT.PDF.

12　Julian Borger and Patrick Wintour, "Donald Trump Calls Iran Attack on US Drone a 'Big Mistake'," *The Guardian*, June 20, 2019, https://www.theguardian.com/world/2019/jun/20/iran-claims-us-drone-shot-down-missile-strike-saudi-arabia-trump-yemen; Michael Safi and Julian Borger, "How Did Oil

事將領蘇雷曼尼（Qassam Suleimani）和素有核武之父之稱的法克里薩德
（Mohsen Fakhrizadeh）則相繼死於美國的斬首行動，以及疑似以色列特工
所策劃的暗殺，針對兩起事件伊朗皆誓言報復。[13]

　　事實上，目前中東地區的伊朗威脅與2003年的伊拉克戰爭高度相關，
伊朗利用美伊戰爭和伊拉克內戰之際成功突破各界的封鎖，並透過伊拉克
戰後重建和國際社會2014年打擊伊斯蘭國極端勢力的契機，將政治影響力
由海灣地區延伸至地中海的東岸，建立涵蓋伊朗、伊拉克、敘利亞和黎巴
嫩的「什葉新月勢力」。[14]約旦和沙烏地阿拉伯兩國皇室在「政權安全」
（regime security）的考量下，在美伊戰爭後曾先後對什葉伊斯蘭在阿拉伯
半島的擴張提出警語，沙烏地阿拉伯更指控伊朗涉入葉門的內戰與政爭。
2017年6月的卡達斷交危機亦與所謂「伊朗因素」有關，沙烏地阿拉伯、阿
拉伯聯合大公國、巴林和埃及等國譴責卡達與伊朗的關係，並指控卡達政府
支持具爭議性的「穆斯林兄弟會」（Muslim Brotherhood），該一組織被前
述國家定義為恐怖主義團體。卡達雖與發起斷交的諸國同屬順尼伊斯蘭，但
因與伊朗共同開發海灣地區天然氣田的政策，故在外交上與伊朗合作，卻也
因此和沙烏地阿拉伯等順尼伊斯蘭國家產生外交上的嫌隙。卡達危機雖可歸
因為伊斯蘭國家的內部權力之爭，但亦關乎美國在中東地區的利益，因為美
國主管中東地區軍務的中央司令部（US Central Command, CENTOM）就設
在卡達。斷交事件後，美國雖與沙烏地阿拉伯等國譴責恐怖主義，但在外
交上仍希望沙國和卡達能維持海灣組織（Gulf Cooperation Council, GCC）

Attack Breach Saudi Defences and What Will Happen Next?," *The Guardian*, September 19, 2019, https://www.theguardian.com/world/2019/sep/19/how-did-attack-breach-saudi-defences-and-what-will-happen-next.

[13] Julian Borger and Martin Chulove, "US Kills Iran General Qassem Suleimani in Strike Ordered by Trump," *The Guardian*, January 3, 2020, https://www.theguardian.com/world/2020/jan/03/baghdad-airport-iraq-attack-deaths-iran-us-tensions; Patrick Wintour and Oliver Holmes, "Iran Vows Retaliation after Top Nuclear Scientist Shot Dead Near Tehran," *The Guardian*, November 27, 2020, https://www.theguardian.com/world/2020/nov/27/mohsen-fakhrizadeh-iranian-nuclear-scientist-reportedly-shot-dead-near-tehran.

[14] 崔進揆，〈衝出封鎖線？伊朗與「什葉新月」勢力之建構〉，《歐亞研究》，第1期（2017年10月），頁31-40。

的團結。卡達政府宣布自2019年1月起退出石油輸出國家組織（Organization of Petroleum Countries, OPEC）來反制海灣國家，並全力發展液化天然氣產業，[15]2021年1月在美國與科威特的積極斡旋下，卡達與順尼伊斯蘭阿拉伯國家間的糾紛才正式化解。

二、沙烏地阿拉伯

　　沙烏地阿拉伯自1932年紹德國王建國以來就與美國維持著密切的關係，且由於沙烏地阿拉伯盛產石油的緣故，故維持穩定的美沙關係向來就被歷任美國總統視爲是中東政策的核心，而穩定的美沙關係更牽動著中東地區複雜的權力平衡和地緣政治議題。沙國在國際社會對抗伊斯蘭國的軍事行動中扮演要角，近期更捲入敘利亞、葉門的內戰，以及記者哈紹吉（Jamal Khashoggi）在土耳其遇害的國際事件。伊朗近期在中東地區的擴張，以及所謂「什葉新月勢力」的建構已對阿拉伯半島上的順尼伊斯蘭國家產生威脅，而沙烏地阿拉伯和部分海灣國家積極投入對抗伊斯蘭國的軍事行動，一方面除了考量極端主義分子和團體對於各自的安全威脅外，亦有透過參與戰爭的方式來削弱伊朗對於敘利亞和葉門影響力的目的。沙烏地阿拉伯爲首的順尼伊斯蘭國家在敘利亞內戰中支持反政府軍，而伊朗則堅定支持阿薩德政府。在葉門內戰中，沙烏地阿拉伯則對葉門政府提供軍事援助，而伊朗選擇支持胡塞（Huthi）武裝組織（或稱青年運動黨）。阿薩德政權因在內戰中受到伊朗和俄羅斯的支持，目前已收復遭反政府軍和伊斯蘭國占據的大部分失土，而伊朗、俄羅斯、土耳其透過介入內戰的方式，確立各自在敘利亞戰後重建的主導權。葉門內戰因關乎沙烏地阿拉伯南方的邊境安全，亦是伊朗勢力繼敘利亞勝利後，能否再進一步對沙國形成南北夾擊的關鍵，故沙烏地阿拉伯一直積極嚴防伊朗對於葉門的滲透和控制。

　　記者哈紹吉命案對於中東政局亦有深遠的影響，其中除了涉及沙國皇

---

[15] Julia College, "Qatar Pulls Out of OPEC to Focus on Gas Production," *The Guardian*, December 3, 2018, https://www.theguardian.com/business/2018/dec/03/qatar-pulls-out-of-opec-to-focus-on-gas-production.

室的繼承人問題外，亦有土耳其欲挑戰沙國在順尼伊斯蘭世界領導地位的因素，而美國在哈紹吉事件中的態度更看出沙烏地阿拉伯對於美國中東政策的影響力。哈紹吉因長期在美國和西方國家撰文評論中東和沙烏地阿拉伯時政而引起沙國皇室和王儲穆罕默德‧沙爾曼（Mohammed bin Sulman）的不滿。沙國皇室在事件發生後，先否認涉案，後又轉為承認涉案，而川普政府也由最初的高調懲兇、制裁，轉為試圖平息各方對於新王儲不利的言論。美國政府的態度顯示，在中東事務上美國對於沙烏地阿拉伯是具有高度依賴的。首先，川普在上任之初便與沙國達成價值超過1,000億美元的軍售案，沙國對於美國的投資和軍售案將連帶影響川普振興美國經濟的政策。其次，沙國王儲的國際聲望雖然因為哈紹吉事件重挫，但其上任後的諸項改革措施，如：反貪、肅貪、願景2030計畫（Vision 2030），卻得到許多民眾的支持，且現任國王亦有意將王位傳予沙爾曼。沙爾曼過去在許多事務的立場與美國政府一致，如：對伊朗和敘利亞阿薩德政權的反對、對國際社會打擊伊斯蘭國和極端主義的支持等，而沙國的安全也需要美國的支持和承諾。故，穩定的美沙關係不僅符合兩國各自的期望，也是中東地區國際關係能否安定的關鍵。

三、伊拉克、敘利亞

　　伊拉克和敘利亞也是影響中東地區政局發展的關鍵國家。伊拉克因2003年美伊戰爭後的治理問題導致國家重建的進度受挫，而連年的內戰亦為極端主義伊斯蘭國創造了崛起的條件，巴格達迪（Abu Bakr al-Baghda-di）就是在2014年6月宣布成立所謂的哈里發政權。在國際反恐聯盟的努力之下，伊拉克和敘利亞的政府軍已在2014年至2019年間相繼收復失土，目前伊斯蘭國勢力相較於全盛時期已大幅削減。伊拉克政府在2017年12月宣告全國解放，敘利亞的伊斯蘭國勢力則在2019年3月的巴古茲鎮（Bag-houz）戰鬥後被攻破，同年10月組織領袖巴格達迪也在美軍的突擊行動中被

擊斃。[16]2020年11月川普政府宣布將於2021年調整美國在伊拉克和阿富汗的駐軍各維持在2,500人左右，而敘利亞則僅約部署1,000名的戰力來維持美國在該國的利益。[17]2021年4月拜登主政下的美國政府宣布將於2021年9月11日前撤離駐阿富汗的2,500名美軍，結束歷時近二十年之久的阿富汗戰爭。

對於後伊斯蘭國時代的伊拉克局勢，伊拉克政府首先面對的挑戰是境內庫德斯坦的獨立建國問題。在國際社會打擊伊斯蘭國的戰爭中，庫德人扮演關鍵的要角；庫德敢死隊（Peshmerga）更是一戰成名，成為伊拉克和美國政府倚賴的地面戰鬥主力。伊拉克境內的庫德人曾在2017年9月推動獨立公投，在近450萬的選民中，投票率高達72%，其中有92%的選民贊成獨立。[18]雖然國際社會和伊拉克政府普遍不贊同伊境庫德人於9月推動公投，但庫德人仍向世人展現了創建獨立家園的強烈意志。庫德議題之所以重要，除因關乎伊拉克的國家統一和領土完整，庫德斯坦的獨立運動更牽動著伊朗、敘利亞和土耳其境內庫德人的自治或獨立。土耳其境內的庫德人長期以來就推動武裝獨立的運動，2019年10月土耳其政府更以維護國家安全和反恐為由，對敘、土邊境的庫德民兵組織進行軍事行動，並試圖壓制實力日增的庫德勢力。

此外，庫德議題也將影響國際能源的供輸問題，而維持中東地區能源市場的穩定一向是區域外行為者的美國於中東地區所關切的重要議題。伊拉克在石油輸出國家組織中是僅次於沙烏地阿拉伯的第二大石油出口國，而庫德斯坦2017年公投欲獨立的範圍則涵蓋了摩蘇爾和吉爾庫克等伊拉克境內能源生產的重鎮。伊拉克政府和庫德人過去對於國家能源收益的分配問題本

[16] Cameron Glenn, Mattisan Rowan, John Caves, and Garrett Nada, "Timeline: The Rise, Spread, and Fall of the Islamic State," *Wilson Center*, October 28, 2019, https://www.wilsoncenter.org/article/timeline-the-rise-spread-and-fall-the-islamic-state.

[17] Julian Borger and Martin Chulove, "Trump Reportedly Plan to Withdraw Nearly Half of US Troops in Afghanistan," *The Guardian*, November 17, 2020, https://www.theguardian.com/world/2020/nov/16/trump-plans-us-troops-withdrawal-afghanistan.

[18] Bethan McKernan, "Kurdistan referendum results: 93% of Iraqi Kurds Vote for Independence, Say Reports," *Independent*, September 27, 2017, http://www.independent.co.uk/news/world/middle-east/kurdistan-referendum-results-vote-yes-iraqi-kurds-independence-iran-syria-a7970241.html.

就存在有許多的爭議，而庫德斯坦在獨立後勢必會衝擊伊拉克的整體經濟發展和資源分配，並連帶影響全球能源供應鏈的運作。鑑此，確保伊拉克政府能夠有效治理伊拉克，是現階段美國對伊拉克外交政策的重點，支持庫德斯坦獨立並不符合美國欲與伊拉克建立長期戰略夥伴關係的主張。再者，伊境的庫德斯坦對於中東地區的權力平衡運作也具有重要的戰略價值。伊拉克的庫德人多為信仰順尼伊斯蘭的穆斯林，而伊拉克政府則主要由什葉伊斯蘭的穆斯林組成，位處伊拉克北部的庫德斯坦是伊朗什葉勢力連結敘利亞通往地中海的要地，在地緣政治和戰略上具有阻絕伊朗勢力在區域內迅速擴張的優勢。在國際社會打擊伊斯蘭國期間，伊朗曾對伊拉克政府軍和伊境的庫德人提供軍事的援助和指導，然而在伊斯蘭國勢力削弱後，軍事實力和影響力漸增的庫德人和庫德斯坦分離運動反成為伊拉克和伊朗兩國政府的隱憂。對於區域國家和美國而言，庫德問題不僅有地緣政治和反恐的考量，更關係到中東地區順尼和什葉勢力的平衡與消長。

肆、觀察與結論

中東問題涉及了複雜的種族、宗教、民族和地緣政治、經濟與戰略等因素，且因區域內蘊藏有豐富的國際戰略能源，使得區域外行為者如美國、俄羅斯和歐盟等國家對該一區域抱持著高度的關注。雖然極端主義問題在區域國家和國際社會的合作之下已初步受到控制，但伊斯蘭國的崛起說明了中東地區的經濟發展、政治穩定和政府的治理問題是防範極端主義者和恐怖分子是否會捲土重來的關鍵。除了伊朗、沙烏地阿拉伯、伊拉克和敘利亞，以及庫德民族和穆斯林兄弟會的問題外，發生於阿拉伯半島南端的葉門內戰目前仍未解，亦是未來關注中東區域安全、政治發展和人道議題的焦點。敘利亞問題雖獲得緩解，但俄羅斯已透過干涉敘利亞問題而重返國際政治的舞台，並藉由內戰發展出「俄羅斯－土耳其－伊朗」的三國協商模式，成功地將其

政治影響力擴張至阿拉伯半島上，成為主導敘利亞戰後重建的核心國家。另，東地中海地區能源的探勘和開採問題亦是影響未來區域秩序的變數，歐盟國家對於土耳其在東地中海地區的外交和軍事動作已數次公開表達關切，土、歐關係仍持續緊張。最後，伊朗問題仍是美國在中東地區戰略布局的核心，在阿拉伯聯合大公國、巴林相繼與以色列發展正常化關係後，美國已結合以色列和順尼阿拉伯國家共同圍堵伊朗所代表的「什葉新月勢力」。

第(十八)章　國際社會化理論之個案研究：以歐盟東擴為例

王啓明

壹、前言

　　冷戰結束後，國際環境發生根本與結構性改變。蘇聯解體後所形成的情勢——共產主義的崩潰、華沙集團的解散——這使得東、西方軍事對峙的緊張關係宣告解除。就後冷戰時期的歐洲局勢觀之，以西歐國家爲主體的歐盟以及以美國爲首的北大西洋公約組織，皆積極地向中、東歐國家擴張，以期完成與調整其戰略性的運作。對於歐盟而言，採行東擴政策的原因在於：歐盟應極力爭取成爲歐洲地區在政治、經濟層面的主導力量；基於區域整合效果的外溢，歐盟需藉由東擴來增進其影響力，再者，歐盟既然要成爲主導的力量，就需要不斷地擴張其成員。

　　對東歐國家而言，蘇聯崩解之後，繼之而起的乃是前華沙集團成員國內部發生的政治不穩定、經濟混亂、宗教衝突與種族糾紛，在權力眞空的情勢下，爲求穩定發展的空間，透過與西歐國家間進行「合作」，保障東歐國家因政治與經濟轉型而產生的動盪情勢。歐盟所推動的東擴政策，便是基於「合作」的主體性，進而顯現出國家社會化的歷程。

貳、歐盟東擴政策

　　國際局勢的變化，常常是影響一個國家甚或國際組織在其政策上異動的主要變項，藉由政策的調整，使得國家或組織能在變動的國際情勢之中，運作正常，而蘇聯的解體即是一例。蘇聯的解體，使得民主化的浪潮衝擊中、

東歐國家的體制運作，亦為歐盟向東擴展的戰略奠下基礎。自十七世紀以降，每當歐洲發生重大戰爭之後，必定有人倡言將歐洲現有的國家，合併成單一帝國或是邦聯、抑或聯邦，以為往後的長久和平做一保障。事實上，承繼羅馬帝國精神的結果，歐洲人民所憧憬的「統一的歐洲」，長久以來，一直都是追求的目標所在。

在歐洲整合的過程中，歷經幾次的擴大，從1957年的六個創始會員國開始、歷經1973年的九個會員國、1981年的10個會員國、1986年的12個會員國、1995年的15個會員國、2004年的25個會員國、2007年的27個會員國、2013年的28個會員國，直至2020年英國脫歐後的27個會員國（如表18-1所示）。

表18-1　歐盟歷次擴大的時間與新加入之成員國

加入時間	新加入的成員國
1957年	法國、德國、義大利、荷蘭、比利時、盧森堡
1973年	英國、丹麥、愛爾蘭
1981年	希臘
1986年	西班牙、葡萄牙
1995年	瑞典、芬蘭、奧地利
2004年	波蘭、捷克、匈牙利、愛沙尼亞、斯洛文尼亞、賽普勒斯、斯洛伐克、拉脫維亞、立陶宛、馬爾他
2007年	羅馬尼亞、保加利亞
2013年	克羅埃西亞
2020年	英國脫歐

資料來源：作者自製。

歐盟2004年擴大所涉及的國家數目最多、歷經的時間也最長（整體而言，長達近十四年），土地面積與人口數亦是最大最多的一次，經過此次的擴大，歐盟的整體面積增為430萬平方公里，人口數亦增為4.8億人（增加1.1億人），這也使得歐盟成為全球最大的區域經濟共同體，更成為最大的

單一市場（由25個會員國所組成）。

1994年12月，歐盟成員國於德國召開埃森高峰會（Essen Summit），在會中制定「準備加入策略」（Pre-accession Strategy），協助中、東歐聯繫國（associated nation）加入歐盟的內部共同市場，並以此為核心來推動該等國家與歐盟的經濟整合，其目的在於協助申請國逐漸加入歐盟的共同市場，而「準備加入策略」的做法中，針對「法爾計畫」（PHARE）[1]進行部分的修正為：將根據結構基金的模式來撥款協助中、東歐國家，並藉由「完成共同法的立法程序」與「完成市場改革」來幫助聯繫國家達到內部市場一致性標準的目標。[2]此外，在此次會議中，與會成員國亦達成共識，提高預算專款（ECU 1.1 billion）用以支付「法爾計畫」所調高的額度（由15%調高至25%），強化「法爾計畫」朝向第二階段的目標——整合聯繫國的財政狀況，使其步上歐盟整體的水準。

歐盟會員國於1995年6月在法國的坎城（Cannes）召開高峰會，通過中、東歐國家準備加入歐盟共同市場的「白皮書」（white paper），經由歐盟會員國與歐盟執委會（European Commission）根據埃森高峰會的決議，將申請國整合至歐盟內部市場，來達成進一步推動中、東歐國家加入歐盟的政策。同年12月於馬德里（Madrid）所召開的歐盟高峰會，更進一步確立歐盟東擴政策的基調，並要求執委會起草對申請加入歐盟的中、東歐國家提出評估報告，並根據前述的報告決定入會談判的進程，以及分析歐盟的財政體系，並提交在東擴之後的財政結構報告。

1997年7月16日，歐盟執委會發表《議程2000》（*Agenda 2000*）的報告書，文中提及執委會對於10個申請加入歐盟的東歐國家的評估，並論及歐盟擴大所可能形成的衝擊，同時也確立申請國加盟程序的架構，而在

---

[1]　西歐國家於1989年7月在巴黎舉行高峰會議，會中決議歐洲共同體委員會協調國際社會對波蘭與匈牙利的經濟和科技進行援助，這是「法爾計畫」的雛形，之後演變為歐洲共同體／歐盟援助中、東歐國家向市場經濟過渡與準備加入歐盟戰略的一項特別計畫。

[2]　Richard Schoenberg, *Europe Beyond 2000—The Enlargement of the European Union towards the East* (London, England: Whurr Publishers, 1998), p. 16.

1997年12月所召開的盧森堡高峰會議（Luxembourg Summit），正式做出歐盟東擴的決議。至此，歐盟完成東擴政策的部署，也逐步累積向中、東歐國家招納成員的動能，2004年5月1日正式接納10個中、東歐國家成為歐盟的會員國，使得歐洲整合的步伐更向前邁進一大步。

參、中、東歐國家的國家學習

　　歐洲國家的領導人與知識分子在歐洲地區遭逢巨變之際，皆亟思結束分裂局勢的想法與作為，紛紛提出解決之道。而在冷戰時期，中、東歐國家幾乎全數落入蘇聯所宰制之共產主義的鐵幕之中，當蘇聯解體之際，為避免中、東歐國家再次陷入俄羅斯的控制之下，歐盟則必須將中、東歐國家納入其體制，其目的主要是出自於政治與經濟利益的評估、西歐地區安全以及歐洲穩定的考量，同時，也是為了擴張其勢力範圍所致，進一步防止俄羅斯影響力的觸角，再次深入歐洲社會，從而危害歐盟的基本利益。

　　此外，歐盟藉由向東擴展的策略，使得歐洲地區將可逐步實現統一的態勢，中、東歐國家透過政治與經濟體制的轉型，取得成為西歐社會成員的身分認同，繼而融入西歐社會的運作，形塑出更為壯大的經濟共同體，進而能與美國相抗衡，爭取歐洲事務的主導權。

一、學習的原因與時機

　　歐盟在90年代初期起，便開啟一連串的援助計畫來協助中、東歐國家進行經濟領域的改革。首先，歐盟對中、東歐國家透過「法爾計畫」提供財政協助來支持該等國家進行改革。從1990年1月開始實施的「法爾計畫」，總計援助保加利亞、捷克、南斯拉夫、波羅的海三小國、阿爾巴尼亞、羅馬尼亞、斯洛文尼亞、斯洛伐克，以及之前的波蘭與匈牙利等國，以強化該等國家在進行改革與轉型時的穩定。

　　亦即，歐盟藉由「法爾計畫」發揮對於中、東歐聯繫國的政治影響

力，使其接受西歐國家的價值觀、政治與經濟體制的運作，爲融入歐盟的政治與經濟整合做準備。

　　根據「法爾計畫」所援助的部分含括：農業改良、教育訓練、環境安全、人道與糧食援助、公共設施、失業救濟、區域發展等，歐盟成員國希冀透過援助的方式，強化中、東歐國家在公、私部門的發展。不過，此一計畫在施行的過程中，也出現了一些問題：[3]第一，「法爾計畫」的程序過於繁瑣與緩慢。第二，法爾計畫執行小組與歐盟執委會之間，以及與歐盟不同部門之間的關係結構複雜，導致妒忌心態，使得計畫執行效率不彰與費時的情形屢見不鮮。由於歐盟對於「法爾計畫」實行多重管理原則，導致法爾計畫執行小組與歐盟執委會計畫管理機構之間在受援國內的分工不清，再加上官僚主義嚴重，使得計畫效益不高。

　　第三，政治控制與干預不斷地增加，而且深入法爾計畫實行的細部細節，導致成效受阻。第四，「法爾計畫」缺乏附帶條件，導致此計畫的實施無法確切影響受援國的經濟轉型過程，亦無法對受援國的整體經濟成長產生影響。有鑑於此，於1997年歐盟執委會發表《議程2000》的報告書中，提出改制「法爾計畫」的管理機制，並將其由「需求取向」（demand-drive）轉型爲「同意取向」（accession-drive）的援助計畫型態。亦即，透過歐盟執委會基於每一申請國的需求提出其建議，並以「有條件」（conditionality）的附帶要求給予聯繫國援助。

二、學習的内容

　　歐盟在1993年6月所召開的哥本哈根高峰會中，即提出「哥本哈根標準」（Copenhagen Criteria），對於有意加入歐盟的國家，必須符合下列條件，方能有機會成爲歐盟的一員：[4]

---

[3]　Alan Mayhew, *Recreating Europe—The European Union's Policy towards Central and Eastern Europe* (Cambridge, England: Cambridge University Press, 1998), pp. 143-145.

[4]　Victoria Curzon Price, *The Enlargement of the European Union—Issue and Strategies* (London, England: Routledge Press, 1999), pp. 10-20.

（一）穩定的民主政治和與此相稱的民主制度；

（二）一個功能性的市場經濟體系，能承受單一市場完全的競爭；

（三）具備與現存歐盟會員國一樣承受市場壓力的能力；

（四）認同歐洲政治聯盟與歐洲經濟暨貨幣聯盟（EMU）的目標。

　　據此，「哥本哈根標準」就成為中、東歐國家申請加入歐盟的國家學習內容，透過國家所進行的政治與經濟體制的改革，使其達成標準，進而符合成為成員國的資格。根據「自由之家」（Freedom House）的評比可知，申請加入歐盟的國家，皆在政治民主化與經濟自由化的改革展現其國家學習的成效（如表18-2所示）。

　　其中，穩定的民主政治和與此相稱的民主制度是以政治民主化的指數來分析，主要是由政治（選舉）過程（political/electoral process）、市民社會（civil society）、獨立的媒體（independent media）、治理與公共行政（governance and public administration）、法律規則（rule of law）以及腐敗（corruption）等指標所建構而成（將上述指標予以平均得之），而一個功能性的市場經濟體系則是透過經濟自由化指數，包括私有化（privatization）、總體經濟政策（macroeconomic policy）以及個體經濟政策（microeconomic policy）所組成（將前述三項指標予以平均得之）。指數越低則表示民主化程度越深以及經濟自由化程度越高，而指數在2以下皆屬於政治民主化以及經濟自由化的範圍內。從政治民主化指標分析，九個中、東歐國家皆已達到門檻（波蘭、捷克、匈牙利的指數升高原因在於1997年至1998年的分析指標並未將法律規則與腐敗納入所致），而在經濟自由化的指標上，斯洛伐克、立陶宛、拉脫維亞與斯洛文尼亞尚未達到標準，但已逐漸改善。

　　在承受市場壓力的能力上，得視申請國在進行經濟轉型時的成效而定，如果該國的市場機制是彈性的且調整快速，其所遭遇的競爭壓力便不成問題，反之則否。而認同歐洲政治聯盟與歐洲經濟暨貨幣聯盟的目標則是最無歧視性的規範，亦即，申請國有能力採行與執行共同體法律、規則與政策作為衡量的標準，透過採行與會員國一致性的標準，藉以認同歐盟整體的目標。

表18-2　中、東歐國家在政治民主化與經濟自由化的評比

指標 / 年度 / 國家	政治民主化					經濟自由化				
	1997	1998	1999-2000	2001	2002	1997	1998	1999-2000	2001	2002
波蘭	1.50	1.45	1.44	1.44	1.50	2.00	1.92	1.67	1.67	1.92
捷克	1.50	1.50	1.75	1.81	2.13	1.88	2.00	1.92	2.00	2.08
匈牙利	1.50	1.50	1.75	1.94	1.94	1.63	1.67	1.75	1.92	2.00
斯洛伐克	3.80	3.65	2.50	2.25	1.94	3.38	3.58	3.25	3.25	2.33
立陶宛	2.15	2.15	2.06	1.94	1.94	2.50	2.50	2.50	2.50	2.33
拉脫維亞	2.15	1.95	2.00	1.94	1.88	2.50	2.58	2.83	2.75	2.42
愛沙尼亞	2.10	2.05	2.06	2.00	1.94	2.13	2.00	1.92	1.92	1.92
斯洛文尼亞	2.00	1.95	1.94	1.94	1.81	2.38	2.17	2.08	2.08	2.17
賽普勒斯	N/A	1.00	1.00	1.00	1.00	N/A	1.50	1.50	1.50	1.50
馬爾他	N/A	1.00	1.00	1.00	1.00	N/A	1.50	1.50	1.50	1.50

資料來源：作者根據Freedom House網站所提供之資料自行整理。請參閱http://www.freedomhouse.org/research/nattransit.htm。

　　此外，最重要的指標在於2002年3月正式啟動的歐元（euro），其涉及到申請國能否達到經濟暨貨幣聯盟的標準：[5]

（一）會員國的通貨膨脹率不得超過前一年通貨膨脹率最低三個會員國平均值的1.5%；

（二）會員國的政府預算赤字不得超過GDP之3%；

（三）會員國之政府負債不得超過GDP之60%；

（四）會員國的長期利率不得超過前一年通貨膨脹率最低三個會員國平均值的2%；

（五）會員國貨幣的匯率波動，應維持在歐洲匯率機制（ERM）中心匯率上下15%以內。

　　換言之，歐盟為了加快東擴的步伐，透過一系列的政策措施，對中、

---

[5]　Emmanuel Apel, *European Monetary Integration 1958-2002* (London, England: Routledge, 1998), pp. 102-113; Kemmeth Dyson, *The Process of Economic and Monetary Union in European* (London, England: Longman, 1994), pp. 23-41.

東歐國家經濟重組實施了大規模的金融和技術援助，並協助他們迅速施行民主政治和改革，藉以讓申請國能盡快達到標準，與歐盟會員國的經濟發展齊步。對於申請成為歐盟會員的中、東歐國家而言，都必須達到上述的條件，方能獲得成為歐盟會員國的資格。亦即，申請國透過在歐盟的場域中進行國家學習，藉由改善自身的條件以期符合歐盟的門檻要求，成為歐盟的成員。

三、學習的方式

　　就政治民主化的指標而言，中、東歐國家紛紛推動民主化的制度，包括民選國家領導人、自由、平等的投票，由獨裁、專制的體制轉型為民主社會體制。包括波蘭、捷克與匈牙利等申請加入歐盟的東歐國家，皆已透過民主的選舉過程，走向民主社會所實施的體制。

　　在經濟自由化層面，主要是匯率制度的調整為其學習的重心。根據表18-3所示，申請加入歐盟的10個中、東歐國家，透過各自貨幣政策的調整來回應歐盟所設定的門檻，主要是維持各國幣值的穩定，作為經濟政策轉變的支柱。再者，透過匯率制度的調整，採行釘住一籃通貨、釘住美元或是歐元與馬克的匯率，藉以調整各自的匯率機制，進而達到歐盟整體的匯率標準，這是中、東歐國家展現國家學習的方式。

表18-3　中、東歐申請國之貨幣政策目標與匯率制度

國家	貨幣政策目標 （學習內容）	匯率制度調整 （學習方式）
波蘭	維持物價穩定，並在不影響物價穩定下，支持政府的經濟政策。	1995年5月起採取對一籃通貨爬行釘住匯率制度。
捷克	維持捷克貨幣的穩定。	1997年5月起採管理式的浮動匯率制度，以歐元為非正式的參考通貨。
匈牙利	維持對內及對外幣值的穩定，支持政府的經濟政策。	1997年3月起採行爬行釘住匯率制度，釘住歐元，並允許在上下各2.25%的範圍內波動。
斯洛伐克	維持通貨穩定。	1998年10月起採管理式的浮動匯率制度，非正式地以歐元為參考通貨。

表18-3　中、東歐申請國之貨幣政策目標與匯率制度（續）

國家	貨幣政策目標 （學習內容）	匯率制度調整 （學習方式）
立陶宛	維持幣值穩定，確保信用與支付體系順利運作，並在不抵觸幣值穩定下，支持政府經濟政策。	1994年4月起採取通貨委員會制度，釘住美元。
拉脫維亞	控制貨幣數量以維持物價穩定，促進自由競爭、資源配置效率及金融體系的穩定。	自1994年2月起釘住特別提款權（SDR）。
愛沙尼亞	維持幣值穩定，促進銀行體系之安全與穩定、支付體系之穩定與效率、支應民眾現金需求。	1992年起採通貨委員會制度，釘住歐元及馬克。
斯洛文尼亞	維持通貨穩定，並提供穩定的流動性。	自1992年採取管理式浮動匯率，非正式以歐元為參考通貨。
賽普勒斯	促進通貨、信用及國際收支的穩定。	1999年起釘住歐元，並允許在上下各2.25%的範圍內波動。
馬爾他	持有外匯準備以維持通貨的國際價值，在對內及對外幣值的穩定之下，控制信用供給量，以促進經濟發展、就業及所得增加。	在1971年起釘住一籃通貨，並允許在上下0.25%的範圍內波動。

資料來源：呂桂玲，〈歐盟擴張版圖的最新進展〉，《國際金融參考資料》，第46輯（2001年4月），頁356-357。

四、學習的類型

　　根據上述的分析可知，歐盟的東擴政策促成中、東歐國家的學習歷程，其含括Lavory所區分的三種學習類型，亦即，因應蘇聯解體之後的國際環境變動所形成「適應性」轉變，展現學習歐盟體制的工具型學習，不同於此等國家過往經驗的價值轉型，以至於從事轉變其所設定之目標、信念與自我理解的被迫型學習，以及在分析加入歐盟之後的利弊得失所進行資訊分析的因果型學習。所以，中、東歐國家所展現的國家學習，不僅是因為國際環境發生重大的變遷而使其必須透過學習來適應變動，更是在經過理性的分析資訊之後，進一步地調整其目標與信念的學習歷程，這更形成國際社會化的能動性。

　　由歐盟東擴政策的歷程可知，國家學習促成國際社會化的展現，中、東歐國家藉由達成歐盟所設定「哥本哈根規範」以及「經濟暨貨幣聯盟政策」所建構的標準，開啓其學習的標的，進而取得歐盟會員的資格，完成適應國際環境轉變的衝擊，建立成員間的共識與行爲的趨同性。此外，國家在進行社會化的歷程時，本身則較具主動參與性，亦即，藉由國家學習的結果，透過國家政策的制定與調整，朝向「達到標準」的門檻邁進。而國家的學習，更是有實質目標與學習對象（例如，某一制度下的規範或是其他國家的政策調適）。再者，國際組織扮演著資源守門員的角色。國家爲了得到獲取資源的資格，將會採取由社會化媒介機制所建構的標準與制度，透過這種對結構依賴的誘導，產生成爲國際組織成員的學習過程，一方面是爲了避免受懲戒，另一則是希冀獲得酬庸，其最終目的在於達到自利的最大化。這亦是中、東歐國家進行國家學習的重要因素之一。

肆、中、東歐國家的社會化歷程

　　歐體於1990年起透過「歐洲協定」（Europe Agreements）的簽署，開展與中、東歐國家間的關係，其目的在於鼓勵歐洲共同體與中、東歐國家間的經濟合作，強化貿易、投資、經濟、金融、政治與文化層面的合作，「歐洲協定」中亦規定「法爾計畫」的援助範圍，即以援助中、東歐國家在進行轉型過程中所需的財政需求爲其目標，藉由歐體所提供的場域（國際組織）來進行談判與推動。

　　從1993年起，歐盟開始採取一系列的向中、東歐整合與吸納新會員國的步驟：1993年6月，歐盟於哥本哈根高峰會議確立向東擴張政策的實質意涵，會中達成協議：「有鑑於中、東歐國家渴望成爲歐盟的會員國，待該等申請國家能達成歐盟所設定的經濟與政治條件，以及履行成員國的義務，加入歐盟就將實現。」準此，在高峰會中訂定出中、東歐國家申請加入成爲歐盟會員國的標準——「哥本哈根標準」。申請加入歐盟的中、東歐國家，

必須在其國內完成相關的指標標準，在達到標準之後，即具有歐盟所設定成為會員的條件。當然，中、東歐的申請國家亦須改革自身在政治、經濟的體制，以符合歐盟整體的規劃。

　　1994年12月，歐盟成員國於埃森高峰會中制定「準備加入策略」，作為中、東歐國家加入歐盟內部市場的政策指引。埃森策略主要包括三個部分，競爭政策、國家援助的控制以及達成內部市場的「共同體既有原則」（Acquis Communautaire）。在競爭政策部分，埃森高峰會允諾歐盟將制定出與競爭政策相關的訓練計畫，用以協助訓練申請國國內政府官員，以期能執行歐盟既有的規則與立法。而在國家援助的控制上，執委會則是被委以重任，亦即，執委會將依照歐盟的現行標準，協助申請國制定與更新國家援助的項目，透過年度報告的評估與調查，作為申請國改革過程的重要指南。最後，在「共同體既有原則」的層面，「準備加入策略」要求執委會制定出「白皮書」，作為申請國加入歐盟內部市場的標準，其中包括採行歐盟的公司法、會計法、銀行法與保險法等，以及持續針對上述法規的執行進行調查。

　　此外，在埃森高峰會中亦針對「法爾計畫」進行部分的修正，其中，透過「跨歐洲網絡」（Trans-Europe Networks, TENs）來改善中、東歐國家大規模基礎建設的援助來強化跨國界的合作，藉以加強申請國與歐盟間的經濟整合，其做法則是將「法爾計畫」中用於基礎設施建設的投資金額增加至占總基金金額的25%。再者，透過穩定公約（Stability Pact）的簽署，促使中、東歐申請國家之間進行談判，進行促成1995年3月斯洛伐克與匈牙利簽訂的雙邊協定，以及1996年9月羅馬尼亞與匈牙利簽訂的「睦鄰友好條約」。

　　1995年6月所召開的坎城高峰會，對於東擴政策做出兩項重要的決定：第一，對於中、東歐地區與地中海國家的資源分享，提出中程預算分配的方案。第二，通過中、東歐國家準備加入歐盟共同市場的「白皮書」，給予申請國準備加入歐盟的指引，藉以達到歐盟內部市場的整合態勢，這亦涵蓋採取既有共同體法的規範以及通過加入談判（accession negotiation）的過程。

　　1995年12月的馬德里高峰會議則是對於東擴議題達成幾項決議：第一，要求執委會整合中、東歐國家的評價報告，並準備做出擴大政策的綜合報告。第二，責成執委會詳細分析歐盟的財政體系，並盡速提交關於1999年12月31日起歐盟未來的財政結構報告。第三，歐盟高峰會依據中、東歐國家的評價報告，做出展開加入歐盟談判的時程決議，這亦包括與賽普勒斯和馬爾他的加入談判同時進行。準此，馬德里高峰會議明確地做出東擴的談判時間表，更是重要的推進中、東歐國家加入歐盟的歷程。

　　1997年7月執委會公布名為《議程2000》的文件，其內容主要是針對申請加入歐盟的中、東歐國家提出詳細的評價報告、以及東擴政策議題、共同農業政策的改革、結構基金的調整與2000年至2006年歐盟的財政結構等，做出戰略性的規劃，以期強化歐盟的整合腳步。不過，根據此份文件的評價報告結果，申請加盟的國家，都未達「哥本哈根標準」，至於邀請哪些國家進行加入談判，則是留待高峰會召開時再行決議。

　　歐盟在1997年12月的盧森堡高峰會議決議，正式展開與10個中、東歐國家進行加入歐盟的談判進程，並於1998年3月30日所召開的歐盟15國外交部長會議中啟動加入談判的歷程。而至2004年5月1日，中、東歐國家共計10國，正式加入歐盟，成為歐盟的會員國，預計2007年1月1日還將增加羅馬尼亞與保加利亞兩國，總計將達到27個會員國。

　　由上述的歷程可知，歐盟的東擴政策是透過歐盟本身的決策機制所推動，包括歐洲高峰會議的決議、執委會的執行等，都展現出國際組織在此一政策推動過程中的作用，亦由國際組織所建立的規範、標準與計畫，強化申請國的國家學習目標、以及以國際組織提供補助國與受援國之間的互動場域，不僅能尋找出國際社會化進行的脈絡，更能體現其主體性意涵的內容，亦即，國際合作的能動性。

伍、結論

　　透過歐盟所制定的東擴政策，分析中、東歐國家藉由歐盟所設定的標準作為國際社會化主體性的學習內容，一方面來自於歐盟內部強權國的支持，凝聚政策的共識，另一方面則是來自於歐盟整體評估的利益認知以及中、東歐申請國的利益認知，更形強化集體利益的認知層次，使得學習內容更具實質的吸引力。再者，被社會化的國家，一方面獲得來自於歐盟援助計畫的支助，而直接獲益，另一方面則是藉由將上述的標準內化至國家的規範與法律體系之中，更形落實國際社會化主體性意涵，據此，更成為歐盟檢驗是否能獲得其成員國資格的指標。

第十九章 新興議題：人畜共通的傳染性疾病

譚偉恩

壹、前言

　　新興議題中的「新」有兩種不同的界定標準：一個是從時間的歷史軸來看，越接近當下發生的事件在人類社會和主權國家的印象中便越為鮮明，自然也就越「新」；另一個是從經驗值的多寡來看，越欠缺實際體驗經歷之事件就越容易被列入「新」議題的清單。[1]以這兩種界定標準觀之，新型冠狀病毒肺炎（novel coronavirus pneumonia or COVID-19）大流行所導致的全球疫情（global pandemic）毫無疑問完全符合此兩項標準，故可謂是二十一世紀目前最「新」之議題，[2]並且在本章撰文之際還仍在進行中；不到一個月之後的2021年是否可望隨著疫苗的問世及施打而讓疫情逐漸獲得控制，各國重新回到疫情爆發前的生活狀態，還是有可能就此大幅改變人類社會的運作模式，著實難以預料。鑑此，本文將以像COVID-19這樣的傳染性疾病對主權國家或國際社會所構成之安全衝擊為主軸，開展有關新興議題的相關討論。

　　文中首先說明人類及其所組成的國家與自然環境或生態間的聯繫，接著介紹人畜共通傳染病（zoonoses）這個概念，[3]並援引狂牛症（Mad Cow Disease）、豬流感（Swine Flu）、禽流感（Avian Influenza）等真實發生過的事

---

[1]　「新」在這樣的語境之中往往也具有陌生、不熟悉、處於摸索階段的意指。

[2]　這起擴延全球的疫情在流行病學上的元兇是新型的冠狀病毒（novel coronavirus or 2019-nCoV），國際病毒分類學會對此病毒的正式命名為Severe Acute Respiratory Syndrome Coronavirus 2（SARS-CoV-2），但世界衛生組織或一般媒體目前普遍稱其為COVID-19，本文也採取這樣的用語，並於之後內文中一律使用COVID-19（或加註疫情兩字）進行陳述。

[3]　2020年12月2日，聯合國秘書長在一場演說中提到，人類社會中有75%的新興傳染性疾病是人畜共通的（zoonotic）。鑑此，本文認為有必要及時將人畜共通傳染病的一些資訊引介到國際關係領域，特別是從安全研究的角度來進行討論。秘書長的演說全文可見：https://www.un.org/sg/en/content/sg/speeches/2020-12-02/address-columbia-university-the-state-of-the-planet.

例來說明人畜共通傳染病這樣的新興議題對國際關係的學習者可能帶來哪些有意義的啓發，同時在實踐層次上那些涉及對外事務的工作者可以預做什麼樣的準備來迎接一個域內與境外共病的時代。

貳、人（國家）與自然生態的聯繫

極為知名的義大利數理暨天文學家Galileo Galilei曾撰文寫過一篇討論宇宙體系及天體運行之論文，[4]內容中透過幾個人物對話的虛構情節，對地球與太陽何者才是宇宙的中心進行了論證。這篇文章公開之後，旋即引起當時羅馬教會和保守派人士的抵制，甚至還透過司法機制判定Galileo的言論不當且有罪。然而，真相總會有昭然若揭之時，後來的科學與諸多事實一再證明Galileo當時文中倡議的「日心說」是正確的。1642年，Galileo永遠地辭世，當時近代意義的主權國家（sovereign state）還沒有誕生，但之後的人類社會在Galileo的啓迪下，對於科學知識的發展與探索沒有一刻停歇，甚至還可能凌駕了對宗教信仰的虔誠。[5]

科學毫無疑問是人類社會進步的一大動力，即便是某些歷史攸久的文明古國，往往也都具備一定程度的科學實力。舉例來說，古埃及在醫學領域的成就已被考古學界證實；馬雅文明的建築工藝技術至今仍被許多土木學家所尊崇。[6]事實上，科學作為一種能力，長期左右人類社會的興衰與變革，特別是對於朝代更迭與國家強弱始終發揮十分關鍵之影響，歷史上能在特定區域稱霸或甚至主導世界各國的超級強權，無一不是在科學能力上有過人之處者。[7]然而，無論一個國家的科學實力有多麼高，人類的科學水平至今對何

---

[4] "The Dialogue Concerning the Two Chief World Systems," 英文版全文可見：http://law2.umkc.edu/faculty/projects/ftrials/galileo/dialogue.html.

[5] D. B. Wilson, "Galileo's Religion Versus the Church's Science? Rethinking the History of Science and Religion," *Physics Perspective*, No. 1 (1999), pp. 65-84.

[6] Scott Montgomery and Alok Kumar, *A History of Science in World Cultures: Voice of Knowledge* (New York: Routledge, 2016).

[7] Rolf Lidskog and Göran Sundqvist, "When Does Science Matter? International Relations Meets Sci-

時會發生地震、如何有效阻擋海嘯，以及怎麼治癒某些特殊病症，依舊是力有未逮，更遑論達到「人定勝天」之境界。儘管人類的生存與發展絕對不可能避免對自然環境進行開發與利用，但開發與利用的方式並非可以無限度地仰賴科學，以致在自然資源的攫取上不知節制。[8]事實上，無數已經發生的悲劇不斷提醒人類，過度開發資源與利用環境必將招來自然界各種負向的反撲。

　　昔日Galileo追求眞理與彰顯科學，卻被保守派的既得利益人士以違反宗教神聖爲由，加以打壓和污名化。今天許多環保人士和科學專家反覆警告世人全球暖化的各種風險，倡議各國盡快削減人爲溫室氣體排量，卻始終未被多數政府或決策菁英重視。相反地，當代的人類和由人類所組成的國家倚恃科學的力量，抱持政治的考量，固執地將經濟發展置於環境保護之前。兩相對照之下，我們發現一個不願面對的眞相：即無論古代或當代，那些相對擁有權勢之一方既不是眞正地否定科學，也並非發自內心地尊重科學。權勢者對於科學的排斥或接納全然取決於科學是否能爲自己帶來更多的利益。毋寧，若採納特定某種科學觀點可以爲這些權力菁英帶來較多利益時，科學將獲得高度重視，但其結果未必有利於生態環境的永續。十分諷刺，人類衡量自己與自然的關係並非將自己視爲是地球生態系中的一分子，而是將地母（Gaia）所孕育之萬物作爲滿足自己欲望的材料，無所節制地取用，甚至是強奪豪取。[9]

---

ence and Technology Studies," *Global Environmental Politics*, Vol. 15, No. 1 (February 2015), pp. 1-20.

8　1980年國際自然保育聯盟（IUCN）、聯合國環境規劃署（UNEP）、世界野生動物基金會（WWF）在合作出版的《世界保育策略》（*World Conservation Strategy*）中提到，全球的永續發展應予確保。然而，當時並未引起國際間的回響。七年後，第四十二屆聯合國大會期間，世界環境與發展委員會（World Commission on Environment and Development）在《我們共同的未來》（*Our Common Future*）報告書中，定義永續發展爲同時能滿足當代人類生活的需要，又不危及下一代人類滿足同樣需求之發展模式。此後，經濟發展不得恣意、無限度，且應符合代際正義（intergenerational justice）便成爲國際環境政治與治理的重要核心原則。詳見：譚偉恩，〈全球環境政治〉，收錄於：張亞中、張登及主編，《國際關係總論（第五版）》（台北：揚智，2020年），頁492-496。

9　宮崎駿於1997年執導的動畫電影「魔法公主」（もののけ姫）是一部相當不錯的有聲文獻，闡述了人類如何破壞自然生態，又如何與地母重新合好的過程。

參、共病時代降臨

　　不少篤信人定勝天並倚恃科學的權力菁英或政治領袖，在處理人與自然的關係上過度以人類為中心，毫無節制地使用科學對自然資源進行攫取，導致環境不斷惡化或生態面臨浩劫。舉例來說，懸浮微粒的空氣污染日益嚴重、物種多樣性急速銳減、極端氣候災變事故頻生，這些問題在越來越多國家陸續浮現，並直接或間接影響到人類自己的健康安全。本章聚焦在傳染性疾病的擴散並以之為例，說明具有傳染性的各式流行病在人類歷史的早期是以「百年」為週期在爆發，而且基本上疫情蔓延的地理範圍相當有限。然而，自工業革命以降和跨國貿易日漸興盛後，這些疾病爆發的週期相較過去變得越來越短，甚至有些傳染性疾病已降幅到幾年內就發生一次，而且蔓延的地理範圍有不斷擴大之趨勢（詳見表19-1）。

表19-1　歷史上的重大傳染性疾病及其概況

時間	地點	病名	衝擊情況
西元前430年至427年	雅典	傷寒、天花、麻疹	城邦境內四分之一以上的人死亡
西元161年至169年	羅馬帝國	Antonine瘟疫	至少百萬人死亡，帝國由盛轉衰
西元735年左右	日本	天花	罹患人數很高，但具體死亡數不明
西元846年	法國	天花	當時入侵法國的諾曼人
西元1347年至1351年	歐洲	黑死病	大約當時三分之一的歐洲人
西元1518年左右	北美洲	天花	在印第安人部落中暴發，確切死亡人數不明
西元1555年左右	墨西哥	天花	全國近200萬人死亡
西元1655年	英國	鼠疫	倫敦14%的居民死亡
西元1790年左右	英國	天花	平均一年45,000人左右死亡
西元1831年至1865年	英國	霍亂	總共至少逾百萬人死亡
西元1918年左右	西班牙	流感	疫情擴延全球，造成4,000至5,000萬人死亡

表19-1　歷史上的重大傳染性疾病及其概況（續）

時間	地點	病名	衝擊情況
西元1950年左右	台灣	瘧疾	每年患者高達120萬人，為十大死因之一
西元1976年	薩伊[1]	伊波拉出血熱	有318個確診病例，其中280人不幸死亡
西元1981年	非洲[2]	後天性免疫缺乏症	當年有270人感染，其中121位患者後來死，死亡率高達45%
西元1984年至2003年[3]	英國	狂牛症	官方到1986年才正式承認此症的存在；高峰期間每1,000隻牛有3隻染症
西元2003年	中國	SARS	全球共發現8,096例，其中774例死亡；中國病例數為5,327
西元2003至今	東南亞	禽流感	香港確認第一起人類感染病例，全球目前約有千人以上被感染[4]
西元2009年	墨西哥	豬流感	全球至少74國受波及，28,774名確診
西元2020年	中國	COVID-19	全球各國無一倖免，確診總數為66,422,058，死亡案例為1,532,418[5]

備註：

1. 現在的剛果民主共和國。
2. 第一起確診病例在美國被發現，但多數感染者在非洲。詳見：https://www.cdc.gov/mmwr/preview/mmwrhtml/june_5.htm.
3. 至今依然有此症，但高峰期在1990年代初。
4. 各國公衛部門近幾年對禽流感的戒備很高，因為此疾病已經不是會不會出現的問題，而是會不會一直有新興的病毒株產生，進而造成人類預防與治療上的挑戰。目前對人類健康造成風險的禽流感病毒有H5N1、H7N9及H10N8等。
5. 此數字為本文截稿時最後一次查詢WHO官方網站的資料，詳見：https://covid19.who.int/?gclid=CjwKCAiAwrf-BRA9EiwAUWwKXqZ3eg5Gh7GQireIOmqA4lvdIlNMgZwuXpbRmCDQZvQiOmoqOFvFpRoC2PwQAvD_BwE （最後瀏覽日期：2020年12月8日）。

　　根據Jennifer Nuzzo的觀察，新興傳染病（emerging infectious diseases）與再浮現傳染病（re-emerging infectious diseases）正由於全球化帶來的時空壓縮效應、跨境移動的人數增加、各種食品與動植物的國際貿易頻繁化，導致發生機率與傳播速度上皆明顯提升。毋寧，當代全球化的時空環境極度有助於病菌的傳播，COVID-19不可能是二十一世紀最後一次衝擊全球的傳染

性疾病。[10]數百年之前,當歐洲探險家抵達拉丁美洲時,病毒也隨著同樣一批人在新大陸上落地生根,並且導致無數當地的土著染病身亡。[11]傳染病顯然比起槍炮更直接地瓦解了拉丁美洲原住民抵抗殖民入侵的能力,而串起跨洲際病毒傳播途徑的元兇則是貿易。穿越主權國家邊境的貿易活動為傳染病的傳播打開一扇方便之門,而病毒與貿易的聯繫強有力地說明文藝復興時代的歐洲為何有一群對進口貿易存在高度警戒的政府官員。[12]不可否認,邊境上的檢疫措施具有抑制境外疾病入侵本國之防疫效果,但人類社會在解決問題的同時總是往往又製造出更多問題。歷史中被發掘出來的證據顯示,傳染性疾病的發生頻率增加與它是否能跨境傳播是兩回事,而前者的肇因是人類對農牧活動進行過度工業化,導致生產糧食或提供肉類產品的經濟活動成為人畜共通疾病之溫床。[13]

　　聯合國環境規劃署(UN Environment Programme)的研究報告指出,人類經濟活動導致之自然物種棲地改變是誘發人畜共通疾病的一項關鍵風險因子。[14]棲地生態條件的惡化會影響原生物種的生存與繁衍,在不得不遷徙的壓力下,被迫離開棲地的物種極可能成為病媒,將本不屬於人類社會的未

[10] Jennifer Nuzzo, "To Stop a Pandemic: A Better Approach to Global Health Security," *Foreign Affairs*, January/February 2021, https://www.foreignaffairs.com/articles/china/2020-12-08/stop-pandemic.

[11] Alfred Crosby, *The Columbian Exchange: Biological and Cultural Consequences of 1492* (Westport, Conn.: Greenwood Publishing Co., 1972).

[12] Mark Harrison, *Contagion: How Commerce Has Spread Disease* (New Haven, Conn.: Yale University Press, 2012).

[13] Bella Devine-Poulos, "Pandemic As Symptom: COVID-19 And Human-Animal Relations Under Capitalism," https://www.ppesydney.net/pandemic-as-symptom-covid-19-and-human-animal-relations-under-capitalism/.(這篇短文提及「衛生一體」(one health)的概念,即整合動物、人類與環境三者之健康,強調互相依存不可分割的衛生安全。事實上,2011年世界動物衛生組織(OIE)在一份關於狂犬病防疫與風險控制的報告中就指出「衛生一體」應該是跨國公衛事務努力的重點。詳見:http://www.oie.int/for-the-media/editorials/detail/article/one-world-one-health/.)

[14] 這是一份從環境視角觀察新興議題的科研報告,相當值得一讀。詳見:https://www.unenvironment.org/resources/emerging-zoonotic-diseases-and-links-ecosystem-health-unep-frontiers-2016-chapter.(註:「環境視角」的觀察途徑在近幾年成為國際關係研究中的一個新支派,文獻上多以綠色理論稱之。可參考:Robyn Eckersley, "Green Theory," in Tim Dunne, Milja Kurki, and Steve Smith eds., *International Relations Theories: Discipline and Diversity* (Oxford: Oxford University Press, 2016), Chapter 14.)

知病毒引入人類的生存空間，增加新型傳染性疾病發生之風險。已經有文獻證實，伐林（deforestation）會改變瘧蚊（Anopheles Mosquitoes）的活動空間，由於不同種類的瘧蚊離開原生棲地後傳播瘧疾的能力不盡相同，而過度伐林讓原本傳染力強但又適應能力強的瘧蚊從雨林的棲地進入到人類社區，增加瘧疾在發展中國家發生之機會。[15]此外，針對非洲地區的公衛研究文獻指出，某些非洲國家為了發展農業而增建灌溉渠道，但這些渠道周邊是十分適合血吸蟲病（Schistosomiasis）的宿主蝸牛的生存空間，蝸牛數量的增加讓較為貧窮的非洲人民開始拿來作為一種食物來源，導致血吸蟲成為一項新興傳染病的風險在這些非洲國家大幅提升。[16]此種不同物種間的宿主轉移（cross-species virus transmission）最有名的案例就是人類免疫缺乏病毒（Human Immunodeficiency Virus, HIV）衍生的公衛危機。HIV原本的宿主是黑猩猩，由於非洲國家的人民及一些盜獵者違法進入保育區進行狩獵，意外接觸到帶有HIV的黑猩猩，讓這個病毒有機會在不同物種間完成宿主的轉移，也讓HIV就此成為人類社會一項重大的公衛威脅。[17]事實上，類似這種因為狩獵而不甚接觸到動物身上病毒的例子相當多，兩次被WHO宣告引起國際關注之緊急公衛事件（public health emergency of international concern, PHEIC）的伊波拉病毒（Ebola virus）就是其中一個，而2020年肆虐全球的COVID-19則是另一個。[18]

[15] 幾年前巴西Zika病毒的爆發也是類似的情況。參考：M. A. Kaddumukasa, J. P. Mutebi, J. J. Lutwama, C. Masembe, and A. M. Akol, "Mosquitoes of Zika Forest, Uganda: Species Composition and Relative Abundance," *Journal of Medical Entomology*, Vol. 51, No. 1 (January 2014), pp. 104-113；譚偉恩，〈為何Zika病毒消聲匿跡數十載後突然又開始流行？三個原因告訴你〉，《關鍵評論》，2016年2月23日，https://www.thenewslens.com/article/36723。

[16] Hlengiwe Sacolo, Moses Chimbari, and Chester Kalinda, "Knowledge, Attitudes and Practices on Schistosomiasis in sub-Saharan Africa: A Systematic Review," *BMC Infectious Diseases*, Vol. 18, No. 46 (2018), pp. 1-17.

[17] Ben Longdon, Michael Brockhurst, Colin Russell, John Welch, and Francis Jiggins, "The Evolution and Genetics of Virus Host Shifts," *PLOS Pathogens*, Vol. 10, No. 11 (November 2014), e1004395.

[18] 相對地，人類傳染病也可能透過這個機制傳染給野生動物，目前已知的案例包括傳染給烏干達山地大猩猩（Gorilla gorilla）的梨形鞭毛蟲（Giardia）以及傳染給條紋狐獴（Mungos mungo）的肺結核（Tuberculosis）。

　　經濟活動誘發人畜共通疾病的另一項關鍵風險因子則是農牧工業化，狂牛症、豬流感、禽流感都是例證。[19]狂牛病是從羊隻的搔癢症（Scrapie）跨過物種才傳染給牛隻的，它特別之處在於致病的不是病毒而是變異的普里昂蛋白（Prion）。此種變異蛋白為何又從牛隻跨過物種傳染到人類？原因是追求大量且快速生產的工業化畜牧行為所致。此病自1986年在英國被確診後，漸漸成為歐洲國家共同的公衛威脅。1996年，醫界發現一種新型變異性的庫賈氏病（new variant Creutz-Jakob disease, nvCJD）在英國開始蔓延，罹患者當中不乏有人死亡，更重要的是這些患者均曾食用過牛肉或相關的肉類產品。此後，狂牛症陸續被許多研究證明會跨物種傳染給人類，成為一種人畜共同的傳染病。狂牛症及其引發的nvCJD潛伏期相當長（約為五年至二十年），所以那些曾在1980年代／1990年代食用過英國牛肉的消費者，有可能在很長一段時間後才發病。[20]流行病學家認為，農場飼主將牛隻宰殺後殘留的剩餘部位作為飼料拿回去餵牛，是件風險極高的事。因為牛隻身上的變異普里昂蛋白並不會在飼料加工過程中被破壞（即使高溫烹煮也不會），一旦將帶有此種蛋白的動物作為食品或飼料的成分，就可能會讓食用的人或動物被感染狂牛症。然而，在國家法律沒有限制動物飼料的成分以前，利用牛隻宰殺後殘留的剩餘部位來作為飼料，是許多國家農牧工業化的一項具體實踐。

　　豬流感於2009年3月現跡於墨西哥，之後傳至美國、加拿大，然後以相當快的速度向北美地區以外的世界各地擴散。[21]豬流感是《國際衛生條例

19 譚偉恩，〈農牧工業化反威脅人類生存〉，《低碳生活部落格》，2010年2月25日，https://lowestc.blogspot.com/2010/02/blog-post_25.html.

20 BSE的風險問題：https://www.rcils.nccu.edu.tw/%E8%AD%9A%E5%81%89%E6%81%A9%EF%BC%9Abse%E5%8F%8A%E5%85%B6%E9%A2%A8%E9%9A%AA%E5%88%86%E9%A1%9E%E4%B9%8B%E6%8E%A2%E6%9E%90-%E5%9C%A8%E5%85%AC%E5%85%B1%E8%A1%9B%E7%94%9F%E8%88%87%E8%B2%BF/.

21 2009年5月18日，第六十二屆世界衛生大會（World Health Assembly）召開的第一天，全球已有40個國家向WHO通報近9,000例豬流感確診病例；當時病例數較多的國家包括美國（4,714）、墨西哥（3,103）、加拿大（496）、日本（125）、西班牙（103）及英國（101），這六個國家的病例總數在當時便占了全球病例數的98%。2009年6月11日，WHO決定將疫情等級提升至最高（第六級），全球正式進入豬流感大流行時期（註：2010年8月10日WHO秘書長宣告

2005》（*International Health Regulations 2005*）生效之後首次發生的國際性重大疫情。2009年4月25日，WHO秘書長Margaret Chan依該條例召開第一次緊急委員會（Emergency Committee），會後宣布豬流感是引起國際關注之緊急公衛事件，並表示對此疾病的臨床特徵與病毒資訊仍待進一步釐清，呼籲所有國家對境內疑似症狀的患者加強監視。2009年4月27日，英國成為歐洲地區第一個發現確診病例的國家，同一天西班牙也向歐盟（European Union, EU）報告發現1名確診病例，隨後韓國也宣布發現來自墨西哥的疑似豬流感病例，這就意謂著疫情已在地理範圍上跨洲際擴散。[22]WHO於是立刻召開第二次緊急委員會，會後宣布豬流感爆發全球大流行的可能性增加，且流行病學的多項資訊顯示病毒已具人傳人的能力。兩天後（4月29日），WHO秘書長宣布疫情等級升高到第五級（第六級為最高），指出豬流感已具有造成大流行的極高風險，呼籲各國應做好防疫準備。[23]值得注意的是，相較於狂牛症引發國際社會對於牛肉及其相關產品之擔憂，豬流感的爆發反而是引發國際社會爭論究竟是否應該限制豬肉及其相關產品。詳言之，在南韓、新加坡、馬來西亞、印度、科威特等國禁止或限制來自疫區國家的豬肉進口時，美、加、墨、巴、日、紐、澳與EU等WTO會員先後向這些實施豬肉貿易限制的國家提出抗議。[24]WHO甚至為了避免因「豬流感」的名稱所可能導致之國際市場豬肉銷售下滑，改以A型流感（Influenza A, H1N1）為名。諷刺的是，工業化養殖過程中許多不當對待豬隻的方式就是導致豬流感爆發的元凶，但因為上述美、加、巴、紐、澳等國是肉品輸出的貿易大國，使得WHO在維繫全球公衛安全的立場上出現鬆動。[25]

大流行結束）。詳見：https://www.who.int/mediacentre/news/statements/2009/h1n1_pandemic_phase6_20090611/en/; https://www.who.int/mediacentre/news/statements/2010/h1n1_vpc_20100810/en/.

[22] 詳見：https://www.ecdc.europa.eu/en/seasonal-influenza/2009-influenza-h1n1-timeline.

[23] 詳見：https://news.un.org/en/story/2009/04/298432-un-notches-swine-flu-pandemic-alert-level-5.

[24] "Members Discuss Trade Responses to H1N1 Flu," *WTO: 2009 NEWS ITEMS*, June 25, 2009, https://www.wto.org/english/news_e/news09_e/sps_25jun09_e.htm.

[25] Catherine Z. Worsnop, "Domestic Politics and the WHO's International Health Regulations: Explaining the Use of Trade and Travel Barriers during Disease Outbreaks," *Review of International Organizations*, Vol. 12, No. 3 (September 2017), pp. 365-395.

　　禽流感是一種病毒引發之禽鳥類疾病，禽鳥物種一旦感染往往致死率偏高。有些禽流感的病毒會跨物種傳染給人類或其它動物，並具有造成死亡的風險，例如H5N1。[26] H5N1型流感自2003年底至2004年之間在亞洲多個國家境內開始爆發，隨後於2005年至2006年間，陸續在中東、歐洲、非洲等地擴散。[27] H5N1型流感通常不會傳染給人類，但自2003年底開始，WHO陸續接獲人類感染H5N1型流感之病例通報，其中又以孩童及少年的案件數為大宗，且多數曾直接或間接碰觸已帶原H5N1流感病毒的禽鳥，或曾處於受病毒污染之環境，像是雞舍。病理學上，目前僅有少數人傳人之禽流感案例，就算有也多半是家人長期共居的情況。儘管如此，因所有的流感病毒均可能發生變異，因此流行病學專家不斷警告H5N1型流感不無可能出現變異且在人與人之間迅速傳播。果不其然，WHO從2013年到2020年陸續接獲通報，確認中國已出現近50例的H9N2型禽流感，已確診個案發病前皆曾有禽鳥類的接觸史或住家附近有飼養活禽的場所。

　　台灣約莫是在2003年底首次發現禽流感，之後至今已連續十八年皆有相關疫情發生，有些年份的災情還特別嚴重，撲殺的禽隻數逾數十萬，而經濟損失更是破數十億。密閉又密集的飼養方式不僅有利於病毒的傳布，也同時促成病毒的變異。此外，長期單一品種的人為育種飼養也容易導致禽隻免疫系統的弱化。動物科學家李淵百曾指出，台灣飼主非開放式的工業化養殖讓禽流感爆發的風險居高不下。由於養殖密度過高，許多禽隻飼場又離馬路很近，一旦爆發疫情就會難以控制，而且也容易跨物種傳染。

26　病史上第一次記載因得到禽流感病毒而致死的案例發生在1997年的香港，當時發現禽流感病毒H5N1可跨越物種從家禽傳染給人類，並引發患者呼吸系統的弱化或失能。

27　禽流感病毒分為幾種，1996年後全世界共有九種禽流感病毒有人類確診病例，例如曾引發大流行的H5N1、從2013年到現在都還有病例的H7N9等。99%的H7N9病人集中在中國大陸，台、港、馬來西亞只有零星病例。

肆、工業化下疾病頻生的反省

　　2016年有一本專書對農牧工業化與傳染性疾病之間的關聯性做了很深入的討論，[28]當中許多內容即便放在2020年的COVID-19疫情也同樣適用，特別是對於人畜共通疾病的探源提供今日受苦於疫情的我們，一個反省方向。

　　從狂牛症、COVID-19，到許多本章未來得及介紹之人畜共通傳染性疾病，這些病毒的進化和傳播並不是隨機或偶然的。事實上，如果沒有我們人類的經濟活動，這些如今能夠威脅我們人類社會安全的致命性病毒其實原本在它們棲地宿主身上的致病性或致死率都非常低。然而，無論是個別國家的疾病防治或是集體的全球公衛治理，所聚焦抑制這些人畜共通傳染性疾病的方法皆是疫苗或藥物的研發，而不是去反省人類自己對於環境生態系統的藐視或以人類為中心本位的擷取資源行為。但如果不去反省這些破壞自然界的經濟活動，我們要如何觀察到驅使病毒走向人類社會的力量就是人類自己對於財富與物質的貪婪。

　　另一個值得提出的反省是，以研發疫苗或藥物為主軸的公衛政策究竟保全了「誰的」安全？批判理論的安全研究者認為，跨國藥廠像是輝瑞（Pfizer）、諾華（Novartis）、阿斯特捷利康（AstraZeneca）才是真正的獲利者，因為沒有病毒的世界就意謂著沒有可銷售藥品獲利的國際市場。因此，與其提醒人們敬畏自然或尊重野生物種的存活權利，不如鼓勵、參與或投資各種經濟開發和生產活動，讓世人對於藥物的需求始終維持在一定水平。這是一種服務於問題，而非解決問題的思維，也是自由放任市場中資本主義的運作邏輯。學者Robert Wallace不只一次在他的研究中揭露疾病的流行與傳播是資本主義及農牧工業化的固有問題。[29]跨國公司採用密集性的工

---

[28]　Robert Wallace, *Big Farms Make Big Flu: Dispatches on Infectious Disease, Agribusiness, and the Nature of Science* (New York: Monthly Review Press, 2016).

[29]　Robert Wallace, *Neoliberal Ebola: Modeling Disease Emergence from Finance to Forest and Farm*

業化農牧模式作爲自身追求利潤最大（或成本最低）的策略，但全然枉顧動物福利，甚至還以遊說的方式要求國籍母國爲其營造有利於商業活動的國際商業規範。[30]的確，工業化下的農牧生產力是倍增的，消費者對「大食物」（big foods）的需求也可以獲得滿足，[31]但這些成果的代價是人類社會全體得犧牲掉環境品質與公共衛生，活在一個共病時代。

　　農牧生產方式的高度工業化提升了病毒傳染的機率，而跨國農牧企業藉由全球食品貿易使這樣的風險加劇。所以，表19-1中人畜共通傳染性疾病的出現與疫情爆發頻繁化的深層原因並非某個發展中國家或是從事第一級產業的鄉村小鎮的某座農場或某位飼主疏忽了衛生流程的某個環節那麼簡單，而是隱身在跨國資本流動與農牧產品越境轉移背後那些看似與第一級產業無關的企業主或股東的唯利是圖。資本主義引導下的經濟活動才是各式人畜共通傳染性疾病長期無法被有效治理的病灶；從這樣的反省，甚至是反思與批判的角度來看，COVID-19疫情的爆發其實具有意義非凡的價值，提醒我們在國際交通與全球貿易越來越頻繁、自然棲地逐漸縮小或消逝，以及病毒可能快速變異的風險下，強化預防傳染病的公衛機制應列爲國家身處共病時代中的優先目標，[32]並且把發展經濟所獲得之利益與傳染性疾病爆發後造成的損失納入一國整體經濟的評估。

(New York: Springer, 2016).

[30] Wei-En Tan, "WTO and the Trade Liberalization-Animal Welfare Conflict: The Clever Political Economy behind International Institutions," *International Journal of Political Science*, Vol. 4, No. 3 (2018), pp. 42-48.

[31] Michael Pollan, "Big Food Strikes Back: Why did the Obamas Fail to Take on Corporate Agriculture?," *New York Times Magazine*, October 9, 2016, https://www.nytimes.com/interactive/2016/10/09/magazine/obama-administration-big-food-policy.html.

[32] 陳美霞，〈病毒無祖國——新流感與跨域治理〉，《臺灣民主季刊》，第6卷第2期（2009年6月），頁211-218。

伍、結語

　　若要說歐美國家因為沒有經歷過SARS疫情，以致對COVID-19的因應缺乏經驗，所以才會受創嚴重，著實並非精確和經得起檢驗之解釋。因為稍有歷史常識者皆知，歐洲大陸已經驗過數次大型的瘟疫，根本不欠缺與病毒對戰之經驗。美洲大陸發生疫情的次數雖然無法與歐洲大陸相比，但十五世紀至十六世紀伴隨西班牙探險者的造訪而同步登臨美洲大陸的天花、麻疹、結核病，足以駁斥上開認為美洲「缺乏經驗」的論點。既然如此，究竟是什麼原因導致這些經濟水平較高，醫療水準又領先的歐美國家在2020年這場疫情中淪陷呢？本章對此問題提供了一些可能的答案。

　　首先，是人定勝天的科學迷思，或者說是倚恃科學的人類自我中心觀。科學不是萬能的，而擁有科學也並非行事可以毫無節制。恣意向地母取用資源的結果，是招來大自然的反撲；破壞人類與其它物種共存於生態體系中的和諧，是導致共病時代降臨的主因。其次，是將農牧業過度工業化；農牧活動的產出不僅與自然環境息息相關，也與人們日常生活的必要需求緊扣。農牧產品不像一般消費性的商品，可以用規模經濟與單一化生產的概念來操作。不幸的是，資本主義下的市場結構讓農牧活動逐漸企業化，把農牧產品完全等同一般消費品，破壞了生產者與自然環境的和諧關係，也讓生產者與消費者相互間萌生彼此仇視的文化。第三，是貿易全球化這隻同時將自然生態與人類社會推往火坑之手；全球化並非全然不好，但其推動的競爭是破壞性大於建設性。而貿易自由化也並非一無是處，但為了讓更大量的資本流動，環境的保護、勞工的權益，以及消費者安全都退居次位，眾多國家不惜開啟「逐底」（race to the bottom）模式來吸引外資。[33]

　　簡言之，不當使用科學去攫取自然資源與從事農牧活動，並將這樣的行為透過貿易全球化廣傳於世，造就了一個共病時代。一方面人類與動物有著

---

[33] 譚偉恩，〈競峰或逐底？論企業對食安相關管理規範之偏好〉，《月旦法學雜誌》，第270期（2017年11月），頁120-122。

越來越多的共通疾病；一方面地理上不同洲際大陸上的國家越來越容易相互傳播病毒給對方。全球化下的共好部分被極少數的菁英階層占有壟斷，而全球化下的共病惡果卻是有普遍多數的庶民百姓集體承擔。

第二十章 澳洲、紐西蘭和南太平洋島國的現況發展

劉泰廷

壹、前言

在世界上的區域裡，涵蓋南太平洋地區的大洋洲（Oceania）常被許多觀察者忽略，以至於就國際關係而言，該地區一直以來無法吸引太多觀察者的興趣和目光。儘管居區域領導地位的澳洲在經濟發展上不亞於加拿大和義大利，甚至其在過去十年的經濟表現更優於兩國，澳洲並不在七大工業國組織（G-7）之列，在二十國集團（G-20）裡，其地位也僅與墨西哥、阿根廷、土耳其、沙烏地阿拉伯、南韓和印尼等「重要經濟體」相當。另一方面，鄰近澳洲的紐西蘭，在2020年因為對抗新型冠狀肺炎（COVID-19）而吸引國際社會的關注以前，其也長期受邊緣化，無法喚起觀察者對該國的興趣。其他位於南太平洋地區的島嶼國家，包括巴布亞紐及內亞、斐濟、索羅門群島、吉里巴斯、馬紹爾群島、帛琉、諾魯、吐瓦魯、新喀里多尼亞、法屬玻里尼西亞、萬那杜、薩摩亞、東加、庫克群島、紐埃、復活節島和密克羅尼西亞等，除了巴布亞紐及內亞以外，其他島國則因為領土面積小和人口數少等「先天」因素，長期不在國際關係的討論內。畢竟現實主義強調權力並聚焦在少數能夠影響體系的大國，由許多中小型國家所組成的大洋洲，很難獲得觀察者的青睞。

然而，近年隨著中國崛起，大洋洲的重要性似乎有所提升，無論是中國在澳紐兩國的鉅額投資，或是習近平訪問斐濟並在該國與南太平洋島國舉行高峰論壇，提升與南太平洋地區的夥伴關係，每每都暫時吸引各方觀察者的目光。此外，中國近年在澳紐地區的銳實力攻勢，也讓各國開始對中國產生戒心，並對中國崛起的影響展開辯論。另一方面，氣候變遷和全球暖化也讓

大洋洲備受矚目，因為例如2020年澳洲森林大火造成雪梨和墨爾本等大城天空染紅、雨季造成豪雨成災、海平面上升造成吉里巴斯等島國出現所謂的「氣候難民」（climate refugee）等，近年最極端的氣候現象及影響，皆出現在大洋洲。有鑑於此，本章將試從批判理論分析大洋洲的發展，並從批判地緣政治、安全化理論和批判國際政治經濟學等視角討論此區域當前所面臨的挑戰，以期對近未來國際關係發展的啟示。

貳、批判地緣政治視角下的大洋洲

　　就國家發展的角度而言，位於南半球的澳洲和紐西蘭，長期處於某種和區域內多數國家格格不入的狀態。與鄰近兩國的太平洋島國相較，澳紐兩國的經濟發展程度或許因為天賦異稟的關係，在區域內無可挑戰——兩個區域大國引領20多個物資貧乏，個別人口數均落在數萬到數十萬人不等的「迷你型國家」（micro states）。[1] 南北關係傳統上提供的見解是，位於赤道以南的國家發展程度較低，同時也因為緯度的關係，較有利於農業生產，因此在歷史的發展過程中，長期屬於被支配或統治的殖民地位。但至少就澳洲來說，其迄今發展足以和許多工業化國家比擬，在南半球的世界裡，或許只有印尼、南非和巴西等三國在經濟發展程度上能與澳洲抗衡。儘管新加坡的經濟表現世人有目共睹，但作為「城市國家」，其特殊性不易比較。

　　很多時候，澳紐兩國更常被歸納在「亞太」（Asia Pacific）的架構下進行思考，儘管以澳紐為首的大洋洲國家在文化上與亞洲國家不盡相同，甚至與美洲地區國家也有若干差異。例如西方觀察者傳統上習慣以儒家文化作為理解亞洲的概念，認為在儒家的指導下，亞洲人民更擁有勤奮向上、刻苦耐勞和儲蓄等美德，而這些價值正是帶動亞洲經濟成長的關鍵所在。另一方

1　根據蔡東杰的統計，南太平洋地區共有27個主要的迷你型島國。見：蔡東杰，〈南太平洋區域組織發展〉，《台灣國際研究季刊》，第3卷第2期（2007年），頁2。

面，「亞太」連結了環太平洋地區的所有國家，以海洋作爲連結國家的核心
概念，然而，世界另一端的大西洋並沒有相對應的概念。1989年，澳洲推
動了「亞太經濟合作會議」（Asia Pacific Economic Cooperation, APEC），
從此便與亞洲產生斬不斷的關係。2008年，美國歐巴馬政府採取「重返亞
洲」政策，國務卿希拉蕊（Hillary Clinton）更於2011年撰文宣告，二十一
世紀將是美國的太平洋世紀，而華盛頓將在其間扮演重要的領導者角色。[2]
美國再次確立了「亞太」一詞的地位。

　　無論如何，除了某種牽強的地緣連結以外，澳紐兩國（和美國）在語
言、文化、傳統等各方面皆與亞洲國家不同，因此在建立和亞洲的連結時，
其論述難免顯得單薄，周邊的亞洲鄰國大致上也不接受澳紐兩國爲亞洲的一
部分。在這種情況下，唯有試圖擺脫傳統地緣政治上由邊界所設下的桎梏，
方能開始想像和觀察到澳紐兩國和亞洲之間的緊密連結。正如John Agnew
指出一般，主流的國際關係理論傳統上把國家視爲固定的（fixed）個體，
進而陷入所謂的「領土陷阱」（territorial trap），即國家在地緣政治上的推
論和作爲，基本上都圍繞在其疆域不動，在世界上占據某個獨特的地理位置
的假設上進行延伸。[3]但如此視角忽略了不斷穿越邊界的各種流動，進而忽
略形塑全球化和國際關係發展的重要力量，也使傳統地緣政治的內容顯得陳
舊和狹隘。

　　若解構澳紐的地緣限制，可發現澳紐兩國和其他英語國家之間存在某
種「想像的共同體」（imagined community）。或許因爲文化傳統和價值觀
相近，澳紐兩國得以和英國、美國及加拿大共同組成情報交換團體「五眼聯
盟」。而回溯到冷戰時期，爲了抵禦共產主義的侵襲，美國和澳紐兩國簽署
《太平洋安全保障條約》（ANZUS），共同組成反共陣線。在日本和美
國的領導下，澳洲和印度於2017年加入「四方安全對話」（Quadrilateral

2　　Hillary Clinton, "America's Pacific Century," *Foreign Policy*, October 11, 2011, https://foreignpolicy.com/2011/10/11/americas-pacific-century/ (accessed January 26, 2021).

3　　John Agnew, "The Territorial Trap: the geographical assumptions of international relations theory," *Review of International Political Economy*, Vol. 1, No. 1 (1994), pp. 53-80.

Security Dialogue, Quad），重新爲了共同的自由民主價值，在軍事上展開合作。另一方面，就區域整合而言，澳紐兩國和亞洲13個國家共同組成區域全面經濟夥伴協定（Regional Comprehensive Economic Partnership, RCEP），再度突顯亞太主義。澳紐兩國不僅和周邊的亞洲國家擁有共同的經濟利益，其也因爲大量的亞洲移民，而和亞洲產生連結。根據澳洲政府2019年的統計，中國是澳洲第二大的移民來源國，僅次於英國。在紐西蘭，亞裔是第二大的少數族群，僅略低於毛利人，中國人是主要的少數族群。[4]

　　整體而言，相較加拿大在美洲大陸上清楚的地緣位置，澳洲和紐西蘭作爲島國，兩國在與東西方進行連結時，可選擇性地強調或突顯不同特徵。然而有趣的是，或許也因爲澳紐如此具「包容性」的特徵，當東西交惡的時候，澳紐兩國便陷入尷尬的境地。儘管澳紐在文化上較親近英美加等國，但在經濟上與亞洲緊密結合的情形下，兩國在面對中美兩國競爭時，不願意「選邊站」的立場與多數亞洲國家相似。希望兩面討好的立場讓澳洲外交政策顯得搖擺不定。例如，在澳中經濟上友好的情形下，坎培拉在2015年同意把位於澳洲北部的達爾文港（Darwin Port）租借給中國的嵐橋集團，進而引起華盛頓的關注和擔憂，因爲港口附近設有美軍基地，而美國的艦艇也定期在此停靠和進行任務。[5]2020年全球新冠肺炎疫情爆發，澳中關係同時間急轉直下。不滿澳洲堅持調查肺炎源頭，中國以不鼓勵國民前往澳洲留學和觀光回應，並抵制煤炭、紅酒和小麥等出口，試圖重創澳洲經濟。儘管如此，中國仍是澳洲重要的貿易夥伴，並可望在近未來的經濟表現上超越美國。澳洲該如何回應來自中國的壓力，值得進一步觀察。

4　Department of Home Affairs, "Country Profile-China," https://www.homeaffairs.gov.au/research-and-statistics/statistics/country-profiles/profiles/china (accessed January 26, 2021).
5　見：盧文豪，〈美國亞太「再平衡」戰略下澳洲軍事部署戰略意涵探討〉，《國防雜誌》，第30卷第2期（2015年），頁1-22。

參、安全化視角下的南太平洋島國

　　有鑑於國際政治很大程度上是大國或強權之間的遊戲，由10,000多個島嶼所組成的南太平洋地區，或許除了澳洲和紐西蘭以外，其他島國皆不是各方觀察者會留意的重點。又由於島國四面環海，不僅沒有令人垂涎的天然資源，其也因為人口、領土、氣候和地理位置等各方面限制，經濟發展有限，淪為世界上最貧窮的地區之一。但值得關注的是，隨著全球暖化和氣候變遷在後冷戰時期的重要性提升，在其影響遍及全人類的情形下，南太平洋島國未能因為處於邊陲地帶而倖免於難，反而因為先天條件不佳，成為受氣候變遷和極端氣候影響最鉅的地區之一。對於大國的過度關注讓南太平洋島國長期受世人忽略，也讓氣候變遷對南太平洋地區所造成的衝擊，始終無法吸引太多的注意力。

　　就某個角度而言，拜澳紐兩國的發展所賜，大洋洲仍能夠在國際關係裡占有一席之地，並贏得國際媒體的青睞。但在澳紐之外的南太平洋地區究竟如何發展，真正理解的人並不多。在相關研究有限的情形下，屬哥本哈根學派的安全化理論提供了一個能用於了解南太平洋地區發展的途徑。相較於多數國家糾結在權力的纏鬥中，南太平洋島國的特殊性使其幾乎能與世無爭，把所有精力貫注在國家發展即可，不需要太擔心戰爭或其他傳統安全上的風險。弔詭的是，南太平洋島國在某種程度上須面對的挑戰更大，因為其面臨的主要威脅未必來自其他國家，而是來自於力量更強大的大自然。在海平面上升和極端氣候的衝擊下，部分南太平洋島國已面臨被大自然消滅的危機，進而造就「氣候難民」的新現象。[6]

　　無視圍繞氣候變遷的辯論，隨著全球暖化的情形惡化，近年澳紐不僅更頻繁地出現威力更強的野火和豪雨等天然災害，造成嚴重的經濟損害，海平面上升更嚴重危及南太平洋島國的存亡。全球暖化的主要影響之一是極

6　關於氣候難民的討論，參見：李玫憲、洪銘德，〈當前歐盟氣候治理策略的發展與挑戰──從氣候難民問題分析〉，《政治學報》，第52期（2011年），頁1-28。

地冰川和冰蓋的急速消融，進而促成海平面上升和生態環境的改變。根據聯合國政府間氣候變化專門委員會（United Nations Intergovernmental Panel on Climate Change, IPCC）指出，自1993年起，全球海平面以每年3.2公釐的速度上升，造成沿岸和低窪地區淹沒，衝擊許多人的居住安全。對於陸地有限的南太平洋島國而言，海平面上升如同雪上加霜，進一步增加島民的生存壓力。

　　吉里巴斯目前已面臨來自海平面上升的衝擊。在海平面上升的情形下，吉里巴斯轄下的Abanuea和Tebua Tarawa島已淹沒。儘管Abanuea和Tebua Tarawa島皆無人居住，但隨著島嶼淹沒，實際上的影響是吉里巴斯的領土面積減少，島民能居住的範圍也跟著變小。於此同時，威力加強的颶風造成海水倒灌的情形更頻繁，進而污染當地的儲備用水，並造成作物損害和住所進水等影響。為了吉里巴斯的生存，前總統湯安諾（Anote Tong）在國際上奔走，並努力爭取國際認同和援助，希望使國際社會更加關注氣候難民議題。氣候難民議題的安全化讓湯安諾在任內提出乍聽之下顯得荒謬的概念。例如湯安諾採取所謂的「尊嚴移居」（migration with dignity）政策，並在2014年向鄰國斐濟購買6,000畝地，用於耕作和投資。此舉可謂史無前例。而更值得關注的是，因為海平面上升的生存危機，使得吉里巴斯不得不採取極端手段，並設想有朝一日可能需把全國人民移往他國。長期以關注大國為主的國際關係學科，對於氣候難民現象無法提供太多解釋。除了吉里巴斯，吐瓦魯、馬紹爾群島、馬爾地夫和諾魯等島國也面臨來自海平面上升的挑戰。

　　另一方面，氣候難民議題也突顯在部分非傳統安全議題上，以國家作為主要回應單位時可能面臨的問題。2011年，移居紐西蘭四年的吉里巴斯男子泰提歐塔（Ioane Teitiota）因為逾期滯留而被逮捕，其在2013年以氣候難民為由向紐西蘭政府尋求庇護。然而經過紐西蘭高等法院審理後，基於一、當事人在返國後並不會立即受到迫害，因此不符合聯合國難民公約關於難民的定義；以及二、沒有證據顯示吉里巴斯政府無法保護國民免於氣候變遷的威脅等，泰提歐塔的上訴被駁回，其也在2015年遭紐西蘭政府驅逐出境。

2017年，兩個來自吐瓦魯的家庭以海平面上升造成飲用水缺乏，以及國內失業問題嚴重等兩項理由，同樣向紐西蘭政府尋求庇護，但其申請最後還是慘遭駁回。

　　或許是隨著全球暖化和其衝擊不斷地惡化，南太平洋島國的氣候難民問題近年獲得越來越多來自聯合國和澳紐兩國的關切。儘管1951年簽署的《聯合國難民地位公約》（*Convention Relating to the Status of Refugees*）並未提及氣候變遷可作為申請庇護的原因，但在氣候變遷改變全人類生活和國際秩序的情形下，從另一個角度思考問題有其必要。就泰提歐塔的案例，聯合國人權事務委員會在2020年做出具有里程碑意義的裁決，認為若有人因為氣候變遷或氣候相關的緊急狀況而使其生命受到直接威脅，繼而越境前往另一個國家，後者不應該將其遣送回去，因為這樣做可能對流離者造成危險。因為氣候變遷而流離者，其生命近似處於戰爭或迫害中。[7]

　　泰提歐塔案不僅讓許多人開始關注和意識到氣候變遷的影響，也使紐西蘭和澳洲政府更積極地思考和提出回應政策。拜安全化所賜，紐西蘭前氣候變遷大臣James Shaw在2017年宣布，紐西蘭政府將發放「實驗性的人權簽證」（experimental humanitarian visas）給受到氣候衝擊而被迫流離的太平洋島國居民。[8]儘管簽證計畫最後未能落實，但此構想在某種程度上影響紐西蘭的氣候意識。例如現任總理Jacinda Ardern曾在2019年的聯合國氣候行動高峰會上指出「海平面上升是大洋洲最大的挑戰之一」，並認為位於太平洋的紐西蘭必須善盡作為區域一分子的責任。

---

[7]　IOM, "Position by Human Rights Committee Opens Possibility for Dignified Migration in the Context of Climate Change," https://weblog.iom.int/position-human-rights-committee-opens-possibility-dignified-migration-context-climate-change (accessed January 21, 2021).

[8]　Nina Hall, "New Zealand: a global leader on climate and displacement?," Asia and the Pacific Policy Society Policy Forum, June 25, 2019, https://www.policyforum.net/new-zealand-a-global-leader-on-climate-and-displacement/ (accessed January 26, 2021).

肆、反思澳洲和紐西蘭的國際地位

如同前言所暗示的，儘管澳紐兩國可能在傳統的想像中屬西方陣營的成員，但兩國無論就麥金德的心臟地帶理論或澳紐離歐洲和北美洲的實際距離而言，均處於「邊陲地帶」。因此兩國的國際地位始終處於某種不高不低的狀態，即兩國皆屬於先進的工業化國家，但均不在強國之列，反而在某種程度上始終被大國的陰影壟罩。發展至今，若說澳紐兩國是純粹的西方國家，實際上也不正確，因為兩國皆曾經歷過大英帝國統治時期，在第二次世界大戰中因為反共而和美國結盟，目前則努力在中美兩國的博弈中求生。如此的發展路徑讓澳紐兩國的發展經驗和許多亞洲國家相差不遠，甚至接近新加坡的發展經驗。有趣的是，儘管新加坡的官方語言是英文，其也不會被視為是西方國家，而澳紐兩國也因為文化傳統等原因，傳統上不會被視為是東方國家。

一、中型國家和準聯盟關係

有部分觀察者把澳紐兩國定義為所謂的「中型國家」（middle power），以和大國及小國做出區隔。由於中型國家都有經濟表現優渥，政治和軍事影響力不及大國的特徵，因此在同樣面對來自大國的挑戰時，兩國在策略上皆有採取等距外交或平衡的傾向。根據國際貨幣基金（IMF）2020年的估算，澳洲是全球第十三大經濟體，紐西蘭則是全球第五十二大經濟體。根據「全球軍力網」的計算，在有資料的138個國家中，澳洲名列第十九名，紐西蘭則排第八十四名，[9]兩國的軍事能力和經濟體規模似乎不成比例。就現實主義的角度而言，澳洲較紐西蘭接近中型國家的定義，後者在軍力上基本上是小國。此視角也突顯主流國際關係理論的不足，即無法解釋澳紐兩國在國際關係中的定位，以及兩國的抉擇是否皆依循現實主義的權力原則進行。或許就某個角度而言，Quad納入澳洲而不納入紐西蘭的原因也在於後

---

9 Global Firepower, http://www.globalfirepower.com (accessed January 26, 2021).

者的軍力較弱，儘管後者是蓬勃發展的民主國家。

　　1769年至1770年，英國探險家James Cook分別探索紐西蘭的海岸線和澳洲東岸，爲大英帝國的未來統治留下伏筆。帝國海軍在1788年進入植物學灣（Botany Bay），並在澳洲建立放逐罪犯的流放地。1840年，大英帝國則與紐西蘭的毛利人部落簽訂《懷唐伊條約》（*Treaty of Waitangi*），正式地把紐西蘭納爲殖民地。整體而言，可說澳紐兩國晚自十九世紀中期起，即開始接受來自英國的影響，甚至兩國國旗到今天仍保留英國的國旗圖像，象徵英國過去的殖民歷史。不同於許多亞洲國家在十九世紀末期開始接受日本殖民統治後所出現的大規模抗爭和衝突，澳紐和英國之間並沒有太多的波瀾，兩國人民更在兩次世界大戰中支援英國，在第二次大戰後與美國建立同盟關係，時至今日成爲英美兩國最堅實的夥伴。1967年，紐西蘭史學家David William McIntyre提出CANZUK（Canada, Australia, New Zealand, United Kingdom）的概念，意即加拿大、澳洲、紐西蘭和英國等四國因爲文化傳統相近，應該深化爲某種政治和經濟聯盟。[10]McIntyre的概念在2015年獲得響應──旅居加拿大的英國民間人士James Skinner在溫哥華創立「CANZUK國際」組織，其宗旨在於推動四國內人員的自由流動、自由貿易協定和外交合作。儘管尚未成形，但包括紐西蘭總理Jacinda Ardern和加拿大總理Justin Trudeau等領導人，皆認同CANZUK國家應該深化經濟交流。

二、中國崛起和中美競合的挑戰

　　隨著中國在二十一世紀的快速崛起，如同日本、韓國、新加坡和菲律賓等亞洲國家一般，澳紐兩國在對外關係的抉擇上，逐漸和中國建立起緊密的互動關係，在中美兩國之間落實某種等距外交的策略。或許因爲地緣關係，即使中國的文化傳統和價值觀與澳紐兩國有所落差，中國的經濟發展和廣大的市場仍把大洋洲和中國的距離拉近。2016年，前澳洲總理Malcolm

---

[10] 關於CANZUK，參見：Duncan Bell and Srdjan Vucetic, "Brexit, CANZUK, and the Legacy of Empire," *The British Journal of Politics and International Relations*, Vol. 21, No. 2 (2019), pp. 367-382.

Turnbull率2,000人的政府和商業代表團赴中國訪問，由此可見澳洲對中國的重視。2019年，現任紐西蘭總體Jacinda Ardern也出訪中國，並希望兩國能加強關係，改善雙方既有的自由貿易協定。

無論如何，長期以來作為美國堅實盟友的澳紐兩國，面對中國崛起帶來的國際秩序轉變，兩國努力地在中美的競合關係中尋找微妙的平衡點。在地緣關係使澳紐難以忽視中國而獨立發展的情形下，兩國必須密切關注中美關係發展的動態，以追求最大的國家利益，因為中美之間的矛盾往往迫使其他國家需要做出「選邊」的兩難。對澳紐而言，2016年在某種程度上是關鍵的一年。隨著美國從歐巴馬過渡到川普政府，澳紐兩國發現，美國外交政策似乎變得難以捉摸，對於亞太地區盟友的承諾似乎也有些鬆動。在美國的轉變把澳紐更向中國推的同時，其在南海地區和中國之間的戰略競逐，以及自2019年展開的貿易戰，皆間接地影響大洋洲的安全和經濟發展。美國對中政策從競合到衝突的調整，使澳紐需選邊的壓力倍增，儘管弔詭的是，與任何大國靠攏皆不是澳紐的最佳策略，而川普政府的轉變也使中國頓時成為更能預期的維持現狀者。

2020年，COVID-19疫情的爆發不僅打亂國際秩序的發展，也擾亂澳紐兩國和中國之間的關係。在南海衝突和貿易戰的背景下，自武漢爆發的CO-VID-19疫情為中美競爭又增加一項可發揮的議題，兩國也隨著疫情升溫而互相指責。疫情流行嚴重衝擊澳洲，紐西蘭則因為防疫有成，蒙受的損失沒有澳洲來得嚴重。在疫情高峰期，澳洲決意進入武漢調查疫情源頭，儘管中國拒絕所有外國團隊進入該地區進行調查。此舉使澳中兩國交惡——澳洲和美國等懷疑中國的國家共同斥責中國隱匿疫情和透過孔子學院等工具進行滲透，中國則以經濟制裁回應，取消自澳洲進口小麥、紅酒、龍蝦和煤炭等。由於澳洲的近年成長有很大一部分依賴中國市場，因此制裁導致澳洲經濟惡化，在疫情延燒期間無疑雪上加霜。紐西蘭雖然未捲入中澳之間的齟齬，但作為與澳洲的情形相仿、同樣依賴中國的國家，不難想像其尷尬的處境。

有趣的是，澳紐和包括中國在內的13個國家在2020年完成RCEP協商，促成亞太地區最大的多邊整合計畫。在澳中關係低迷的時候，經濟合作不盡

然和政治衝突有關，兩者能分開處理。「政經分離」是許多區域內國家應對中國的方式，從而使澳紐兩國更像是區域內國家。然而澳紐不在由日本主導的CPTPP計畫中，目前似乎也無意參加其他整合計畫。這是否意味澳紐其實早已察覺到國際秩序的轉變，澳中關係未來有轉圜的空間，值得進一步觀察。

三、女性領導的先進國家

呼應近年女性領導人在國際政治中崛起的現象，澳洲和紐西蘭分別在2010年和2017年由Julia Gillard和Jacinda Ardern接任國家元首。儘管兩位女性領導人在某種程度上知名度不如德國領導人Angela Merkle，或因為英國脫歐而被推到鋒頭浪尖上的Teresa May，但在大洋洲地區相繼出現女性元首的特殊現象仍值得關注，並思索此發展對於國際關係的啟示為何。

在2010年Julia Gillard遞補Kevin Rudd（陸克文）成為總理以前，澳洲史上並沒有出現過女性元首。Gillard不僅是澳洲第一位女總理，其同時也是首位擔任過副總理和最大執政黨黨魁的女性政治人物。Gillard任內在教育、女權和亞洲政策上有積極貢獻，對於澳洲過去十年的發展有重要影響。相較前任的陸克文，Gillard把執政重點擺在國內，並在任內減少國防和外援支出，以修復因全球金融危機而低迷的經濟發展，以及把更多資源投入教育和醫療等項目。2012年，Gillard提出《亞洲世紀白皮書》（*Asian Century White Paper*），定調了澳洲在新世紀面對中國、印度和東協等重要行為者的外交戰略架構。此份白皮書某種程度上呼應了當時美國的亞洲再平衡戰略，並透露出Gillard政府關注到中國崛起和區域秩序的變化，以及澳洲應該如何就情勢發展做出積極回應。

身為女性並且未婚未生子，Gillard與白人男性為主的政治場域格格不入，其身分也讓政敵能大做文章和恣意攻擊。此外，Gillard也是無神論者，此特徵和以信奉基督教為主的澳洲也不符合。因此儘管身為首位女元首，她認為自己並未從中得到任何好處，反而承受了所有的重擔。無論如何，Gillard在推動女權發展上確實有所貢獻，也突顯傳統父權結構對於女性的打

壓。2012年10月9日，在面對來自在野黨黨魁Tony Abbott關於性別歧視的指控時，Gillard憤怒地說她「不會聽眼前這個男人說教，指點她關於性別歧視和厭女症的種種……若他想知道厭女症在澳洲長什麼樣子，他不需要議會的決議，他需要的是一面鏡子。」[11]Gillard當天發表的演說成為著名的「厭女症演說」（Misogyny Speech），並獲得廣大國際社群和女性主義者的認同和迴響。

　　Gillard除外，鄰近的紐西蘭也在2017年選出女總理Jacinda Ardern。值得一提的是，Ardern並不是紐西蘭史上第一位女元首，在1997年到2008年間，紐西蘭分別由Jenny Shipley和Helen Clark擔任總理，因此也締造了放眼全球罕見的連兩任女總理的特殊情形。而此發展讓人驚訝的原因，正是因為政治長期以來由男性主導。無論如何，在37歲時接任總理的Ardern是史上最年輕的女性領導人。這一系列發展在某種程度上造就了紐西蘭的特殊性。根據世界經濟論壇（World Economic Forum, WEF）2020年的性別報告，紐西蘭在兩性平權方面名列全球第六，僅次於冰島、挪威、芬蘭和瑞典等北歐國家和尼加拉瓜，領先大多數的歐美國家。[12]1895年，紐西蘭成為世界上第一個女性能在國會中投票的自治國家。2020年紐西蘭議會的120席中，58席為女性，可說兩性在議會中的比例幾近平等。

　　就某個角度而言，或許因為女性十分踴躍地參與政治，紐西蘭也樹立了有別於部分西方大國的良好國際形象。例如，相較參與Quad的澳洲和美國，紐西蘭似乎更傾向於透過更平和的方式處理和其他國家之間的競爭。如此傾向是否和女性有關，值得進一步推敲。而回顧歷史，可發現紐西蘭的和平形象其來有自。1987年，紐西蘭政府通過《無核區、裁軍和軍備管制法》（*Nuclear Free Zone, Disarmament and Arms Control Act*），把其領

[11] "Transcript of Julia Gillard's Speech," The Sydney Morning Herald, October 10, 2012, https://www.smh.com.au/politics/federal/transcript-of-julia-gillards-speech-20121010-27c36.html (accessed January 26, 2021).
[12] 參見：World Economic Forum, *Global Gender Gap Report 2020*, http://www3.weforum.org/docs/WEF_GGGR_2020.pdf (accessed January 26, 2021).

空、領地和領海等範圍無核化。管制法引起美國不滿，並促使美國擱置在ANZUS下所有對於紐西蘭的協防承諾。有鑑於管制法，紐西蘭禁止核動力或裝載核武器的軍艦進入國家海域或停泊在國家港口。無核政策迄今依然是紐西蘭外交政策的重要部分。於此同時，對核能的排斥讓紐西蘭不進行核相關研究，也不興建核能發電廠，儘管管制法裡並無明文規範。就理論的意義而言，拒絕核技術讓紐西蘭免於陷入安全困境，也讓紐西蘭能持續保護自然環境。

　　另一方面，面對COVID-19疫情的挑戰，紐西蘭在工業化國家中一枝獨秀的表現，不禁引導我們思考：女性領導人是否更有能力處理公共衛生問題？紐西蘭除外，蔡英文領導的台灣是另一個防疫有成的例子。由於公衛問題跟醫療有關，女性是否對於醫療議題更敏感，並能更理性地看待公衛問題和提出應對措施，值得反思。無論如何，Ardern在任內關注和試著落實的一些措施，供我們對政治進行另一種想像。例如，Ardern施政的重點之一是解決國內兒童貧窮問題，其解決方案不僅包括提高福利補助，也包括在學校提供免費的生理用品，突顯其在關心兒童問題的同時，也注意到性別問題。此外，Ardern政府取消減稅方案，並在醫療保健和教育上投入更多資源。諸多政策皆暗示世界的另一種可能性，並突顯過度強調權力的父權結構，可能是許多問題的根源所在。

伍、結語

　　本章試從批判論的視角觀察大洋洲的發展，並描述該地區面對的一些衝擊和挑戰。當然，大洋洲的挑戰不僅止於本章所提及的議題，也包括中國崛起對澳紐兩國社會的影響。例如，如Clive Hamilton和Alex Joske在《無聲的入侵》（*Silent Invasion: China's Influence in Australia*）一書中所描述的，中國正透過Joseph Nye所謂「銳實力」的手段，無孔不穿地對澳洲的產官學

界進行滲透。[13]中國不僅透過掌握輿論影響澳洲民眾對中國的印象，大量的移民、觀光客和留學生自中國湧入澳洲，也讓澳洲社會出現通貨膨脹、貧富差距和種族歧視等問題。在2008年三聚氰胺「毒奶粉」事件的衝擊下，在澳紐兩國的華人代購業繼而興起，「爆買潮」導致當地民眾反感，進而爲澳紐和中國關係緊張種下遠因。

　　有別於長期對批判理論的批評，即批判論無法提出解決問題的辦法或方案，值得強調的是，若少了批判視角，許多議題可能永遠受制於主流結構，無法吸引更多的目光和討論，即便議題的重要性日漸提升。若非批判觀點，澳紐的發展可能繼續處於國際關係的邊陲，屬於少數觀察者的娛樂，即便國際關係正走向多極化的後美國世界。全球化的負面效應於近年快速發酵，例如移民、難民、恐怖主義、網路安全、極端氣候等非傳統安全議題全都在大洋洲地區發生，並使此地區成爲名符其實的實驗場，考驗政府和民眾的能耐和智慧。有鑑於此，大洋洲國家也被迫更積極地回應新挑戰，例如澳紐皆在研擬如何對氣候難民核發簽證，如何透過綠能科技和更環保的手段減輕對生態環境的影響，以及如何更有效地對抗傳染病等。種種發展指向批判思維的重要性和意義。

13　參見：Clive Hamilton and Alex Joske著，江南英譯，《無聲的入侵：中國因素在澳洲》（台北：左岸文化，2019年）。

國家圖書館出版品預行編目資料

國際關係理論與全球實踐／蔡東杰，楊三億主編. -- 初版. -- 臺北市：五南圖書出版股份有限公司，2021.07
　　面；　公分
　ISBN 978-986-522-538-4（平裝）

1.國際政治理論　2.國際關係

578.01　　　　　　　　　　110002898

1PUM

國際關係理論與全球實踐

主　　編 ― 蔡東杰、楊三億（318.5）

作　　者 ― 方天賜、王啟明、崔進揆、張凱銘、連弘宜、
　　　　　　楊三億、廖舜右、劉泰廷、蔡東杰、譚偉恩

發 行 人 ― 楊榮川

總 經 理 ― 楊士清

總 編 輯 ― 楊秀麗

副總編輯 ― 劉靜芬

責任編輯 ― 黃郁婷、賴郁璇、梁庭瑋、李欣樺

封面設計 ― 姚孝慈

出 版 者 ― 五南圖書出版股份有限公司

地　　址：106台北市大安區和平東路二段339號4樓

電　　話：(02)2705-5066　　傳　　真：(02)2706-6100

網　　址：https://www.wunan.com.tw

電子郵件：wunan@wunan.com.tw

劃撥帳號：01068953

戶　　名：五南圖書出版股份有限公司

法律顧問　林勝安律師事務所　林勝安律師

出版日期　2021年7月初版一刷

定　　價　新臺幣420元

經典永恆・名著常在

五十週年的獻禮——經典名著文庫

五南，五十年了，半個世紀，人生旅程的一大半，走過來了。

思索著，邁向百年的未來歷程，能為知識界、文化學術界作些什麼？

在速食文化的生態下，有什麼值得讓人雋永品味的？

歷代經典・當今名著，經過時間的洗禮，千錘百鍊，流傳至今，光芒耀人；

不僅使我們能領悟前人的智慧，同時也增深加廣我們思考的深度與視野。

我們決心投入巨資，有計畫的系統梳選，成立「經典名著文庫」，

希望收入古今中外思想性的、充滿睿智與獨見的經典、名著。

這是一項理想性的、永續性的巨大出版工程。

不在意讀者的眾寡，只考慮它的學術價值，力求完整展現先哲思想的軌跡；

為知識界開啟一片智慧之窗，營造一座百花綻放的世界文明公園，

任君邀遊、取菁吸蜜、嘉惠學子！